JN106449

マレーシアに学ぶ経済発展戦略

「中所得国の罠」を克服するヒント

熊谷聡／中村正志

作品社

マレーシアに学ぶ経済発展戦略

「中所得国の罠」を克服するヒント

はじめに

多様性の国，マレーシア
（ダイバーシティ）

　多くの日本人にとって，「マレーシア」と聞いて何か明確なイメージを思い浮かべることは難しいかもしれない。たとえば，シンガポールであれば，豪華リゾート地のイメージ，あるいは先進的な都市国家のイメージがあり，タイであれば，猥雑なバンコクの街のイメージ，タイ料理や仏教寺院，プーケット島などの風景を思い浮かべるかもしれない。

　では，マレーシアはどうか。タイとシンガポールのあいだに位置する熱帯の国で，首都はクアラルンプール。観光地として有名なペナン島があり，オランウータンの生息地で自然豊かなボルネオ島もマレーシアの一部だ。マレーシアという国の名前はたまに聞くけれど，マレーシア人とはどのような外見をしていて，マレーシア料理とはどんな料理か，と尋ねられると，ほとんどの日本人は考え込んでしまうのではないか。

　それは，日本人がマレーシアについて何も知らないからというよりも，マレーシアが「多様性」を特徴とする，日本とはかなり違った国だからだろう。マレーシアは多民族国家であり，現在のインドネシアなどにルーツを持つマレー人（人口の57.1％，2020

3

年）と，中国にルーツを持つ華人（同23.2％），さらにインドにルーツをもつインド系（6.7％）の主要3民族に加え，マレー半島部にはオラン・アスリと呼ばれる先住民族，自然豊かなボルネオ島には約30の先住民族が住み，独自の文化を持っている。したがって，「マレーシア人」の標準的な容姿を思い浮かべることは難しいし，「マレーシア料理」もまた，マレー料理，中華料理，インド料理などそれぞれの民族の料理と，それらが融合したさまざまな料理から成り立っているため，何かひとつの料理に代表させることは難しい。

　また，マレーシアの国教はイスラーム教であるが，その他の宗教を信じることは禁止されていない。休日についても同様だ。マレーシアには1年に4回「正月」があるといわれる。1月1日に加え，中華系の人々が祝う旧正月（1月下旬から2月），マレー系の人々が祝う断食明けのハリラヤ，インド系の人々が祝うヒンドゥー教のディーパバリ（10月下旬から11月）の4つである。それぞれの民族がそれぞれの正月を祝うのは当然としても，たとえばショッピングセンターでは各正月ごとに飾り付けやイベントが催され，ほかの民族の人々もそれを楽しんでいる。

　こうしたマレーシアの多様性・寛容性は教育にも及んでいる。マレーシアでは小学校まではそれぞれの民族がそれぞれの言語で公教育をおこなうことが許されている。主にマレー系が通う国民学校ではマレー語が使われるが，華人の小学校ではマンダリン（標準中国語）が，インド系の小学校ではタミル語を使った教育がおこなわれている。さらに，欧米からの駐在員の子女や現地の富裕層の子どもが通うインターナショナル・スクールでは英語が使われている。マレーシアが元はイギリスの植民地であったことから，英語は国語のマレー語と並んで広く通用する。こうした事情から，多くのマレーシア人は複数の言語を話すことができる。

マレーシアがこうした多民族・多言語・多文化・多宗教の社会になったのは，歴史的な経緯による。元来，現在のマレーシアは人口の少ない土地だった。内陸部は熱帯雨林，沿岸部はマングローブ林で覆われており，開拓が困難なうえマラリアなどの危険な疾病もある。人が住むには厳しい環境の土地だったのである。ところが19世紀半ばになると，マレー半島部で錫の採掘が大規模におこなわれるようになり，その担い手として中国南部から多数の労働者が流入した。次いで欧州資本によるゴム農園の開発がはじまり，インド南部やセイロン島から来たタミル系の人々が主な働き手となった。その結果，1930年ごろには華人とインド系住民を合わせた人口がマレー人の人口とほぼ等しくなった。

　社会は多民族化したが，マレー半島南部はイスラーム教徒であるマレー人のスルタンが治める土地であった。イギリスの植民地体制下では，官僚にはマレー人のみが登用されたほか，華人，インド系住民による土地取得を制限する法律が制定されるなど，マレー人を優遇する政策が実施された。こうしたイギリスの統治の結果，政府に平等な扱いを求める華人，インド系住民と，異文化圏からの移民よりも自分たちが優遇されるのは当然と考えるマレー人の論争が，独立前から現在に至るまで続いている。

　このような状況であるから，国を一つにまとめる政治家はたいへんである。政党もまた民族ごとにつくられたが，独立前に実施された選挙をきっかけに，それぞれの民族を代表する政党が協力し，権力を分有して合意形成に努める体制が築かれた。しかし，それでも1969年5月には，クアラルンプールで多数の死者を出す暴動が発生してしまう。「5月13日事件」と呼ばれるこの暴動は，直前に実施された総選挙でマレー人の「特別な地位」を否定する野党が台頭したことを背景に生じており，反華人暴動の色彩が強いものだった。当時，マレー人と華人のあいだには著しい所得格

差があり，マレー人の政治家や官僚がマレー人支援策の強化にむけて動きはじめていた。これを批判する華人，インド系住民が主体の野党が選挙で躍進したことから民族間の対立感情が高まり，暴動へと発展してしまったのである。

　5月13日事件の後，政府は民族間の経済格差が暴動の根本要因だと総括したうえで，格差是正をめざして「新経済政策」を開始した。貧困解消と民族間格差の是正が新経済政策の二大目標とされ，マレー人やサバ，サラワクの先住民族など「ブミプトラ（土地の子）」と規定される民族集団の社会経済的な地位の改善に力点が置かれた。そうしたことから，海外メディアは新経済政策を「ブミプトラ政策」「マレー・ファースト・ポリシー」などと呼んだ。

日本との関係

　そんななかで，1981年から2003年まで22年間にわたって第4代の首相を務め，2018年には92歳にして第7代首相に返り咲いたのが，マハティール・モハマドである。マレーシアといわれてイメージが湧かない日本人でも，「マハティール首相」については耳にしたことがあるのではないか。マハティールは日本との関係をとくに重視し，公務でも私用でも数え切れないほど来日している。

　マハティールは1981年に首相に就任すると，西欧ではなく，日本や韓国など東アジアの国をモデルとして，国民の勤勉さや政府と企業の協力的な関係などに学ぼうという「ルックイースト政策」を開始した。1983年にマハティール首相肝いりのプロジェクトとして国民車メーカー・プロトン社が設立された際には，三菱自動車が合弁パートナーとなった。1985年のプラザ合意後の急激な円高に対応するために日本企業が大挙して東南アジアに進出

した際，マレーシアもその主要な受け皿となった。1990年代には
テレビやラジカセを中心に，日本で売られている多くの家電製品
がマレーシア製の時代があった。

　現在はマレーシア製の家電の多くは中国製にとって代わられた
が，依然としてマレーシアで操業している日本企業も多い。また，
最近では生活コストが安く，英語が通用する国として，日本人の
退職後の移住地や親子留学先としてマレーシアは人気になってい
る。

　日本とマレーシアの関係は意外に古く，日本にキリスト教を伝
えたフランシスコ・ザビエルは，来日する前はマレー半島中部の
マラッカで布教をおこなっていた。その後，日本とマレーシアが
大きく関わるのは太平洋戦争の開戦時である。1941年12月8日，
真珠湾攻撃に先立つこと数時間，日本軍はマレー半島東海岸のコ
タバル付近に上陸した。その後，自転車で行軍する日本軍の「銀
輪部隊」がマレー半島を南下し，4カ月後にはシンガポールのイ
ギリス軍を降伏させた。終戦までの約3年半のあいだ，マレー半
島は日本軍の占領下にあった。

　マハティール元首相の日本びいきの言動などから，マレーシア
は「親日国」といわれることが多く，実際にも現在のマレーシア
人は日本に対して良い印象を抱いている人が多数派である。しか
し，1970年代までは他のASEAN諸国と同様に，日本に対する明
確な反感がマレーシア国民のあいだにもあった。とくに華人は日
本占領下で過酷な扱いを受けた人も多く，私たちはそうした歴史
を踏まえて振る舞う必要があるだろう。

高所得国入り間近の「普通の国」

　経済面では，マレーシアは発展途上国である。新型コロナウイ
ルス感染症の影響が出る前の2019年時点で，マレーシアの1人

当たり名目所得は1万1260米ドルであった。日本の約4分の1の水準だが，ASEAN諸国のなかではシンガポール，ブルネイに次ぐ3番目の高さである。世界銀行が定めた「高所得国」の基準は，2019年時点で1万2536米ドル以上であるから，マレーシアはまさに中所得国から高所得国に移行しようとしている段階である。

　一方で，マレーシアは長く中所得国の段階にとどまっているために，「中所得国の罠」に陥っている国とされることも多い。「中所得国の罠」とは中所得国が「技術では高所得国に勝てず，賃金の安さでは低所得国に勝てないため，国際競争力が低下して経済成長が鈍る」状況とされている。これは，マレーシア経済が置かれた状況の一面を言い当てている。

　ただ，中所得国の罠という言葉の印象とは異なり，マレーシアは着実な経済成長を続けている。2010年から2019年までの平均経済成長率は5.1％で，上位中所得国としては十分に高い水準を保っている。世界銀行の予測では2020年代半ばに高所得国入りすることが確実視されている。それでもマレーシアの経済成長が遅いといわれるのは，これまで中所得国から高所得国入りした国々，とくに日本や韓国など東アジアの国々は世界的にみて驚異的な高成長を達成してきたためである。

　本書が中所得国の罠を脱しようとしている国としてマレーシアを取り上げる理由は，まさにここにある。日本や韓国，台湾など，これまで経済成長のお手本とされることが多かった東アジアの国々は，経済成長率の点からは「超」高成長国であり，その成長はしばしば「奇跡」と呼ばれた。また，これらの国々は文化的同質性が著しく高いという点でも，世界的にみて特殊な国である。こうした経済成長の「エリート国」に他の国が学ぶことは非常に難しい。これに対し，マレーシアは多民族国家であり，世界的にみれば経済成長にとって恵まれた条件が特別に整った国ではない。

マレーシアの高度成長期ともいえる1980年代後半から90年代前半についても，経済成長率が二桁を記録したことは一度しかなく，その経済成長の過程は，ゆっくりではあるが着実なものであった。

　経済発展をするうえでとくに恵まれた条件を持たない普通の国々は，東アジアの特別な国々よりも，同様に普通の国であるマレーシアの経済発展から学べることが多いのではないか。そうした考えから本書は執筆された。2010年代半ばまでの中所得国の罠の研究は，罠に陥っている国を特定し，罠に陥らなかった国と比較して何が欠落しているかを指摘するという研究が主流であった。しかし，その後の研究では，経済成長に必要な政策は各国ともにわかっているのに，なぜそれを実施できないのかという，もう一歩踏み込んだ視点からの研究が進められている。

　本書では，この新しい流れに沿って，マレーシアのゆっくりとした，しかし着実な経済成長の軌跡を検討している。マレーシアという国が，それぞれの発展段階でどのような問題に直面し，それに対して政府はどのように対応してきたのかを，政治と経済の両面から分析することで，中所得国の罠の正体に迫り，そこから脱出するためのヒントを導き出す。

マレーシアに学ぶ

　本書はまた，高所得国入りをめざす発展途上国のみならず，日本にとっても重要な示唆を与えることができると筆者らは考える。日本は1990年のバブル崩壊以降「失われた30年」のなかにあり，国としてさらに発展する力を失っているように思われる。これを「高所得国の罠」ととらえるならば，マレーシアの着実な経済成長を支えた政治的・経済的な要因は日本にとっても参考になるはずである。

　日本とマレーシアは対照的な国である。日本人がマレーシア人

と話していると，日本人の規律正しさや勤勉さ，ゴミひとつ落ちていない清潔な街などを称賛されることが多い。一方で，日本人にとってのマレーシアの美点はなんといってもその多様性と寛容さであり，仕事の進め方も「臨機応変」というほかない。

　マレーシアはまた，若い国家でもある。日本国民の年齢の中央値が48.7歳であるのに対し，マレーシア国民の年齢の中央値は30.4歳と若い。日本の人口が減少する一方で，マレーシアの人口は増加を続けており，現在3000万人を超えた人口は2070年ごろには4200万人に達すると予測されている。人口構成やその増減についても，日本とマレーシアは対照的な状況にある。

　しかし，対照的な国であるからこそ，お互いに学ぶべき点が多いともいえる。マレーシアは長く経済発展のモデルとして日本に学ぶルックイースト政策を実施してきた。マレーシアが発展途上国を卒業しようとしているいま，本書が，日本がマレーシアの経済発展から学ぶきっかけになれば幸いである。

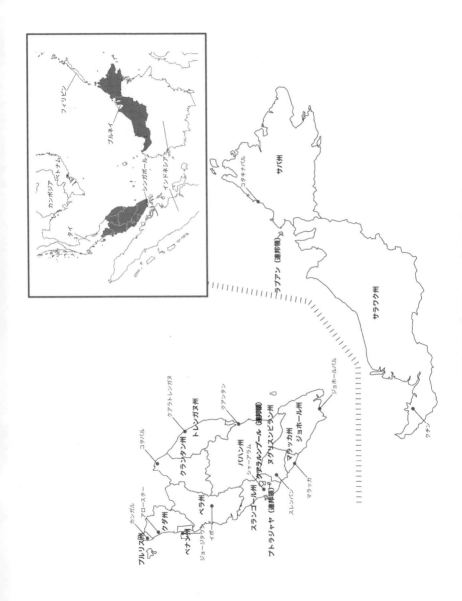

マレーシアの基礎情報

国土面積	330,411平方キロメートル
人口（2020年）	3244.7万人。うち269.1万人（8.3%）は外国人等
首都	クアラルンプール（人口198.2万人）
民族構成	先住民族（69.4%），華人（23.2%），インド人（6.7%）等
宗教	国教はイスラーム教（63.5%）。ほかに仏教（18.7%），キリスト教（9.1%），ヒンドゥー教（6.1%）等
言語	国語はマレー語。ほかに華語，タミル語，英語等
政体	立憲君主制，連邦制
元首	アブドラ・アフマド・シャー国王（2022年末現在）
通貨	リンギ（1ドル＝4.4011リンギ，2022年平均）
1人当たり 名目GDP	12,444米ドル（2022年）
都市化率	75.1%（2020年）
失業率	3.6%（2022年12月時点）
貧困率*	3.4%（2018年）
貿易依存度	輸出：86.8%，輸入：72.5%（GDP比，2022年）
中位年齢	30.4歳（2022年）

＊上位中所得国の貧困線（1日6.85米ドル［2017年PPP］）以下で生活する人の割合。

目　　次

序　章

「中所得国の罠」の理論とマレーシア

本書の狙い

　ここ 10 年ほどのあいだ，新聞紙上などでも「中所得国の罠（middle-income trap）」についての記事を目にすることが多かった。とくに，中国や ASEAN 諸国の多くが中所得国の段階にあるため，東アジア地域の経済発展を分析するコンセプトとして，中所得国の罠」は流行のキーワードであった。

　中所得国の罠はわかりやすいようで，実はわかりにくい概念である。中所得国の罠を説明するときに，よく使われる「中所得国は技術では高所得国に勝てず，賃金の安さでは低所得国に勝てないため，国際競争力が低下して経済成長が止まる」という考え方は，直感的で説得力があるように思われる。しかし，「中所得国」とはそもそもどのような国を指すのか。「罠」とはどの程度の経済の停滞を指すのか。突き詰めていくと，途端に中所得国の罠の定義にはコンセンサスがないことに気づかされる。

　本書では，そんな中所得国の罠について，経済のみならず政治や制度の面からもその正体を明らかにすることを試みる。そのために世界中の中所得国を視野に入れながらも，ある特徴的な中所得国に注目して深く分析する。その国とはマレーシアである。

マレーシアは，世界銀行が定める4つの所得分類（高所得国／上位中所得国／下位中所得国／低所得国）によれば，2021年現在「上位中所得国」に分類されている。その上位中所得国のカテゴリーに1992年以来30年近く居座っているのだから，マレーシアは中所得国の罠に陥っているといわれても仕方がないところがある（図0-1）。

　それではマレーシアが過去30年間まったく成長しなかったかといえば，まったく逆である。マレーシアは安定的な経済成長を続けており，世界銀行の予測では2020年代半ばに高所得国入りすることが確実視されている。それでも中所得国の罠に陥っているといわれるのは，世界銀行が定める高所得のハードルも年々上がっているため，マレーシアはわずかに追いつけずにいるためだ。

　中所得国の罠についての研究では，しばしば日本・韓国・台湾といった北東アジアの超高成長国が中所得国の罠に陥らなかった

図0-1　マレーシアの1人当たり所得水準の推移（1987〜2021年）

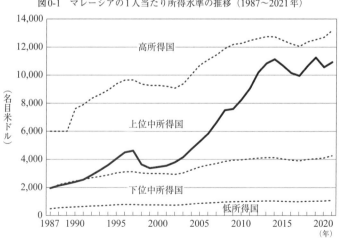

出所：世界開発指標（WDI）をもとに筆者作成。

「お手本」の国々としてあげられる。しかし，こうした東アジアの経済成長の「エリート国」は，後に述べるように，実は世界的にみれば特殊な背景を持った国々である。また，20世紀後半以降に高所得国入りした他の国々も，それぞれに特別な背景を持っている。シンガポールや香港は人口が少なく農村部を持たない都市国家であり，中東の高所得国はもれなく産油国である。東欧諸国も歴史的には世界の先進地域であった。こうしてみると，マレーシアはどうやら「普通の国」として，初めて高所得国入りを果たす国になりそうなのである。

　本書は，この普通の国・マレーシアがどうにか中所得国の罠から逃れる姿に注目しながら，従来の中所得国の罠の研究とは異なった視点からの分析をおこなう。2010年代半ばまでの中所得国の罠の研究は，罠に陥っている国をまず特定し，罠に陥らなかった国と比較して何が欠けているのかを指摘するという，ややスパルタな研究が主流であった。しかし，2010年代後半からは，「経済成長のために何をすべきかはどの国もわかっている。わかっているけど実行できないのが本当の問題なのだ」という，各国が抱える深い問題にもう一歩踏み込んだ視点からの研究が増えている。

　本書では，この新しい研究の流れに沿って，マレーシアのゆっくりとした，しかし着実な経済成長の軌跡を検証する。マレーシアという国が，それぞれの発展段階でどのような問題に直面し，それに対して政府はどのように対応してきたのかを，政治と経済の両面から分析することで，中所得国の罠の正体に迫り，そこから脱出するためのヒントを導き出す。

中所得国の罠とは何か

　まずはキーワードとなる中所得国の罠の定義を確認しておこう。中所得国の罠とは，ざっくりいえば，1人当たり所得の低い「低

所得国」が経済成長を通じて「中所得国」の段階にまで発展した
のに，何らかの理由で経済成長率が低下してなかなか「高所得
国」入りできない状態を指す言葉である。また，中所得国の段階
で経済成長率が下がる理由としては，「中所得国は技術では高所
得国に劣り，労賃の安さでは低所得国に及ばないので国際競争力
を失うため」という説明がしばしばおこなわれる。

　中所得国の罠は，こう説明するとわかりやすい概念に感じるが，
ある国の所得水準が中程度であることを示す「中所得国」という
言葉についても，深刻な経済停滞を示す「罠」という言葉につい
ても決まった定義がないため，それらを組み合わせた「中所得国
の罠」の定義をそれぞれの研究者がそれぞれに決めているという
のが，研究がはじまった2000年代後半の状況だった。中所得国
の罠に関する初期の研究では，中所得国とは何か，罠とは何かに
ついて定義をおこなって，どの国が罠に陥っているかを特定する
ことにまず重点が置かれた。たとえば，アジア開発銀行のフェリ
ペの定義によれば，2010年時点で世界35カ国が中所得国の罠に
陥っており，アジアでは，マレーシア，フィリピン，スリランカ
の3カ国が罠に陥っている国とされている[1]。

　フェリペによる中所得国の罠の定義は次のようなものである。
まず，1990年時点の購買力平価（PPP）でみた1人当たり所得水
準が2000米ドル未満の国を低所得国，2000米ドルから7250米ド
ル未満を下位中所得，7250米ドルから1万750米ドル未満を上位
中所得国，それ以上の国を高所得国と定義する。これは彼独自の
分類で，世界銀行の分類とは異なる。そのうえで，1950年から
2010年までの124カ国の経済成長のデータの中位値を根拠に，一
段階上の所得カテゴリーへの移行に普通より時間がかかっている
国を中所得国の罠に陥っていると定義した（図0-2）。

　具体的には，下位中所得国の場合，上位中所得国への移行に

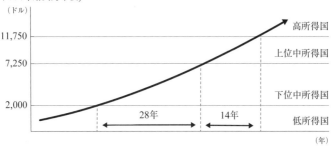

図0-2　フェリペによる中所得国の罠の定義

1人当たりGDP
（1990年購買力平価）

（ドル）

11,750 ... 高所得国

上位中所得国

7,250 ...

下位中所得国

2,000 ...

28年　　　　14年　　　低所得国

（年）

出所：Felipe, Abdon, and Kumar (2012) をもとに筆者作成。

28年以上かかっている場合（1人当たり所得の成長率に換算して年平均4.7％未満），上位中所得の場合には高所得国への移行に14年以上かかっている場合（同3.5％未満）は中所得の罠に陥っていることになる。

　フェリペの定義にマレーシアを当てはめるとどうなるか。マレーシアの下位中所得国入りは1969年，上位中所得国入りが1996年となる。マレーシアが下位中所得国から上位中所得国にランクアップするのに要した時間は27年で，これは「罠」のリミットである28年をかろうじて下回っているため，「下位中所得国の罠」は回避している。しかし，マレーシアは，この研究がおこなわれた2010年の時点で上位中所得国に15年間とどまっており，これは高所得国に移行するリミットの14年をすでに超えているため，マレーシアは中所得国の罠に陥っているとされるのである[2]。

中所得国の罠は本当に存在するのか

　ここで，本書の大前提にかかわる「そもそも中所得国の罠って本当に存在するの？」という疑問について検討しておく。実をい

うと，中所得国が高所得国や低所得国と比較して，特別に「罠」
に陥りやすいのかどうかについては，かなり議論が分かれている。
ここでは，それをデータで確かめるために，「罠」の定義を「10
年前と比べて1人当たり所得がまったく成長していないか，むし
ろ低下している」というかなり厳しめのものに設定して，データ
を整理した（図0-3）。数字の意味は，それぞれのカテゴリーに該
当する国々が，1960〜2000年のうちの何パーセントの期間につ
いて「罠」に陥っていたのかの平均値を示している。

　このデータからわかるのは，所得階層が上がるにつれて「罠」
に陥る確率が下がるということだ。低所得国は高所得国と比べて
罠に陥る確率が6倍も高い。中所得国についても，下位中所得国
は上位中所得国の2倍程度，罠に陥る可能性が高い。このように
みると，中所得国は高所得国に比べればたしかに罠に陥りやすい
が，低所得国と比較すればまし，ということになる。

　それでは，このデータから「中所得国の罠は存在しない」と結
論づけることはできるだろうか。もっとも罠に陥りやすいのは低
所得国であるが，下位中所得国は低所得国とほとんど同じぐらい
罠に陥りやすいし，上位中所得国にしても高所得国の3倍も罠に

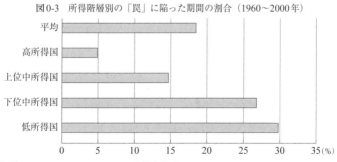

図0-3　所得階層別の「罠」に陥った期間の割合（1960〜2000年）

出所：Kumagai (2015), Table 1 より筆者作成。

陥る可能性が高い。したがって，低所得国については「罠」があるのは間違いないが[3)]，中所得国にも「罠」はあるというのが正しい見方だろう。ある国が低所得国から出発して経済成長を続け，高所得国入りするまでのあいだには，いたるところに罠があって大変だということになろう。

　実際，低所得国や中所得国が順調に経済成長をとげて高所得国になるのは容易ではないことはデータでも示されている。1950年以降2020年までに，低所得国から下位中所得国，上位中所得国と順調にステップアップして高所得国入りしたケースは，世界でも韓国と台湾の2つしかない。同様に下位中所得国から出発して高所得国入りしたケースは，アジアでは日本・香港・シンガポールの3つ，世界では東欧を中心とした欧州各国とサウジアラビアに限られる。このなかで，伝統的な先進地域である欧州以外の国で，ある程度の人口規模を持ち（シンガポール・香港が脱落），工業化を通じて高所得国入りを達成した国（サウジアラビアが脱落）は，日本だけである。

　つまり，低所得国がうまく経済成長軌道に乗って中所得国入りしたとしても，安心はできない。経済成長が止まってしまう「罠」は中所得国の段階でも待ち受けている。1950年以降，そうした罠を通り抜けて高所得国までたどり着いた国のうち，歴史的に先進地域である欧州諸国と，条件が特殊な都市国家，産油国を除けば，日本・韓国・台湾しか残らないのだ。

　これほどまでに厳しい道のりである高所得国入りを考えるとき，ここ10年，経済成長軌道に乗って中所得国入りした東アジア各国の政府や国際機関が，中所得国の罠を共通の分析フレームワークとして各国のさらなる経済成長への方策を論じてきたことには，一定の意味があったといえるのではないだろうか。

中所得国の罠と成長率の「収斂」

　実は，中所得国の罠の議論が注目を浴びるずっと前，1950年代から，経済発展が進むにしたがって経済成長率が低下する可能性は指摘されてきた。経済成長に関する代表的な数理モデルであるソロー型の経済成長モデルにもとづけば，経済成長率の「収束（Convergence）」と呼ばれる現象が予測されていたからである。ごく簡単に説明すると次のようになる。まず，何かを生産するためには資本（機械など）と労働力が必要であると仮定する。生産を増やすためには機械や労働力を増やせば良いことは間違いない。機械と労働力の両方をバランス良く増やしていけば，無限に生産を増やせるように思われる。

　それでは，「1人当たり」の生産について考えてみるとどうなるか。焼き上がった食パンを6枚切りにして袋に詰める工程を例に考えてみる。この工程を手作業でおこなっていたひとりの労働者に対して，食パンをセットすると自動的に6枚にカットする機械を1台与えると，時間当たりの生産量は劇的に増える。つぎに，2台の機械を与えるとどうか。2台の機械を1人の労働者が掛け持ちで動かす必要があるため，生産量は倍増とはいかないが，それでもさらに増えるだろう。それでは3台目はどうか。4台目では……と考えていくと，労働者1人当たりの機械の数をどんどん増やしていっても，生産の増加率は低下していくことがわかるだろう。これは収穫逓減の法則と呼ばれ，あるところまで資本が増えれば，1人当たりの生産量はまったく増加しなくなる。

　国家の経済成長についてもこれと同じように考えることができる。低所得国はいわば，機械を1台も持っていない労働者にあたる。資本財に投資することで高い生産の伸びが期待できる。ある国の1人当たりの所得が上がることは，労働者が持っている機械の台数が増えることとほぼ同じである。一方で，十分に機械を持

っている労働者に追加の機械を与えても生産が増えないのと同様に，中所得国がさらに資本投資をおこなっても，急速な経済成長は難しく，成長率は徐々に低下していくと考えられる。

　所得が低い国ほど経済成長率が高くなるとすれば，長い時間の後には低所得国が高所得国にキャッチアップし，世界の国々の所得水準は同じレベルに収斂していくことになる。この「収斂仮説」が実際に成り立つかどうかについて，これまでさまざまな実証研究がおこなわれてきた。現在までの実証研究によれば，全世界の国々を対象とすると収斂はみられないが，アメリカの州や日本の県，欧州各国などよく似た条件をもったグループでみると所得水準が収斂する傾向があることがわかっている。

　東アジア各国の経済成長の軌跡をみても，高成長を続けている国であっても所得水準が上がるにつれて，必ず経済成長率が低下していくことがわかる。図0-4は，1970年代から2000年代について，北東アジア・東南アジア・南米の国々の10年ごとの1人当たり所得とその平均成長率の関係をプロットしたものである。北東アジア・東南アジア各国ともに所得水準が上がる（横軸を右へ進む）につれて，経済成長率が低下していく傾向がみてとれる。マレーシアについても，所得水準が上がるにつれて，平均的にみると1人当たりの所得の成長率が緩やかに低下しているようにみえる。ちなみに中南米の国々については，1人当たり所得が5000米ドルから1万米ドルという中所得段階で1人当たり所得の成長率がマイナスになっている期間があり，これは典型的な「中所得国の罠」とみられる（東南アジアではより低い所得段階でフィリピンに同様の傾向がみられる）。

　このように，伝統的な経済成長モデルであるソロー・モデルに従えば，経済成長が進むにつれて収穫逓減の法則が働くことで成長率が低下し，どこかの時点で1人当たりの所得の成長は止まっ

図0-4　10年平均の所得水準と1人当たり所得の成長率の関係（1970〜2000年代）

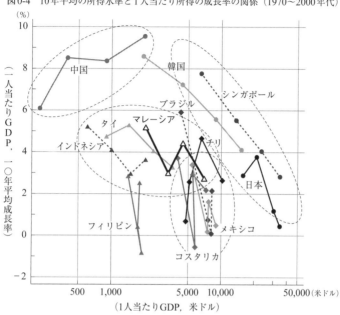

出所：戸堂（2015），図5-2を参考に世界開発指標（WDI）より筆者計算。

てしまう。では，どうすれば所得を増やし続けることができるのか。ソロー・モデルではその答えを「技術進歩」に求めた。労働者当たりの機械の数が変わらなくても，技術進歩＝効率を改善させれば経済成長を続けることができる，というのである。

　労働の増加にも資本の増加にも由来しない経済成長はソローの残差（Solow residual），あるいは全要素生産性（TFP）と呼ばれている。実際，さまざまな研究によれば，先進国の経済成長率の3割から半分はこのTFPの伸びによるものであることがわかっている[4]。

　1990年代，後にノーベル経済学賞を受賞するポール・クルーグ

マンは「まぼろしのアジア経済（Myth of Asia's Miracle）」のなかで，東アジア各国の急速な経済成長は，労働力や資本を大量につぎ込んだ「要素投入型」の高度成長であり，早晩減速すると警鐘を鳴らした。この問題意識は中所得国の罠と共通している。

　低所得国が経済発展の条件を整えて「貧困の罠」を脱し，持続的な経済成長を続けて中所得国段階に達したとしても，資本や労働の投入量を増やす要素投入型成長を続ける限りは収穫逓減に直面し，やがて1人当たり所得の成長率は低下していく。この成長率の低下を，生産性の持続的な向上で補い，高所得国にまで速やかに達することができる国は少ない。「中所得国の罠」とは，要素投入型の成長から生産性主導の成長へと「シフト・チェンジ」ができなかった国が陥る経済成長率の低下と考えてもよいだろう。

中所得国の罠の原因は制度にあり

　中所得国の罠についての初期の研究は，中所得国の罠に陥っている国々を特定して，罠に陥っていない国々と比較し，何が足りないのかを明らかにすることに重点が置かれていた。そこでは，中所得国の罠に陥っている国々の特徴として，人的資本の質が低いことや先進的なインフラストラクチャーが欠けていること，金融システムへのアクセスの不足，国民のあいだで所得の不平等が大きいことなどがしばしば指摘されている。

　さらに，その国がどんなものを生産し，輸出しているかが中所得国の罠に陥るかどうかに関係しているという研究がある。より洗練された多様な輸出品を持っている国は，低級で少数の輸出品に頼っている国と比較して中所得国の罠に陥る可能性が低いことが指摘されている。これは，中所得国の罠の議論がはじまる以前から東アジア各国で議論されていた，持続的な経済発展には「産業高度化」が必要であるという議論に近い。

産業高度化とは，ある国の主力産業が労働力を大量に使うもの（労働集約型産業），あるいは天然資源を大量に使うもの（資源集約型産業）から，より洗練された資本集約的・技術集約的なものに移行していくことをいう[5]。

　これまでに述べたように，中所得国の罠は，中所得国がコスト面では低所得国との国際競争に負け，技術や資本の国際競争では高所得国に勝てない状態であるといわれる。これはいいかえれば産業高度化の失敗そのものである。

　中所得国で産業高度化の失敗が起こる要因として，これまでの研究であげられているものは直感的にもわかりやすい。教育が十分でなく人材育成が遅れていること，地場企業，とくに中小企業が質・量ともに不足していること，製造業において部品の輸入依存から脱却できないこと，研究開発の努力が足りないこと，金融システムなどの制度インフラや道路や港湾，電力などの物理インフラの整備不足などである。

　不思議なのは，経済発展や産業高度化を阻むこうした要因は，これまでの研究や経験の蓄積によって明らかになっているのに，中所得国の政府はなぜ問題に対応できないのか，ということである。中所得国の罠のより根本的な原因は，実は，インフラや人材，中小企業の欠如よりも，政府の政策立案・実施能力の欠如，あるいは政府が産業高度化政策を実施するインセンティブの欠如にあるのではないか。

　近年の中所得国の罠研究は，初期の研究に比べてこの制度や政治の問題により深く踏み込んでいる。たとえば，所得水準と比べて質の高い経済制度を持っている国は，当初早く成長するが，経済が成長するに従って求められるより質の高い経済制度の整備が追いつかなくなり成長が停滞する傾向がある，といった研究がある。

中所得国の罠と政治

　中所得国から高所得国へステップアップするために必要な施策は，低所得国から中所得国になるための施策より実施するのが難しい。要素投入型の成長から生産性主導の成長へとシフト・チェンジするには，人材を育成したり研究開発能力を高めたりする必要があるが，そのためには長期にわたる多額の投資と，さまざまな利害関係者のあいだの調整が必要とされるからである。

　学校や職業訓練校，研究開発促進機関，産学連携機構，知的財産権保護のための法制度など，産業高度化に必要な制度は多岐にわたる。これらを整備・改善するには多大なコストがかかるため，制度づくりを推進する強力な政治主体が必要になる。制度の拡充を志向する幅広い「高度化のための連合」（upgrading coalitions）こそが，中所得国が高所得国入りするうえでもっとも役立つともいわれる所以である[6]。中所得国の罠は経済の問題であるだけでなく，政治の問題でもあるのだ。

　中所得国ではしばしば，低所得国から発展する段階で深刻な社会的分断が生じてしまい，これが後に「高度化のための連合」の形成を阻害する要因となる。経済成長の過程で生じた所得格差やインフォーマル経済，海外直接投資（FDI）への依存は，持てる者と持たざる者，正規雇用者と非正規雇用者，外資系企業と地場企業との亀裂を生む。たとえば，長期雇用が保障されている正規雇用者と数年で職が変わる非正規雇用者では求める職業訓練の内容が異なる。地場企業が研究開発能力改善のための社会的投資を望んだとしても，主に本国で研究開発をおこなう外国企業はそのためのコスト負担を嫌うだろう。格差社会のエリートは，社会全体の厚生水準が下がったとしても自分の既得権益を守ろうとするに違いない。これらの分断が深刻であればあるほど，高度化のための連合は生まれづらくなる。

社会の分断に加えて，権威主義的な政治制度もまた，低所得国からの発展段階において形成されがちであるとともに，中所得国から高所得国へのステップアップを妨げる要因になると考えられる。

　政治制度と経済発展の関係については，民主的な政治制度が包摂的な経済制度（inclusive economic institutions）をもたらし，技術革新と生産性主導の成長につながるとする説がある[7]。その一方で，早すぎる政治参加の拡大は政治システムの不安定化をもたらし開発に必要な政策の決定・実施を阻害するとの説も根強く残っている。1990年から2010年の間の146カ国を対象に市民的自由と経済成長の関係を検証した研究[8]によれば，低所得国については1人当たりGDPの水準に対して市民的自由の度合いが低い国のほうが高い成長率を記録する傾向にあった。だが，8000ドルを境にこの関係は逆転し，それ以上の所得水準になると市民的自由が高い国のほうが成長した。市民的自由の制限は要素投入型の成長戦略には寄与しうるが，生産性の向上やイノベーション能力の開発を阻害する傾向にあるようだ。だとすれば，権威主義的な政治制度のもとで成長を遂げた中所得国では，その制度が高所得国入りをめざすうえでの足かせになりうる。経済発展と政治発展のバランスは，中所得国の罠に嵌まる国とそこから逃れる国を分ける要因のひとつであるようだ。

中所得国の罠とマレーシア

　マレーシアは現在，上位中所得国に分類されているが，世界銀行によれば2020年代中盤にも高所得国入りすると予測されている。長期間にわたって上位中所得国にとどまっているために中所得国の罠に陥っていると指摘されることが多いが，その経済成長の軌跡をたどってみると，マレーシアは長期にわたって普通に経

済成長を続けていることがわかる（図0-5）。

　過去50年をみても，マレーシアの経済成長率がマイナスに陥ったのは4回だけで，いずれも世界経済の大きな波乱に巻き込まれたかたちであり，マレーシアの「自滅」ではない。また，すべてのケースでマイナス成長の翌年にはプラス成長を記録し，2年連続でマイナス成長を記録したことはない。マレーシアの1990年から2015年までの平均経済成長率は1997/98年のアジア通貨危機と2008/09年の世界金融危機（リーマンショック）の影響があるにもかかわらず5.9％と高く，2014〜19年のコロナ禍前の5年の平均経済成長率は，1人当たり所得が1万米ドルに近づいてなお平均4.8％と十分に立派である。

　つまり，マレーシアは中所得国の罠に陥った国に分類されることも多く，二桁の経済成長率を連発するような経済成長のエリート国ではないにもかかわらず，じわじわと経済成長を続け，つい

図0-5　マレーシアの実質経済成長率（1981〜2019年）

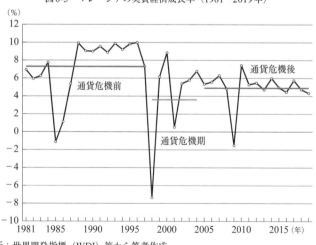

出所：世界開発指標（WDI）等から筆者作成。

には高所得国入り目前までたどり着いた不思議な国であるといえる。マレーシアはこのままいけば，日本・韓国・台湾といったエリート国やシンガポールや香港などの都市国家を除けば，欧州以外の国で工業化を通じて高所得国入りを果たすはじめての国になる可能性が高い。

　日本・韓国・台湾という北東アジアの「エリート国」は，文化的同質性が著しく高いという点でも世界的にみて特殊な位置を占める。主要言語の数，話者の割合と，言語間の語彙の近似性にもとづいて各国の文化的多様性を0から1のあいだで指数化した研究によれば，世界188の国・地域の平均値が0.3521であるのに対し，日本は0.0119（180位），韓国は0.0020（182位）と著しく低い。台湾も0.2487（110位）とやはり低い[9]。

　民族的多様性は経済成長を阻害する傾向にあることが，これまでの研究で指摘されている[10]。上記の文化的多様性指数について，所得水準のカテゴリー別に平均値を算出すると，所得が低い国ほど文化的多様性が高い（図0-6）。この関係性を生む要因のひとつは，制度構築・運用にあたって文化的多様性がもたらすコストであろう。たとえば，多言語社会では公教育でどの言語を用いるかが重大な争点になる。多言語教育を実施すれば言語別に教員や教科書が必要なため教育費が増大する一方，単一の言語による教育では，別の言語を母語とする子どもには十分な効果が見込めないかもしれない。

　マレーシアの文化的多様性指数は0.5877（42位）であり，世界平均よりかなり高い。とはいえ東アジアに限ってみても，インドネシア（0.6473）やフィリピン（0.5894）の値はマレーシアより高く，タイ（0.4958）やミャンマー（0.4889）の値も高い。日本や韓国が異例な存在なのであって，マレーシアは世界基準ではむしろ「普通」の部類に入る。世界の多くの国は，文化的多様性の

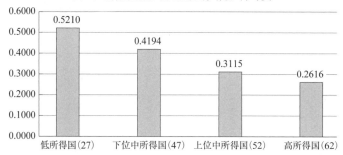

図0-6 所得分類別に見る文化的多様性（平均値）

注：かっこ内は該当する国の数。所得カテゴリーは2020年のもの。
出所：Gören（2013: 19-23）および世界開発指標（WDI）より筆者作成。

もとで制度構築・改善のための利害調整をいかにしておこなうかという課題を抱えているのである。

　マレーシアの場合，民族のあいだには文化の違いだけでなく職業，居住地の違いや所得の格差がある。独立当初はそれが非常に顕著であり，「はじめに」で述べたとおり1969年の総選挙をきっかけにマレー人大衆の不満が噴出して暴動が生じてしまった。5月13日事件といわれるこの暴動の後，政府は民族間経済格差の是正をめざして「新経済政策」を始動させた。初期の新経済政策においては農業支援，村落開発に重点が置かれ，これは後述するようにこの時点では成長戦略としても有効なものだった。

　ところが1980年代には財政赤字が膨らむ一方，一次産品の国際市況の悪化から不況に陥り，政府は開発戦略の再考を迫られた。華人が主体の政党などから，マレー人など「ブミプトラ」と総称される先住民族への支援策の見直しを求める声があがる一方，マレー人の政治家は政府に支援策の強化を迫った。経済政策が民族間のゼロサムゲームになってしまうと，一方を満足させれば他方に不満が募ることになる。板挟みとなった政府は，経済のパイを

5カ国語で書かれた「侵入禁止」の表示。上からマレー語，英語，中国語，タミル語，パンジャブ語（熊谷聡撮影）。

拡大することで事態の打開をはかった。ブミプトラ支援策の緩和を不況からの脱却，経済成長の加速へとつなげてウイン・ウインの結果をもたらそうとしたのである。

この戦略の一環として実施された輸出指向型製造業での外資規制緩和は，日本企業進出の呼び水となった。時の首相マハティールは，1991年に「2020年構想」を発表し，2020年までの先進国入りを目標に掲げて経済成長優先の姿勢を鮮明にした。その後マレーシアは高度成長期を迎え，民族間格差の縮小と行きすぎた格差是正策の見直しを両立させることができた。

このように，マレーシアは民族間の経済格差という発展途上国に特有の問題に直面しつつも，少なくともこれまでのところは格差是正と経済成長を両立させることに成功している。

中所得国の罠に関するこれまでの研究では，中所得国の罠を回

避した日本や韓国，台湾を手本に，高い教育水準や研究開発の努力，それを支える制度や産業政策などに学ぼうとすることが多かった。しかし，世界の大多数を占める「普通の国」にとって，そうした政策を実施することがそもそも難しいからこそ，中所得国の罠が問題になっているという面がある。その点で，普通の国であるマレーシアがゆっくりとではあるが着実な経済成長を続けて高所得国入りしようとする姿からは，より現実的な教訓を導き出すことができるのではないだろうか。

本書の構成

　本書では，発展途上国の経済発展についての理論的なメカニズムを，マレーシアの経済発展の軌跡と重ね合わせて論じていく。図0-7は一国の経済発展過程について，低所得国の段階（下側）から高所得国の段階（上側）までの各発展段階に対応した経済成長を推進する「エンジン」と，経済成長を阻害する要因を整理したものである。また，図の左側が供給側の要因，右側が需要側の要因となっている。

　まず，低所得国が経済発展を開始するためには，多くの低所得国で経済の過半のシェアを占める農業部門の生産性向上が必要となる。農業部門の生産性向上は食料供給を通じた国民生活安定の基礎であると同時に，農業部門から解放された労働力と農業部門で生じた生産物の余剰が資本として商工業部門に投入されることで，低所得国から下位中所得国への経済発展が進む。ここで，農村の余剰を都市部の商工業部門の投資へとつなげる金融システムが未発達であったり，都市と農村の労働市場が深く分断されていたりすると継続的な経済発展は期待できない。本書の第1章では独立間もないマレーシアの経済状況を概観し，1971年からマレーシアで実施されている「新経済政策」が農村開発と都市化の両方

図0-7　本書の構成
経済成長のエンジン

第5章　輸出から内需へ

需要側

貿易自由化
輸出促進政策
適切な為替レート

通貨高
貿易摩擦
物流の
ボトルネック

所得上昇

国内市場
拡大

輸出市場
拡大

格差拡大
内需の不足

供給側

第4章　産業高度化の実態と課題

イノベーション

R&D

製造業の
生産性向上

収奪的な
政治制度

外国資本への依存
自国発多国籍企業の
欠如

**第2章　労働と教育：
都市化・格差・教育**

教育・
訓練

安価な労働力

格差拡大・
外国人労働者依存・
非正規部門拡大

外国人労働者

都市化

労働市場の分断

**第3章　経済発展の担い手：
外資、民間、GLC**

適切な
経営

資産バブル発生
資源の呪い

資本投資

外国資本

第1章　新経済政策とその評価

農業生産性向上

貯蓄

金融システム
未発達

高所得国

上位中所得国

下位中所得国

低所得国

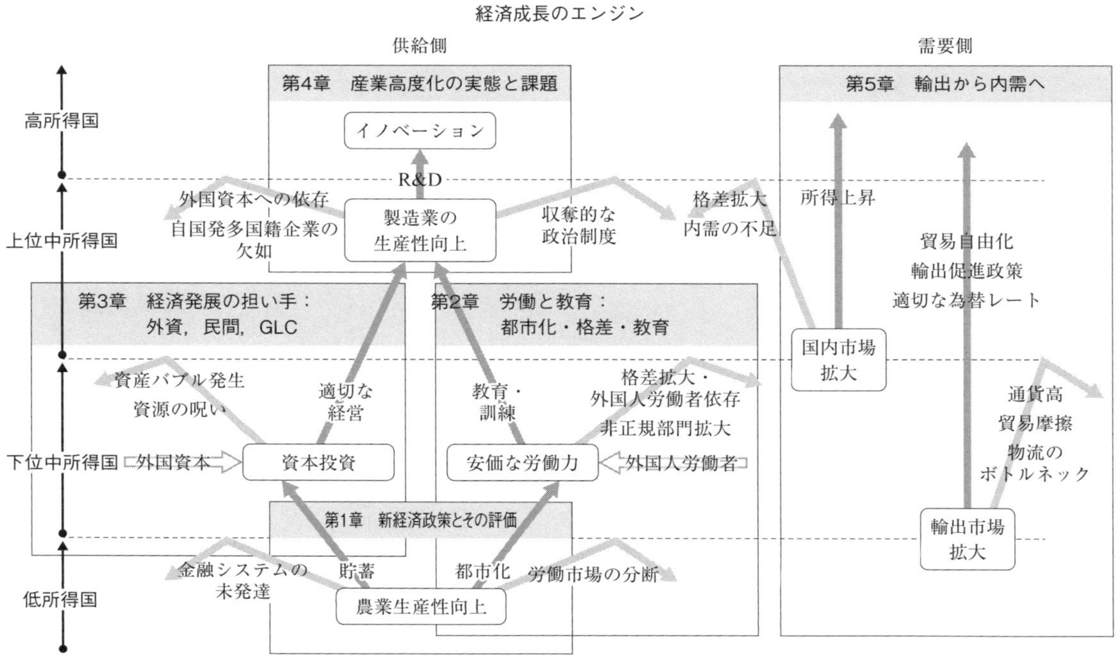

出所：筆者作成。

36

を推進したことが，その後のマレーシアの経済発展の原動力となったことを示している。

　下位中所得国の経済発展は，資本と労働の投入が量的に拡大することによって進んでいく。この時期，商工業部門は都市を中心に拡大し，その際に必要な安価な労働力は主に農村からの流入によって支えられる。したがって，工業化は都市化と表裏一体で進む。また，農村からの労働力の供給が不足した場合，国によっては外国人労働者を導入する場合もある。下位中所得国が上位中所得国になるためには，労働者に教育・訓練を施し，生産性を向上させる必要がある。しかし，所得格差や非正規労働の拡大，外国人労働者への依存は労働者への教育・訓練を妨げる要因となる。第2章では，1970年代から90年代にかけてマレーシアの都市化や工業化に対して，農村から都市に流入したマレー人労働者が果たした役割を論じ，外国人労働者の流入の影響，経済格差の推移と教育制度の発展についての分析をおこなっている。

　下位中所得国の経済発展は，資本面では国内の農村で生み出された余剰に加え，多くの国では海外からの直接投資が大きな役割を果たす。資本の実体として経済発展を担う企業については，発展途上国では地場民間企業の発達が十分でないことが多く，外資系企業や国有企業が大きな役割を果たすケースが多い。上位中所得国の段階に進むためには，それぞれの企業が適切な経営によって生産性を向上させていくことが求められる。一方，途上国が豊富な天然資源を有する場合には，資源価格高騰時には高い利潤に惹かれて他の業種の企業が天然資源関連産業に積極的に参入・投資することで，産業高度化が遅れることがある。さらに，資本が不動産投資などに流れてバブルが発生すれば，長期的には経済発展の妨げとなる。第3章では，マレーシアにおける経済発展の担い手である国内民間企業，政府系企業，外資系企業がそれぞれど

のような役割を果たし，外資や政府系企業に対する政策が1970年代から2000年代中盤までに，どのように変遷してきたのか，そこにはどのような政治的背景があったのかを分析する。

　上位中所得国が高所得国入りをめざすには産業を高度化させることが必須であり，とくに企業が研究開発（R&D）に力を入れる必要がある。多国籍企業に依存した発展途上国が産業を高度化させることは容易ではなく，多国籍企業がコントロールするグローバル・バリューチェーン（GVC）のなかでいかに付加価値の高い部分を自国で担えるかが課題となってくる。また，発展途上国で企業がR&Dをおこなう際には，収奪的な政治制度が障害となってくる。自由なR&Dが抑圧されたり，R&Dの成果を市場に出すことが規制されたりする状況ではイノベーションは阻害される。第4章ではマレーシアの産業高度化について貿易データを用いながら分析をおこない，多国籍企業への依存が引き起こす問題やマレーシアの政治制度が「収奪的」であるかどうか，また，近年，どのように改革されてきたのかを議論する。

　ここまで，主に生産面（図の左側）から，ある国が低所得国から高所得国入りするまでの過程をみてきたが，もう一方には，生産された商品がどこで消費されるのかという需要面（図の右側）の問題がある。アジアの発展途上国の多くは，海外市場をあてにした輸出指向工業化によって急速な経済発展を遂げてきた実績がある。しかし，輸出指向工業化は企業誘致のための労働条件・環境基準などの切り下げ競争や国際的な貿易・金融の不均衡，輸出先との貿易摩擦などにつながる可能性があり，安定的な経済発展を続けるためには，内需の拡大も重要になってくる。ただ，輸出指向の経済を内需主導の経済に転換させることは容易ではない。第5章では，マレーシアが輸出指向工業化をいかに達成したかを跡づけるとともに，2000年代中盤以降，マレーシア経済がうまく

内需主導に転換したことを示し，その背景にどのような政策と政治的な要因があったのかを論じる。

　マレーシアの経済発展を時系列で追うと，マレーシア政府による経済発展をめざした政策は「おおむね成功」であったと評価できるだろう。一方で，すべての政策がうまくいったわけではなく，ある発展段階で必要であった政策が，次の発展段階では障害となる要因を生み出すこともあった。第6章では，第1章から第5章までの議論をふりかえるとともに，今後，マレーシアが高所得国入りした後も経済成長を続けるために必要な，残された課題について論じる。

国王・スルタンとブミプトラの「特別な地位」

　マレーシアは立憲君主制の国であり，王の存在はこの国のあり方を規定する重要な要素である。ところがマレーシアの王は，隣国タイの国王などと比べると影が薄い。それはおそらく，マレーシアには9人もの王が存在するからだろう。

　9人の王は州の元首である。プルリスでは「ラジャ」，ヌグリスンビランでは「ヤン・ディプルトゥアン・ブサール」，その他の7州では「スルタン」と称している。スルタンといえば，かつて中東で広大な支配地を誇った諸王朝の君主が用いた称号だ。マレー半島のように狭い領域に何人ものスルタンがひしめきあっている場所はほかにない。

　19世紀後半から20世紀初頭にかけてイギリスに植民地化される以前，これらの王たちはそれぞれが独立した「国」の君主だった。ただし，プルリス，クダ，クランタン，トレンガヌはシャムの従属国であり，パハンとジョホールの領主は現インドネシア領のリアウを拠点とする王国の家臣の立場にあるといったように，当時の権力関係は重層的なものだった。

　イギリスに植民地化された後も，形式的にはこれらの王たちが領地の君主＝主権者であり，イギリスは君主の意思にもとづいて統治を委ねられているというかたちになっていた。いわゆる間接統治である。第二次世界大戦後の1948年に9人の王とイギリスが条約を結び，直轄植民地だったペナン，マラッカとあわせてマラヤ連邦を発足させた。

　このマラヤ連邦が1957年に独立するにあたって，9州の元首が5年ずつ輪番で国王を務めるというユニークな制度がつくられた。初代国王には，当時最年長だったヌグリスンビラン州の元首が選ばれた。この制度のもとでは，同じ人物が国王を2度務めることもありうる。実際，1970年に42歳で第5代国王となったクダ州のスルタン・アブドゥル・ハリムは，84歳になった2011年に2度目の任期に就いている。

　マレーシアでブミプトラ（先住民族）の「特別な地位」が認められているのは，植民地統治下においてもマレー諸国が存続し，その連邦

現国王でパハン州元首のスルタン・アブドラ・アフマド・シャー［左］と王妃トゥ
ンク・アジザ・アミナ・マイムナ・イスカンダリア［右］（©Wikimedia Commons）。

として独立国家が成立したという歴史的経緯に由来している。直轄植
民地のペナン，マラッカ，シンガポールでは，人種・民族を問わず出
生地主義にもとづいて英国臣民の身分が与えられ，1930年代には中国
系やインド系の市民にも政府官僚への門戸が開かれた。一方，間接統
治下にあったマレー諸国では，中国系・インド系住民への市民権の付
与が厳しく制限され，官僚として政府に登用されていたのはヨーロッ
パ人とマレー人のみであった。

　第二次世界大戦終結直後の時期にイギリスは，マレー君主の主権を
廃してシンガポールを除くマラヤを単一の植民地「マラヤ連合」に組
み替えようと試みたことがある。マラヤ全体を直轄植民地とすること
によって，マレー人と華人・インド人を平等に扱おうとしたのである。
その背景には，華人が抗日軍を組織して日本の占領統治に抵抗したの
に対して，スルタンやマレー人官僚は日本の軍政当局に協力したとい
う経緯があった。マラヤ連合は1946年4月に発足したものの，スルタ
ンとマレー人官僚の全面ボイコットにあって立ちゆかなくなった。こ

のボイコット運動を組織したのが，当時設立されたばかりの統一マレー人国民組織（UMNO）に集ったマレー人エリートたちだった。UMNO指導者ならびにマレー君主代理人とイギリスとの交渉の結果，戦前の制度との連続性が高いマラヤ連邦が1948年2月に発足した。

　マラヤ連邦の独立にあたり制定された憲法では，出生地主義が採用されるなど市民権取得条件が大幅に緩和される一方で，マレー諸王家の当主が国王を務めることとし，マレー語を国語，イスラーム教を国教とするなど，マレー人の文化が国の文化と定められた。さらに，マレー人には「特別な地位」が認められ，公務員の職や奨学金，各種ライセンスの付与にあたって合理的な割合を彼らに留保すること，国王はマレー人の特別な地位を守る責任を負うことが定められた。1963年にシンガポールとサバ，サラワクが加わってマレーシアが結成されると，サバとサラワクの先住民族も特別な地位をもつ主体に加えられ，マレー人とともにブミプトラと呼ばれるようになった。

　マレーシア結成後まもなく独立憲法の制定作業に関わっていなかったシンガポールのリー・クアンユーらは，マレーシアに残るマレー国家としての側面に異を唱えてUMNO指導者と対立した。分離独立したシンガポールは，4言語を公用語とするなど徹底した多文化主義にもとづく国づくりを進めた。他方，マレーシアには加わらず，1984年に単独で独立したブルネイでは，マレー王国の制度が丸ごと存続した。厳しい市民権取得条件が維持されたため，独立後も中国系住民の多くは「一時居住者」の身分にとどまった。

　対極的な方向に進んだシンガポール，ブルネイと比べると，マレーシアは中間的な性質を保っている。マレー国家の側面と多文化国家の側面を併せもち，どちらか一方に振り切れることなく，時代状況に応じてプラグマティックに政策を調整するのがマレーシアの流儀である。憲法の規定により，国王はブミプトラの特別な地位を守る責任とともに，その他の民族の正当な利益を守る責任をも負っている。国王は，マレーシアの流儀を体現する存在なのである。

第1章

低所得期の課題とその克服
新経済政策の効果（1960年代から1980年代）

　今日，発展途上国の経済発展について考えるとき，多くの国でそれは「工業化」と同義であるといえる。多くの国は，農業や一次産品を中心とした経済からの工業化を通じて継続的な所得の上昇，すなわち経済発展を経験する。したがって，低所得期の経済発展のポイントは，農業から工業への移行がいかにスムーズに進むかという点にある。

　この点については，開発経済学の古典的なモデルである「二重経済論」で分析されている[1]。二重経済論では途上国の経済が農業（伝統部門）と工業（近代部門）の2部門で構成されていると仮定する。経済発展の初期において，農業部門では農業生産に実際に必要な人数以上が働いている「偽装失業」の状態で労働者が滞留している。要するに，一人が働きもう一人が失業するのではなく，一人分の仕事を二人で分け合っているような状況である。こうした農村の余剰労働力が低賃金で近代部門に雇用されることで資本家に利益が生じ，その利益が再投資されることを通じて工業化が進むと想定されている。

　工業化が順調に進むためには，農業部門の生産性が向上することが不可欠である。途上国では低所得期には農業部門がGDPや

雇用に占める比率が50％を超えることも珍しくない。経済のなかでもっとも規模が大きく、国民生活を食料生産の面からも支える農業部門がしっかりしていなければ、その後の経済発展はおぼつかなくなる。

農業部門での生産性の向上は、同じ量の農作物を生産するために必要な農民の数が減ることを意味し、農業生産から解放されたより多くの労働力が工業部門に移動することを可能にする。また、生産性が向上してより多くの農業生産物の余剰を作り出せれば、それが原資となることで、工業部門での投資が進み工業化を促進することができる。逆に、農業部門の生産性が向上しない場合、工業財に対して農業財が相対的に希少になるために農業財の価格が上昇し、都市労働者が生活するのに必要な賃金の水準が高くなるため、工業部門の拡大の足を引っ張ることが危惧される[2]。

さらに、農村から都市へ労働力が移動する際、スムーズに都市の近代部門で雇用されるとは限らない。多くの発展途上国では都市に巨大なスラム街が形成されており、農村からの労働力はいったんそこへ流入することが多い[3]。このような都市経済のインフォーマル部門が拡大することは、その後の経済発展にマイナスに作用する。

また、農業部門の余剰を工業部門が発展する原資として利用する際に重要になってくるのが、農業の商業化と農村をカバーする金融システムの存在である。たとえ農業部門に生産の余剰が生じていても、農民がそれを換金できなかったり、換金できたとしても「タンス預金」のようなかたちで農村に資金が留まったままであれば、それを工業部門発展の原資にすることはできない。

こうしたさまざまな問題をクリアし、農業部門の生産性が上昇するとともに工業部門でも投資が拡大し、両部門間でスムーズな労働と資本の移転が起きるとき、農業と工業のあいだの均整の取

れた成長プロセスがはじまり，順調に経済発展が進むことが期待
される。

　ところが20世紀後半の途上国では，農業生産性の向上ではな
く農村からの収奪によって工業化の原資を引きだした例もあった。
ガーナやナイジェリア，ケニア，セネガルなど熱帯アフリカ諸国
では，換金作物を政府機関が安価に買い占め，輸出で得た利益を
政府の開発事業や加工品製造業への補助金に用いた[4]。マレー
シアの隣国タイでは，税収確保に加え，都市住民に食糧を安価に供
給する目的で米に輸出税を課した。このような都市偏重（urban
bias）政策によって農業生産性の向上が阻害されれば，工業化に
も支障が出る。たとえ工業化が進んでも，都市偏重政策は都市と
農村のあいだの所得格差や構造的利害対立をもたらす。経済発展
の初期段階で都市と農村の深刻な所得格差や利害対立が生まれれ
ば，工業化によって中所得国入りを果たしたとしても，さらなる
発展を遂げるうえでの障害になる。

　では，独立当初のマレーシアではどのような成長戦略がとられ
たのだろうか。

1　1960年代から1970年代のマレーシア経済

恵まれた初期条件

　これからマレーシアの経済発展について分析するにあたり，ま
ずはその「出発点」について確認しておきたい。もし，マレーシ
アが出発点において非常に恵まれた国であれば，その後の経済発
展は容易なものになるだろうし，逆に，非常に悪い条件にあった
にもかかわらず，今日の所得水準にまで達したとすれば，どのよ
うな政策でそれを実現したのかを，より注意深く分析する必要が

ある。

　結論からいえば，経済発展の出発点におけるマレーシアは比較的恵まれていたといえるだろう。マレーシアはゴムや錫などの豊富な天然資源を輸出するなどして，1957年の独立直後から順調な経済発展を続けていた。独立宣言の式典の映像をみると，首都・クアラルンプールの完成まもないムルデカ・スタジアムに着飾った数万の人々が集まり，その駐車場には多くの乗用車が並んでいる。マレーシアは独立の時点で，すでに途上国としては比較的豊かであったことがうかがえる。1957年の独立から1960年代にかけて，マレーシアは経済発展のテイク・オフ期にあり，都市を中心とした輸入代替工業化と政府による入植事業などの農村の開発が並行して進められていた。1960年代の経済成長率は年平均6.1％となっており，これは決して低くない。

　途上国としては例外的に質の高い行政機構を備えていた点でも，マレーシアは恵まれていた。図1-1は，政府の質に関する包括的データセットであるヨーテボリ大学のQOGデータセット[5]にもとづき，1984年時点での世界89カ国の政府の質と所得水準（1人当たり名目GDP）の関係を示したものである。政府の質のデータは3つの指標（汚職，法と秩序，官僚機構の質）の合成指標で，最大値1，最小値0となるよう正規化されており，数値が大きいほど良質であることを表す[6]。政府の質と1人当たりGDPのあいだには比較的強い正の相関関係がある[7]（n = 89, r = 0.7574）。所得水準が高い国ほど政府の質が高い傾向にあるということである。右肩上がりの直線は，2変数間の平均的な傾向を表す。

　1984年時点のマレーシアの1人当たりGDPは2234米ドルだったのに対し，政府の質の指標の値は0.79であった。直線のかなり上に位置することからわかるとおり，マレーシアの政府の質は所得水準に対して非常に高かった。1人当たりGDPが5000米ドル

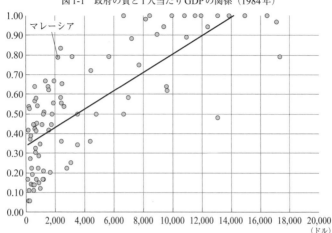

図1-1　政府の質と1人当たりGDPの関係（1984年）

出所：Dahlberg et al. (2021) より筆者作成。

以下の国でマレーシアを上回る評価を得ていたのは，南アフリカ（2429米ドル，0.83）と台湾（3203ドル，0.79）のみである。

　1984年といえば，1963年のマレーシア結成から20年，1957年のマラヤ連邦独立から数えても30年に満たない段階である。若い国家であるマレーシアが良質な行政機構を備えていたのは，歴史的な経緯によるところが大きい。マレーシアの行政組織や司法組織はイギリス統治期に整備され，これがまるごとマレーシア人に引き継がれた。マレーシアにおいて独立とは，植民地国家を宗主国の官僚に替わり現地人が運営するようになることだったといえる。隣国インドネシアやインドシナ3国のように，独立戦争や革命を経験した国では独立後に統治の仕組みをあらためてつくり直さねばならなかったが，交渉を通じて独立したマレーシアはそのような困難に直面せずに済んだのである。

民族問題と一次産品依存, 若年層の雇用問題

しかし, 同時に, マレーシアには固有の悪条件もあった。もともと, マレー系の住民が多数を占めていたマレーシアには, 19世紀後半からイギリスの植民地下で華人系とインド系の移民が多く流入し, 独立時点では多民族国家になっていた。くわえて, 人口のマジョリティを占める農村のマレー人が経済発展から取り残されるという「爆弾」を抱えていた。これが, 1969年5月13日の「民族暴動」につながっていく。

1971年時点でのマレーシアの1人当たり名目所得は390米ドルで, 当時のアメリカの1人当たり所得（5620米ドル）に対して約7％の所得水準であった。これを2019年時点にあてはめると, インドネシア（アメリカの1人当たり所得の6.2％の水準）に近い。この時点で, マレーシアは低所得国というよりは下位中所得国であったとみられる。同時点のマレーシアの人口は1116万人で, 2019年時点の3258万人の約3分の1にすぎず, 人口稠密なアジアの国としてはかなり人口規模が小さかった。これは, 輸入代替政策のもとでは市場規模の小ささとして制約となり, その後の輸出指向型工業化政策のもとでは労働力の不足として制約になってくる。

1970年時点で, マレーシアのGDPに占める製造業の比率は13.7％であった。2019年時点でのインドネシアの製造業のGDP比がちょうど13.7％であるから, 一定程度工業化も進んでいたといえる。ただ, 同時点でマレーシアの輸出額の53.8％をゴムと錫の2品目が占めており, マレーシアは依然として典型的な一次産品輸出国であった。これは, 当時の製造業部門が輸入代替政策によって高関税に守られて発展し, 主に内需を対象としていたため, 大規模に輸出できるほどの国際競争力を持っていなかったことを意味している。

マレーシアにおける石油生産の歴史は古く，シェル社によって1910年にサラワク州で開始されている。しかし，原油が本格的な輸出品となったのは意外に遅く，1970年代後半からであった。したがって，1970年代初頭の段階で，マレーシアは一次産品輸出国ではあったが，原油や天然ガスが輸出の過半を占めるような産油国ではなかった。

　このようにみてくると，マレーシアは後述する新経済政策（New Economic Policy: NEP）を開始した1971年の時点ですでに低所得国ではなかったし，輸出の過半を一次産品に頼っていたものの産油国ではなく，輸入代替政策によって国内の製造業は一定規模に達していたことがわかる。年平均6％を超える1960年代の経済成長率をみても，この時期，マレーシアの経済発展は比較的順調に進んでいたといえる。

　それでも，1970年時点でのマレーシアの貧困率は49.3％で国民の約半数が貧困状態にあり，なかでもマレー人の貧困率は64.8％と高く，3人に2人が貧困状態にあった。当時のマレーシアは，都市で商工業を担う裕福な華人と，農村で農業に従事しており貧しいマレー人という，民族と居住地，職業，所得水準が強く結びついた状況にあった。

　くわえて，当時のマレーシアにおける資本の民族別保有比率は各民族の人口構成比から大きく乖離していた。1969年時点のマレー半島部での資本保有比率をみると，人口の過半を占めるマレー人の資本保有比率はわずか1.5％にとどまり，華人が22.8％，インド系が0.9％，外国人が62.9％となっていた。これを受けて，新経済政策では「20年以内に，マレー人等が規模や分野を問わず商工業の少なくとも30％の活動を経営・保有する」ことを目標に掲げた。

　1970年時点でのマレーシアの失業率は7.8％と，それほど高く

ないようにみえる。しかし，前述のように発展途上国では偽装失業が一般的であり，マレーシアも同様の状況にあったと考えられる。民族別の失業率はマレー人が8.1%，華人が7.0%，インド系が11.0%であった。失業者の半数は20歳未満で，15〜19歳の失業率は17%と高く，逆に25歳以上では2〜4%と低かった[8]。当時のマレーシアにとって，失業問題は労働者全体の問題というよりは，急増する若年人口に対して，十分な雇用機会を提供できていなかったために生じていたといえる。また，初等教育修了者の失業率が5〜9%であるのに対し，中等教育修了者の失業率は20%程度に達していたことから，教育の拡充が先行し，それに見合った質の雇用を提供することができていなかったともいえるだろう。

2　新経済政策による都市化・工業化支援

民族間分業構造の是正をめざす

　今日まで続くマレーシアの経済発展を促進するための政策の多くは，1971年の新経済政策によってスタートしたといってよいだろう。新経済政策は，マレー人の大半は農民で商工業部門は華人が占めているといった，植民地体制下で構築された民族間分業構造を是正し，同時に民族を問わず貧困を解消することを目標とする開発政策である。それ以前にも政府による経済発展のための政策は実施されていたが，独立直後から政権を担った初代首相ラーマンの政策スタンスは「レッセ・フェール（自由放任）」ともいわれており，それらは市場経済体制における一般的な経済政策の範疇にあった。国家が強力に経済に介入しはじめたのは，第2代首相ラザクによる新経済政策の実施以降であるといえる。

新経済政策の具体策を示した第2次マレーシア計画（1971～75年）では，マレーシア経済を5つのブロックに分類して分析している[9]。すなわち「伝統的農村部門」「近代的農村部門」「伝統的都市部門」「近代的都市部門」「政府部門」である。所得でみると，近代的都市部門が高所得，政府部門と近代的農村部門が中所得，伝統的都市部門と伝統的農村部門が低所得に分類されている。図1-2は5部門について人口規模とマレー人比率を概算で示したものである。マレー人の多くは伝統的農村部門に属しており，近代的都市部門の多くを華人が占めていた。

　前述のように，新経済政策以前のマレーシアでは，ゴムや錫といった一次産品を輸出するとともに輸入代替工業化が進められ，一定の成果をあげていた。同時に，政府は農村開発にも力を入れ，農村に電力・水道・道路などのインフラや教育機会を提供し，連邦土地開発庁（FELDA）を設立して入植スキームを開始するなど農村の近代化にも力を入れていた。ただ，輸入代替工業化の恩

図1-2　マレーシア経済の5ブロックと人口規模・マレー人比率の概算

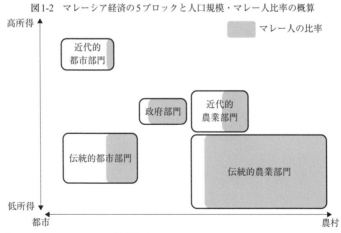

出所：Malaysia (1971) より筆者作成。

恵は近代的都市部門の華人が主に享受しており，政府が農村開発をおこなっていたとはいえ，伝統的農村部門では人口が増加するとともに多くの人々は貧困ライン以下で生活していた。農村と都市の賃金格差は大きかったが，都市は華人中心の社会，農村はマレー人中心の社会という民族の壁があるために，農村から都市への労働力の移動が阻まれていたと考えられ，伝統的農村部門では多くのマレー人が偽装失業の状態で滞留していた。

　もし，新経済政策以前に農村から都市への大規模な人口移動が自然に発生していたとすれば，マレーシア政府が新経済政策のなかで農村から都市へのマレー人の移住をわざわざ重要な政策課題として掲げることはなかっただろう。第3次マレーシア計画（1976〜1980年）では「街の商店・レストラン・工場にマレー人がほとんどいないことで，たとえ収入は増えたとしても，都市に出たマレー人の農民が疎外感をおぼえたり，部外者であると感じたりするような状況では，社会的・政治的な安定は長く続かない」と指摘されている[10]。

　新経済政策はこうした農村のマレー人，とくに若者に対して，近代的都市部門や政府部門での雇用機会を与えるとともに都市への移住を促すもので，工業化と都市化をともに促進する1970年代の経済成長の原動力であったということができる。これに先立つ1960年代の輸入代替工業化は近代的都市部門を中心に進んでいたが，市場の狭さから発展の限界を迎えつつあった。市場拡大という点でも，労働力供給という点でも，農村のマレー人を工業化・都市化に巻き込むことは，マレーシアが経済成長を続けるうえで必須であった。新経済政策は，たとえ賃金格差があっても，民族の壁によって自然に進むことが難しかった工業化・都市化をマレーシアで推し進めるための，政府による「ビッグプッシュ」であったといえるだろう[11]。

輸出指向型工業化の始動

　新経済政策の最初の10年にあたる1970年代のマレーシアの経済成長率は年平均7.5％に達した。1970年代を通じて，農業部門の雇用者数が年平均1.9％の増加にとどまったのに対して，製造業では7.6％，サービス業では6％前後の伸びを示した。製造業においては，電子・電機産業や繊維産業など労働集約型産業の雇用者数が年平均10％以上の伸びを示し，サービス業では公務員がもっとも多くの雇用を生み出した。農業では，雇用の多くを生み出していたゴム園からパーム油プランテーションなどへの転換が進んだ。

　工業化については，1960年代には輸入代替産業によって牽引されていたのに対し，1970年代には電子・電機産業や繊維産業のような輸出指向型の製造業が大きく貢献した。その結果，輸出に占める製造業品の比率は，1980年には27.5％に達した。

　農業部門の輸出は1970年には全輸出の52.1％を占めていたが，1980年には35.8％に低下している。農産品輸出のうち天然ゴムが占める比率は33.4％から17.1％に低下する一方，パーム油の輸出は9.8％から25.3％にまで増加している。1970年代は，農業部門の主役がゴムからパーム油に移った時代であった。

　輸出に占める鉱業部門のシェアは1970年の22.8％から1980年には34.5％に増加し，その増加の大部分を原油が占めた。鉱業部門の輸出に占める原油の比率は1970年の13.9％から1980年には73.3％に達し，逆に錫の占める割合は86.1％から25.5％に大きく低下した。1970年代にマレーシアの鉱業部門の主役は錫から原油へと大きく転換したといえる。

　このように，1970年代のマレーシアでは労働集約的な産業を中心に輸出指向型の製造業が拡大するとともに，一次産品部門においてもゴムからパーム油への転換や錫から原油への転換が起きて

いた。新経済政策の実施を契機として，現在のマレーシアに通じる経済成長の構造が姿を現したのは，1970年代であったといってよいだろう。

　もしも新経済政策が実施されていなかった場合，その後のマレーシア経済はどのような成長軌道を描いただろうか。この点を考えれば，新経済政策こそが，その後のマレーシアの安定的な経済発展の扉を開いたといわねばならないだろう。1969年の5月13日事件で明らかになったように，新経済政策以前の通常の強度の経済政策では，民族問題が絡むマレーシアの都市と農村の格差を是正したり，都市化・工業化を進めたりすることは困難であったと考えられる。これを放置した場合，華人を中心とした都市の商工業が緩やかに発展する一方で，農村に滞留したマレー人は低所得の状態に置かれ続けることになり，政治的な分断もさらに深刻化したことは想像に難くない。さらに，1970年代後半からは原油の輸出が本格化しており，関連産業からの利益を一部のマレー人のエリートと華人，外資が手を組んで独占することになっていれば，国の安定は大きく損なわれただろう。

　前述のとおり新経済政策の主目的は「民族を問わない貧困の撲滅」と「社会の再編」のふたつで，1990年までの目標達成をめざしていた。その1990年時点で，マレーシアの貧困率は1970年の49.3％から17.1％にまで低下し，民族を問わない貧困の撲滅は相当程度達成されたといってよいだろう。失業率も1990年には4.5％にまで低下し，完全雇用の状態に近づきつつあった。

　もうひとつの目標である社会の再編については，1990年時点でマレー人をはじめとするブミプトラ（先住民族）の資本保有比率は20.3％となり，目標の30％には届かなかったものの，1969年の1.5％から大幅に増加した。都市人口に占めるマレー人の比率は1991年には47.3％に達し，職種別にみても多くの職種におい

て民族比率が人口比に近いかたちとなっていた（第2章参照）。GDPに占める製造業の比率も1990年時点で27％に達し，新経済政策は1971年からの20年間でマレーシア経済を大きく変貌させたといえる。

　新経済政策が開始された1971年時点で，貧困層の大半をマレー人が占めていたこと，社会の再編が実質的にはマレー人の商工業・都市への進出を意味することを考えれば，新経済政策はマレー人優遇政策だという捉え方は間違いではない。しかし，1971年時点でマレー人の大半が農村に住み農業に従事していたことを考えれば，新経済政策は国を挙げた農民優遇政策であったともいえる。後にみるように，貧困率がとくに高かった稲作農民に対しては，米価補助金など手厚い支援策が実施された（本章第5節参照）。政府はまた，農民に教育を与え，農村にもインフラを整備し，農村開発をすすめて農民の生活を底上げするとともに，農民に商工業分野で積極的に雇用機会を与え，都市への移住を促進した。つまり，新経済政策は，農村の余剰労働力が都市の商工業部門へ移っていくという二重経済論で想定される経済発展の過程を，政府の介入によって強力に推し進めた政策であったとみることができる。

　新経済政策以前のマレーシアでは，農業から商工業への労働力の移動，農村から都市への移住は，民族の壁によって阻まれていた。そのため，通常は都市化の原動力となる農村と都市の大きな賃金格差があったにもかかわらず，当時のマレーシアでは民族と居住地と職業が固定的に結びついた状況が続いていた。つまり，民族の壁を放置したままでは，二重経済論で想定される経済発展過程に入ることはできない。新経済施策はこの民族の壁を強力な政府の介入によって取り払うことで，工業化と都市化を推し進めたのである。

このようにみてくると，新経済政策はたしかに民族をベースとしたアファーマティブ・アクションであるが，同時にラディカルな工業化・都市化政策であったと結論できる。

3 農村の余剰の金融システムへの取り込み

高い貯蓄率の実現

マレーシアは，発展途上国のなかでは早期に農村における金融システムの重要性を認識し，農村からの金融システムへのアクセス改善を政策として掲げた国のひとつである。たとえば，1948年には早くも郵便局貯蓄銀行（Postal Office Saving Bank）が設立されている[12]。また，マレーシアを代表する経済学者ウンク・アジズは，農村のマレー人がメッカ巡礼のための資金を貯める際に，イスラーム教で禁じられている「利子」を避けるために銀行預金ではなくタンス預金をおこなっていることに着目した。これを金融システムに組み込むために発案したのが，1962年に設立された，イスラーム教徒がメッカ巡礼のために積立をおこなう巡礼基金（Tabung Haji）であった[13]。

そのほか，マレーシアでは賃金の一部を退職後のために積み立てる従業員積立基金（EPF）が1951年に設立されている。さらに，マレーシアでは新経済政策の一環として，ブミプトラによる企業の株式保有を推奨するようになる。しかし，企業の株式を個人で保有した場合，それを華人など他の民族に対して容易に売却してしまうという問題があった。これを防ぐため，マレーシアでは1978年に国家持株会社PNB社が設立され，ブミプトラのみが購入できる投資信託が設定された[14]。

このように，農村での金融システムへのアクセスが整備されて

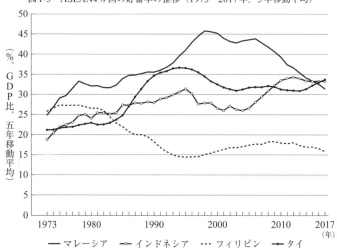

図1-3　ASEAN4カ国の貯蓄率の推移（1973〜2017年，5年移動平均）

凡例：——　マレーシア　--○--　インドネシア　……　フィリピン　——●——　タイ

出所：世界開発指標（WDI）より筆者作成。

いたこともあり，マレーシアの貯蓄率は先進ASEAN4カ国のな
かでは1970年代から2010年代前半まではもっとも高かった（図
1-3）。

4　1970年代の経済成長が生み出した問題

4つの構造的問題が発生

　新経済政策について明記しておく必要があるのは，それが思想
としても実態としても，後述する米流通業などを除いて，豊かな
華人から貧しいマレー人への直接的な再分配をめざしたものでは
なかった点である。新経済政策を具体化した第2次マレーシア計
画には「（新経済政策の）戦略は，破壊的な再分配ではなく，積

極的な参加という哲学にもとづいている。それは，拡大し続ける経済において，増大する財とサービスを，国家の統一に貢献するようなかたちで，どのグループも収奪されたと感じないように，マレーシア社会のすべてのグループが享受できるようにするものである」と述べられている[15]。

　新経済政策の最初の10年にあたる1970年代のマレーシアの経済成長率は年平均7.5％に達した。これは，新経済政策がその思想どおり「破壊的な再分配」ではなかったことを示している。一方で，新経済政策が主導した1970年代の経済成長は，マレーシア経済にとって後に負の遺産となるいくつかの構造を生み出した。それが，①公的部門の肥大化，②労働集約型産業偏重，③製造業の外資依存，④ブミプトラに対する（過度の）優遇，である。

　しかし，この4つの構造は，マレーシアの1970年代の経済発展にとっては必要なものでもあった。「公的部門の肥大化」については，民間部門，とくに民間投資が弱い経済発展の初期においては，公的部門の投資によって経済を支える必要があるため不可避であった。また，新経済政策初期において，商工業の大部分を華人系・外資系企業が担っていたため，ブミプトラの商工業への参加を促進するためには公的部門が積極的に商工業に関与して，そこに彼らを招き入れる必要があった。政府自体もブミプトラの雇用を生み出すために，行政・教育・医療・軍隊・警察などの分野で積極的に雇用を増やした。

　「労働集約型産業偏重」についても，1990年代に入って経済が実質的な完全雇用を達成する以前は，とくに若年層の雇用創出が大きな課題であり，やむをえない面があった。第2次マレーシア計画のなかでも「労働集約的な技術を積極的に採用する」と明記されている。第7次マレーシア計画（1996〜2000年）からは経済の高付加価値化や知識経済への移行，生産性向上に支えられた経

済発展が必要であるとの方針が明示されているが，それ以前はある産業が労働集約的であるということは，より多くの雇用を生み出すという点で望ましい性質であった。

「製造業の外資依存」についても，製造業の基盤が小さいマレーシアにとって，その発展に外資を利用するというのは必然的な手法であった。新経済政策は資本保有比率についてブミプトラの持ち分を増やすことを目標に掲げているが，同時に外資の誘致，とくに製造業部門への誘致を打ち出している[16]。1972年にペナン州のバヤン・ルパス地区に，輸出製品向けの部品の輸入には関税を課さない初の自由貿易地域（FTZ）が開設されて以降，労働集約的な外資系企業をFTZに誘致して輸出をおこなうという手法は大きな成功をおさめ，マレーシア全土に拡大された。その後，マレーシアにおける製造業の外資依存は，1980年代後半のプラザ合意以降のドル安・円高状況における日本企業の海外移転の波と，外資にさまざまなインセンティブを付与する1986年投資促進法，同年9月に発表された，製品の50％以上を輸出する，または350人以上のマレーシア人を常時雇用する場合に100％外資出資を認める投資ガイドラインよってさらに強化されることになった。

「ブミプトラに対する優遇」についても，1969年の民族暴動に直面したマレーシア政府にとって不可避な政策であったといえる。とくに，1971年に新経済政策が採用されてから当初の計画期間であった1990年までの間は，教育や雇用，企業経営や資本保有への参加など，あらゆる点でブミプトラへの優遇政策は必要なものであったといえるだろう。前述のように，ブミプトラに対する優遇は，一方で民族間の所得格差の是正という面をもち，他方では農村の農民を都市の近代部門に動員する役割も担っていた。

マレーシア政府は，今日までの経済発展の過程において，上記の4つの構造的問題について解消を試みてきているが，ある問題

の解消が別の問題をより深刻化させるなど，相互に問題が絡み合っているため，今日に至るまで抜本的な解決には至っていない。ただ，マレーシアの経済成長率の推移をみれば，これら4つの問題が経済発展に深刻な悪影響を与える事態に至らない程度には問題をコントロールできているともいえるだろう。これらの問題については，次章以降で触れるとともに，将来の課題として終章で詳しく論じる。

5　農村偏重の政治的背景

民族暴動に至る政治過程

　ここまでみてきたように，マレーシア政府は1971年に導入した新経済政策を通じて，農村開発を進めつつ，農村部のマレー人の商工業への進出を促して工業化・都市化を推進しようとした。だが20世紀後半の途上国では，農民から収奪することによって工業化を進めようとする例が少なくなかった。ほかに工業化の原資を得る手段がなく，政治面では為政者にとって農民よりも都市住民の抵抗のほうが大きな脅威となっていたからである。都市住民の過度の厚遇により，単に不公平であるだけでなく，経済成長するうえで不効率な資源配分になっている状態は「都市偏重」と呼ばれる。では，低所得期のマレーシアはなぜ都市偏重に陥ることなく，農村部住民を手厚く処遇する新経済政策を実施することになったのだろうか。

　最初に，独立から新経済政策が導入されるまでの政治の流れを簡潔に振り返っておこう。

　独立当初の政権を担ったのは，ラーマン首相率いる「連盟党」である。連盟党は，統一マレー人国民組織（UMNO）とマラヤ華

人協会（MCA），マラヤ・インド人会議（MIC）の3党からなる政党連合[17]で，独立の2年前に実施された連邦議会選挙で52議席中51議席を得る圧勝を収めた。多民族社会のマラヤでは政党もまた民族ごとに設立され，それらの民族政党が連携して政党連合を結成したのである。同じ時期に，主要民族の指導者が集まって民族横断政党のマラヤ独立党（IMP）を設立しているが，こちらは有権者の支持を得ることができなかった。選挙に勝った連盟党は，イギリスとの独立交渉の主な担い手となり，憲法制定過程をリードした。

　憲法制定の際の主要争点のひとつは，華人やインド人への市民権付与の条件であった。第二次世界大戦前，イギリスの直轄植民地だったペナン，マラッカでは出生地主義にもとづきイギリス臣民としての市民権が付与されていたが，スルタンを通じた間接統治体制下にあったところでは，非マレー人の市民権取得には厳しい条件が課されていた。戦後にマラヤ連邦が形成された後も，華人らへの市民権付与の制限は続いた。独立にあたり制定された憲法では，マレー人の「特別な地位」が認められる一方，出生地主義にもとづいて華人やインド人にも広く市民権が付与され，母語使用の権利や信教の自由も保障された。このような民族的，宗教的権利を定めた憲法条項は「独立協約」と呼ばれている。

　1957年のマラヤ連邦独立後は，連盟党によって定められた独立協約の是非が政治の主要争点になった。独立後に台頭した野党は，連盟党に対抗するため，民族的な利益をより急進的な立場で追求する政党であった。マレー人側では，汎マラヤ・イスラーム党（PAS）が1959年の第1回総選挙で支持を伸ばし，人口の大部分をマレー人が占めるクランタン州とトレンガヌ州で州政権を獲得した。非マレー人側では，1963年にシンガポールとサバ，サラワクが加わってマレーシアになった後，シンガポールのリー・ク

アンユー率いる人民行動党（PAP）が半島部に進出して既存の政治の仕組みを揺るがした。リー・クアンユーは，「マレーシア人のマレーシア」なる標語を掲げてマレーシアは「マレー人の国」ではないと訴え，連盟党の中核勢力であるUMNOと鋭く対立したのである。この政争は民族間感情の悪化を招き，1965年8月のシンガポール独立という帰結をもたらした。

　シンガポール独立後，PAPの残存勢力は党名を民主行動党（DAP）に変更してマレーシアでの活動を続けた。DAPは「マレーシア人のマレーシア」という標語を引き継ぎ，「市民を『ブミプトラ』と『ノン・ブミプトラ』に区分し，公的部門の採用や昇進において差別すること」に反対する方針を打ち出した[18]。これは当時，憲法で保障されたマレー人の特別な地位に対するあからさまな攻撃とみなされた。

　1969年5月13日の暴動は，その3日前に実施された第3回総選挙を通じて民族間の対立感情が煽られた果てに生じたものだった。この選挙では，ラーマン政権がマレー人，非マレー人双方の急進派から挟撃され，連盟党が大幅に議席を減らした。とくに，マレー人支援策に反対する姿勢を強く打ち出したDAPが躍進し，与党連合内の華人政党であるMCAが大敗したことは，マレー人大衆に衝撃を与えた。

　一方DAPと，同じく非マレー人が主体の野党であるマレーシア人民運動党（グラカン）の支持者は，躍進を祝う「戦勝」パレードをクアラランプールの中心地で実施した。この行為は挑発とみなされ，マレー人住民の強い反感を買った。両党に対抗するデモ行進を実施すべく集まったUMNO支持者と通りすがりの華人とのあいだで衝突が発生すると，瞬く間に暴動が市中各所に広がっていった[19]。翌日，全土に非常事態宣言が発令されたが，騒乱が沈静化するまでに3日間を要した。民族間抗争の様相を呈した

この暴動では，華人の商店が放火，略奪の主な標的とされた。政府発表によれば，暴動による死者は196人，うち7割強は華人であった[20]。

新経済政策のはじまり

　大規模暴動の発生を受けて，国民統合の促進が政府の最重要課題に浮上した。ラーマン首相にかわり治安回復の指揮を執ったラザク副首相は，暴動の1カ月半後には国民統合局（DNU）を設置し，国民統合のために政府主導で経済開発を進める方針を示した。このDNUを中心に策定されたのが新経済政策である。DNUは，1970年3月に第2次マレーシア計画策定のためのガイドラインを全省庁に通知した。この文書は，政府の基本目標として，1）民族間の経済的不平等の縮小，2）雇用機会の創出，3）全体的な経済成長の促進，の3点を掲げ，その優先順位を，第1に民族間格差是正，第2に雇用，第3が経済成長と定めたものだった[21]。その後，政府内での調整を経て，1971年に発表された第2次マレーシア計画の冒頭には「この政策の実施にあたり，特定の集団が損害を被ったり，疎外感を感じたりすることのないよう政府は配慮する」との文言が盛り込まれた[22]。

　民族間格差の是正のために政府が積極的に経済に介入すべきだという考え方は，暴動の前から存在した。1965年6月には国家・農村開発省の主催で「ブミプトラ経済会議」が開催され，マレー人の資本蓄積や商工業への進出を支援するための方策が討議された。会議での提言を受けて，マレー人のための信用貸付機関としてブミプトラ銀行が設立されたほか，実績の乏しかった農村工業開発公社（RIDA）が国民殖産公社（MARA）へと改組・強化され，各州では州経済開発公社（SEDCs）が相次いで設立された。ブミプトラ経済会議は，政府の対マレー人経済政策の内容と方向

を変える分岐点だったと評価されている[23]。

　この流れを決定的にしたのが5月13日事件であった。民族間の暴力的な衝突を経て，政府内では民族間格差縮小のための政策を強化すべきだという認識が共有された。暴動の再発を防ぐには国民統合を進める必要があり，そのためには民族間格差の是正が不可欠だと考えられたのである。また暴動を機に，政府内の指揮権が，経済への介入に消極的なラーマン首相からラザク副首相へと移った。ラザクは，国家・農村開発相としてブミプトラ経済会議を主導した人物である。1970年9月にはラザクが第2代首相に就任し，開発政策を強力に推し進めた。

与党の票田としての農村部

　このように新経済政策は，民族暴動の発生を受けて，民族間格差の是正を重点目標としてスタートした。それが農村部の利益を推進する内容となったのは，前述したようにマレー人の多くが農村部に居住しており，都市部では華人の比率が高いという状況があったためである。

　民族によって居住地が異なる状況は，主に19世紀以降の都市開発の経緯に由来する。マレーシアの都市は海上交易の拠点，もしくは錫鉱山の周辺部が発展してできたものが多い。ペナンやマラッカは前者，クアラルンプールは後者の典型例である。19世紀に本格化した錫鉱山開発はもっぱら中国からの移民労働者によっておこなわれたため，その近辺に形成された町でも必然的に華人が中心的な存在になった。ペナンなどの港町は，中国との交易をおこなう商人などが進出したことで栄えた。植民地統治期の都市化がこのようなかたちで進んだため，マレー人は農村部に取り残されることになった。

　5月13日事件が発生した当時，ラザクら政府首脳は農村におけ

る失業と貧困への対策が喫緊の課題だと考えており，新経済政策の初期段階では農村開発に重点を置いた。とくに貧困率の高かった稲作農家については，所得水準向上にむけて思いきった措置がとられた。

マレーシアでは新経済政策開始以前においても，都市住民に配慮して主食である米の価格を抑える政策をとっていたわけではない。逆に，国産米の生産者価格はタイ米の輸入価格を上回るよう誘導されていた[24]。にもかかわらず，稲作農家は貧しかった。1970年の半島部マレーシアにおける貧困率は49.3％だったが，稲作農民の貧困率は88.1％に達していた[25]。稲作農民の95％はマレー人である。

稲作農民が貧しかったのは，ひとつには，流通面に問題があったためである。イギリス統治期の1949年に，米の安定供給を目的として籾米の最低保証価格制度が導入されたが，精米・流通業者はこれを守らず，生産者は彼らに搾取されていた。米農家は精米・流通業者に対して多額の負債を抱えており，交渉力がなかったのである。精米・流通業者の大多数は華人であった[26]。

新経済政策が始動した1971年，政府は連邦米穀公団（LPN）を設立し，精米事業に乗り出した。華人業者にマレー人農民が搾取される構造を打破するためである。1974年には民間業者による米の輸入を禁止し，LPNを通じて米貿易を一元的に管理する体制を築いた。これにより，米の輸入・販売から得られる巨額の利益が華人業者から政府へ移転された。その一方で政府は，第1次オイルショックによる化学肥料の高騰に対応すべく，一時停止していた肥料補助金の支給を再開した。この一連の政策は，華人流通業者からマレー人農民への再分配政策にほかならない[27]。

しかし，稲作農民の所得水準はなかなか改善されなかった。零細農家が多く，単位面積当たりの収量も十分に上昇しなかったた

めである。稲作農家の貧困率は，1976年時点でも80.3％と高止まりの状況にあった[28]。

そこで政府は，より直接的に農家の所得を底上げする対策をはじめた。LPNまたは政府指定業者に籾米を売却した生産者に対して，1ピクル（60.48kg）当たり10リンギを支給する制度を1980年に導入したのである。前年の生産者米価（上級米）は1ピクル当たり30リンギだったから，米価補助金の導入によって実質的な生産者米価は33％も上昇したことになる。1984年には，稲作の平均年間純利益の69％は米価補助金に由来するものになっていた。この政策は，政府に巨額の財政負担をもたらしたうえ，米の生産・流通の効率を悪化させた。しかし，再分配の効果は大きく，稲作農家の貧困率は1984年には57.7％まで低下した[29]。

このような思いきった再分配政策をマレーシア政府が実施した背景には，政治的な誘因があった。熱帯アフリカ諸国やタイでは，都市住民による抗議行動のリスクが都市偏重政策をもたらしたが，マレーシアの場合，農村選挙区の多さとそこでの支持獲得競争が農村への利益誘導政策をもたらした。

農村選挙区の多さの起源は，植民地政府が実施した選挙区設定にある。独立2年前に初めて連邦議会の選挙を実施するにあたり，政府は一票の重みを均等にすることよりも都市部と農村部のバランスを取ることを優先した。独立後，1959年の第1回総選挙では独立前選挙の52区をそれぞれ2分割するかたちで設定された選挙区割りが用いられたため，農村部の過大代表が続いた。マレー半島部では1969年の第3回総選挙までこの区割りが用いられている。

暴動後，1974年の第4回総選挙を前に定数増と選挙区割りの変更がおこなわれ，農村部の過大代表の傾向がより強められた。その背景にはUMNOのライバルだったPASの与党連合入りがある。暴動後に連盟党は野党勢力の取り込みを図り，1973年1月1日に

「国民戦線」（BN）を結成した。BNにはPASも加わったためマレー人政党は総与党化し，半島部で力のある野党はDAPだけになった。この政党システムのもとで農村部の議席を増やせば，増加分はすべて与党のものとなる。1974年選挙におけるBNの議席占有率は87.7％に達した。

　この選挙区割りの変更は，与党に有利に働き選挙の公正性を歪めたため，暴動以降の政治体制が民主主義とはみなされない理由のひとつとなっている。ただし，PASは1977年にBNを離脱しており，翌年に実施された第5回総選挙からはふたたびUMNOのライバルになった。1980年に1ピクル当たり10リンギの米価補助金が導入された背景には，PASが支援する農民運動からの圧力があった。

　与党連合の中核政党であるUMNOにとって，マレー人の多い農村部は主要な支持基盤であり，そこではPASとの熾烈な支持獲得競争がおこなわれていたことから，暴動後のマレーシアでは農村偏重政策がとられた。その結果，1970年代後半から都市・農村間，マレー人・華人間の所得格差が急速に縮小し，1980年代後半までは社会全体の格差も縮小が続いた。これについては次章でみることにしよう。

西回りのイスラーム，東回りのイスラーム

　ムスリム（イスラーム教徒）が多数を占める国家で初の高所得工業国入りをめざす。マレーシアの経済発展は，歴史的にも大きな意味を持っている。イスラームと高所得工業国は，決して両立できないコンセプトではないが，現在に至るまで「イスラーム高所得工業国」は誕生していない。サウジアラビアやアラブ首長国連邦（UAE）などの中東諸国は，所得の面では高所得国の水準に達しているが，石油収入に依存しているため工業国とは呼べない。トルコはイスラーム工業国であり，2010年代前半に高所得国まであと一歩まで迫ったが，わずかに届かなかった。マレーシアの場合，天然資源に恵まれる一方で，最大の輸出品は電子・電機製品であり，立派な工業国である。マレーシアの1人当たり所得は約1万910ドル（2021年）で，2020年代半ばには高所得国入りすることが確実視されている。

　日本人のイスラームやムスリムに対する理解は，残念ながら十分であるとはいえない。筆者自身も，イスラームは非常に厳格な宗教で，日本人には理解が難しいという印象を漠然と持っていた。日本人のイスラームに対する理解を妨げている大きな要因のひとつは，「西回り」のイスラーム情報だと筆者は考える。とくに，2001年に発生した9.11同時多発テロ以降，中東から欧米メディアを経由して日本に伝わるイスラーム情報は，イスラーム原理主義を中心に，テロリズムと結びつけられることが多くなった。

　マレーシアに滞在して思うのは，日本人はもっと「東回り」でイスラームについての学ぶべきではないか，ということだ。東南アジアのムスリムは，ムスリムであると同時に，古来，中国やインドの影響を受けてきた東アジアの文化を日本人とも共有している。

　マレーシアは多民族国家である。マレー系を中心にムスリムが国民の過半を占めるが，マレーシアの憲法は，イスラームを国の宗教とする一方で，他の宗教を実践してもよいと定めている。モスクの近隣にもインド寺院や中国寺院が並立しているし，モスク自体の形状も，一

女性の服装についてアドバイスする看板（クランタン
州。熊谷聡撮影）。

般的なドーム型のほかに，マレー風，インド風のものから中国寺院風
の物まで多種多様である。

　マレーシアがもつ文化的多様性や，異なる宗教や民族への寛容性に
は驚くべきものがある。たとえば，イスラームはお酒に対して否定的
であるが，マレー系が大多数を占める地域以外では，アルコール類が
普通に販売されている。食事については，ムスリムが食べることを許
されている「ハラル」食品とそうでないものは厳格に区別される一方
で，食材や調理に配慮した「ハラル中華料理」を提供している店もあ
る。

　服装についても，近年，ムスリムの女性は，トゥドゥン（スカーフ）
をかぶる人が多数派になり，イスラーム色の強まりを感じさせる一方
で，他の民族の女性はそれぞれの民族の文化にしたがって着飾ってい
る。また，トゥドゥンをかぶるといっても，カラフルなマレー服と見
事にコーディネートされた美しいデザインや巻き方がオシャレの重要

ポイントになっている。

　イスラームといえば，一般的には，女性に対して抑圧的であるとのイメージがある。しかし，当地の女性は，ムスリム・非ムスリムによらず，快活に見える。たとえば，公立大学の男女比は37対63と女性が大きく上回っているし，国際連合開発計画（UNDP）によるジェンダー不平等指数（GII）でも，マレーシアは東南アジアではシンガポールに次いで男女の平等度が高い。ライダーがバイクから降りてヘルメットを脱いだらトゥドゥンの女性だった，というのは「西回り」のイスラームのイメージからは逸脱するかもしれないが，マレーシアの日常である。

　マレーシアで触れる「東回り」のイスラームには，日本人にも違和感なく理解できるものがある。筆者も，マレーシアでイスラームについて学ぶにつけ，「さすが最新の宗教（世界的な宗教のなかで，もっとも成立が新しい），合理的だな」と感心することが多々あった。今日，世界人口に占めるイスラーム教徒の比率は約4分の1に達し，経済力もますます高まることが予想されている。もちろん，イスラームの実践のされ方は世界中でさまざまであり，マレーシアのイスラームが典型ではないし，マレーシアにおいても経済発展が著しい西海岸と，イスラーム色が強い東海岸では大きく異なる。しかし，日本人がイスラーム世界を知るうえで，マレーシアはとても良い入り口ではないかと筆者は考える。

＊本コラムは政策研究大学院大学を中心に2013〜18年に実施された科学研究費補助金事業「新興国の政治と経済の相互作用パターンの解明」（研究課題番号15K21728）のHPに掲載したコラム記事を加筆・修正したものである。

第2章

労働力の量的・質的拡充
都市化・格差・教育（1970年代から1990年代）

　近年，目覚ましい経済成長を遂げた国，とくに東アジアの国々は，下位中所得国期に繊維産業や電子・電機製品の組み立てなどの労働集約的な輸出指向型工業を軸に経済成長を達成してきた。これを支えたのは，主に農村部から都市部へ進出した労働者である。都市部やその近隣地域に立地することが多い労働集約型産業を支えるためには，大量の労働力が必要とされる。多くの発展途上国では，これは農村から都市に移住した労働力によって賄われている。

　失業が大きな問題である経済発展の初期には，雇用の拡大は政府にとって最優先の課題であり，ある産業が労働集約的であることは望ましい性質とされる。しかし，経済発展が進んで完全雇用状態に近づき，人手不足のフェイズに入ると労働集約型産業に頼って経済成長を続けることは難しくなり，より付加価値の高い資本・技術集約型産業への移行が必要とされるようになる。労働集約型産業から高付加価値産業へステップアップするためには，企業が機械化・省人化の投資をおこなうとともに，教育・訓練の拡充によって労働者の質を高めて生産性の向上につなげる必要がある。

これを怠り，インフォーマルな雇用や安価な外国人労働者の採用によって賃金上昇を押さえ込み，上位中所得国になっても労働集約型産業の存続に固執すれば，経済成長率は低下することになる。さらに，企業の利益のうち主に賃金として労働者に支払われる比率である労働分配率が低い状況が続けば，富が一部の富裕層に偏って国民のあいだの所得格差が拡大し，内需が停滞することになる。

　政治体制が独裁的な体制である場合，経済発展初期には消費よりも投資に重きを置くため，労働運動を規制したり賃上げを抑制したりする政策がとられやすい。また，労働集約型産業が多国籍企業による直接投資に依存して発展してきた場合，賃金の上昇は経営のマイナス要因とみなされ，経営者からは賃金の抑制や外国人労働者の導入などの要望が出やすくなる。このとき，大規模な工場で多数の労働者を雇用し，他国への移転という選択肢を持つ多国籍企業の要求は，ホスト国の政府に対して強い交渉力を持つ。

　一般的に，労働者の賃金と労働生産性の関係では，まず労働生産性が上昇することで経営者に余力が生まれ，賃上げにつながるという理解がされている。しかし，歴史的にみると，賃金がまず上昇し，それに対応して労働生産性が上昇するという事例がいくつもみられる。たとえば，18世紀のイギリスでは賃金が相対的に高く，資本やエネルギーが安い状況にあった。これがイギリスにおける紡績機の投資利益率を高め，産業革命を推進することになった[1]。

　隣国シンガポールでは，1979年に全国賃金審議会で20％を超える賃上げのガイドラインが示された[2]。これは，高付加価値化を進める「第2次産業革命」と呼ばれる国家政策に沿ったもので，以降3年間で50％を超える賃上げが国家主導でおこなわれた。経済成長率の推移をみる限り，この賃上げの経済への悪影響は最小

限で，後にシンガポールが高所得国入りする礎となった。

　労働生産性の上昇と賃金の上昇は同時に起こることが望ましい。しかし，労働者の交渉力が弱い場合，労働生産性上昇による果実が労働者に還元されるとは限らない。一方で，賃金の上昇は，それに対応できない企業が退出することで，生き残った企業については労働生産性の上昇につながる。

　最低賃金制度の導入に反対する際には，最低賃金の引き上げは失業率の上昇につながる，という議論がよくおこなわれる。しかし，アメリカにおける最新の研究では，最低賃金の引き上げで雇用は減少しないという主張が優勢である[3]。したがって，歴史的事例からも，最近の学術的な研究からも，政府が経済発展のある時期において賃金の引き上げを主導することはナンセンスな政策ではないことがわかる。

　労働力の量的拡大によって経済成長を達成した下位中所得国が上位中所得国として経済成長を続けていくには，労働力の量から質への転換が必須ということになる。しかし，低賃金の労働力を武器に成長してきた国が，それに依存するのではなく，賃金の上昇を許容しつつ生産性の向上を達成することは容易ではない。政府が教育や訓練を通じて労働者の質を高めていくことが重要であるとともに，民間部門に機械化・効率化をおこなうインセンティブを与えるために，賃金の引き上げを先行させることもひとつの政策となる。逆に，政策的に賃金を抑制したり労働力不足を無制限に外国人労働者で補うことは，生産性の上昇を遅らせる恐れがある。

　では，労働力の量から質への転換という課題にマレーシアはいかに取り組み，どの程度実現できているのだろうか。賃上げを実現し，内需拡大と労働生産性改善につなげるという好循環を実現できているだろうか。本章では，まず経済発展初期には新経済政

策によって農村部のマレー人労働者を商工業部門に動員し，労働力の量の問題の解決が図られたこと，それでも不足する分は外国人労働者の導入によって補われたことを示す。また，初期の新経済政策は所得格差の改善につながったことを指摘する。さらに，労働力の量の問題が解決した後は開発政策の転換が図られ，質の改善のために高等教育改革がなされたことを示し，この政策転換が実現した政治的背景を明らかにする。

1　高度成長を支えたマレー人労働者

都市に進出したマレー人

　マレーシアは，大人口を擁する国が多いアジアにおいては小国の部類に入る。マレーシアの2021年の人口は3266万人であった。これは，シンガポールを除いた先進ASEAN4カ国のなかではもっとも少なく，インドネシア（約2億7000万人），フィリピン（1億1000万人），タイ（約7000万人）と比較すると人口規模の小ささが際立つ。

　ただ，現在でもマレーシアの人口は緩やかに増加しており，国連の中位推計によれば，マレーシアの人口は2027年に3500万人，2047年に4000万人を超え，2070年前後に4200万人でピークとなり，その後，わずかに減少するとみられている[4]。2070年の日本の人口は約9000万人と予測されており，現在は日本の約4分の1程度であるマレーシアの人口規模は，50年後には日本の約半分にまで拡大することになる。

　マレーシア政府の統計によれば，マレー半島部の1911年時点の人口は，わずか232万人にすぎなかった。イギリスの植民地統治下で錫鉱山やゴム農園に華人・インド人労働者が大量に流入し

てもなお，マレー半島部の人口はきわめて少なかった。1957年の独立時の人口が628万人，1963年にサバ州・サラワク州と現在のシンガポールを加えてマレーシアが成立（1965年にシンガポールは離脱）した時点の人口が892万人，1970年時点の人口はようやく1000万人を超えたところであった[5]。その過半をマレー人が占めており，多くが農村に滞留していた状況を考えると，農村のマレー人労働者を都市の商工業部門に動員することなしには工業化に必要な労働力を確保できず，マレーシアの1970年代以降の経済成長は実現できなかっただろう。

　第1章で述べたように，当時のマレーシアでは主に華人が就業する商工業は都市を中心に営まれ，マレー人の大半は農村で農業に従事していた。都市と農村のあいだに「民族の壁」が存在したために，都市部の商工業部門の賃金が上昇すれば，自然に農村のマレー人が高い賃金を求めて都市部に移住し，商工業に従事する状況にはなっていなかった。新経済政策は「マレー人（ブミプトラ）優遇政策」とも呼ばれ，実際にもそうした側面は強くある。しかし一方で，新経済政策は農村のマレー人に初等・中等教育を与え，都市への移住や商工業部門への就業を国が強力に支援するもので，これがなければマレーシアは経済発展の早い段階で深刻な労働力不足に陥っていたと考えられる。

　マレーシア政府は新経済政策にそって，マレー人の商工業分野への進出を強力に後押しし[6]，都市部へのマレー人の流入が加速した。この時期，クアラルンプールについては少なくとも全人口の24%が不法占拠した土地に建てた小屋（スクオッター）に居住していたとされるが[7]，その対策としてマレーシア政府が低価格住宅の供給に力をいれた[8]結果，マレーシアの都市インフォーマル部門の規模は小さなものになった。世界銀行の統計で「都市人口に占めるスラムに住む人口の比率」をみると，2010年時点でタ

イが27%，インドネシアが23%，フィリピンが41％となっている。これに対し，クアラルンプールのスラム人口は2013年時点で1万2868人となっており，人口の1％以下ときわめて少ない[9]。

1980年代にはいるとマレーシアの都市化・工業化はさらに加速した。1991年には全人口の51.1％が都市に住むようになった。都市に住むマレー人の比率も，1980年の21.3％から1991年には39.4％とほぼ倍増している。その後，2000年には都市に住むマレー人の比率が50.1％となり，ついに農村に住むマレー人の比率を上回るとともに，都市人口の53.1％をマレー人が占めた。1970年の段階では，都市人口の59％を華人が占めていたから，30年間でマレーシアの都市は，華人が住民の多数を占める状況からマレ

図2-1 民族別都市・農村人口の推移（1970～2000年）

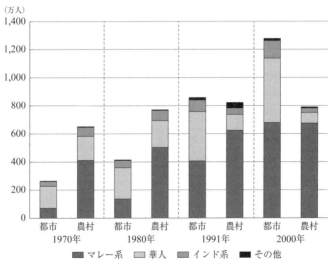

注：1970年，1980年は半島部のみ。1991年，2000年の「マレー系」はブミプトラ系他民族を含む。
出所：5カ年計画（Malaysia [various years]）およびPopulation Censusデータより作成。

一人が多数を占める状況へと大きく変貌を遂げたことになる（図2-1）。

　マレーシアの都市化の特徴として，農村から既存の都市への人口流入に加えて，既存都市の市街地が拡大したり，新しい都市が建設されたりしたことも大きな役割を果たしたことがあげられる。1980年に72あった市域（town）は2000年には170に拡大し，人口15万人以上の市域が9から27と3倍に増えるとともに，人口1万5000人以上2万5000人未満の比較的小さな市域も39から80に倍増している[10]。さらに，1990年代半ばからは新行政都市プトラジャヤとIT産業に特化した都市サイバージャヤがクアラルンプールの南に新しく建設されるなど，都市圏が拡大していったことも，マレーシアの既存の大都市に大規模なスラムが形成されなかった一因といえるだろう。

民族間分業構造は解消へ

　この間，華人が商工業分野を担い，マレー人が農業を担うという，民族と職業の関係が固定化されていた状況も大きく改善した。1970年時点では，第1次産業従事者に占めるマレー人の比率は67.6％で人口比を上回り，逆に第2次産業従事者に占める比率は32.1％，第3次産業従事者に占める比率は42.6％で人口比を下回っていた。一方，華人の第2次産業従事者に占める比率は58.7％，第3次産業に占める比率は45.5％と人口比を大きく上回っていた。

　2000年になると，第1次産業従事者に占めるマレー人の比率は61.5％と人口比を下回った（「その他」に分類される外国人が21％を占めている）。第2次産業従事者に占める比率は46.6％，第3次産業従事者は52.0％といずれも華人の比率を上回った。逆に，華人の第2次産業従事者，第3次産業従事者に占める比率はそれぞれ32.0％，33.9％にまで減少している。マレーシアにおけ

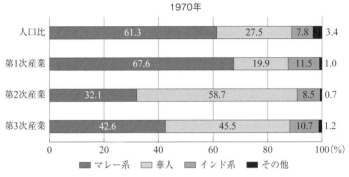

図2-2 産業別就業者数の民族別シェア (1970, 2000年)

1970年

	マレー系	華人	インド系	その他
人口比	61.3	27.5	7.8	3.4
第1次産業	67.6	19.9	11.5	1.0
第2次産業	32.1	58.7	8.5	0.7
第3次産業	42.6	45.5	10.7	1.2

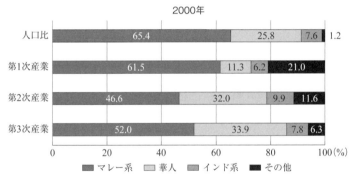

2000年

	マレー系	華人	インド系	その他
人口比	65.4	25.8	7.6	1.2
第1次産業	61.5	11.3	6.2	21.0
第2次産業	46.6	32.0	9.9	11.6
第3次産業	52.0	33.9	7.8	6.3

注：1970年は半島部のみのデータ。2000年の「マレー系」はブミプトラ系他民族を含む。
出所：5カ年計画データ（Malaysia [various years]）より作成。

る就業と民族の固定的な関係は，わずか30年間で大幅に変化し，その歪みはかなりの程度解消したといってよい。これは，驚くべきスピードである（図2-2）。

2 外国人労働者問題

インフォーマル部門を担う外国人労働者

多くの発展途上国では経済におけるインフォーマル部門のプレゼンスが大きい。一方，マレーシアではマレーシア国民が従事するインフォーマル部門は相対的に小さい。これは前述のように，新経済政策によって政策的に農村から都市への人口移動を促進し，低価格住宅の提供などを積極的におこなったためである。

しかし，1990年代以降，マレーシアではインフォーマル部門を外国人労働者が担うようになっている。マレーシア統計局によると，2017年のマレーシアにおけるインフォーマル部門[11]の労働者は136万人で，雇用者数の9.4％を占める。これは，定義は異なるが国際労働機関（ILO）が推計しているインドネシア（84.2％）やタイ（67.5％）の数字と比較して大幅に小さい[12]。また，マレーシアのインフォーマル部門の定義は非正規労働に近い。ILOが定義するような「法律で保護されない労働者」というのは，マレーシアでは外国人労働者，とくに不法滞在労働者（undocumented workers）が置かれている状況に近いといえる。マレーシアでは一時期，不法滞在労働者が200万人から300万人存在したといわれており，マレーシア統計局が報告しているインフォーマル部門の労働者の倍以上の人数となる。

マレーシアでは歴史的に土地面積や経済活動に対して人口が少なく，これが19世紀から20世紀初頭にかけて華人やインド人が労働者としてマレーシアに流入する要因となった。1980年代後半に本格的な工業化が進展すると，農村のマレー人の商工業部門への動員が急速に進んだにもかかわらず，労働力不足が深刻化した。

これを受けて，1992年にマレーシア政府は，それまでプランテーションや建設現場，家事労働などに限定的に認められていた外国人労働者の雇用を製造業やサービス業にも広げ，本格的な外国人労働者の導入を進めた。

マレーシアの外国人労働者の雇用制度は，有期での帰国を前提に設計されており，移民とは明確に区別される。非熟練外国人労働者の受け入れは18歳から45歳に限られ，家族を同伴することはできない。非熟練の外国人労働者の労働許可は1年ごとに更新され，現在では原則3年，最大10年まで更新できることになっている[13]。また，外国人労働者を受け入れることができる相手国は15カ国に限定され，それぞれ受け入れることができる産業分野も指定されている。

ただ，短期的な労働力不足を補うために設計された制度と恒常的な労働力不足の実体が合致しておらず，ビザが切れたあとも滞在し続けるオーバーステイや労働許可を得ないまま入国する不法滞在労働者が常態的に，しかも大量に存在しているのがマレーシアの外国人労働者制度の実体である。

2019年12月時点でマレーシアがもっとも多く外国人労働者を受け入れているのはインドネシア（34.7％）からで，バングラデシュ（28.6％），ネパール（14.9％），ミャンマー（8.0％），インド（5.5％）と続く[14]。

労働力の4人に1人は外国人

マレーシアの外国人労働者問題の特徴は，労働力に占める割合が非常に大きい点にある。2020年第4四半期の統計では，労働力人口1592.2万人に対し，外国人労働者は220.2万人で13.8％を占めている。マレーシアでは，こうした統計上の外国人労働者に対し，統計に表れない不法滞在労働者が同数かそれ以上存在すると

いわれている。仮に同数程度と仮定すれば，マレーシアの労働力の実に4人に1人は外国人労働者ということになる。

図2-3は外国人労働者の人数と労働者に占める比率を示したものである。外国人労働者は2010年代に入ると全労働者の15％を超える水準に達している。これを日本に当てはめると，1000万人を超える外国人労働者が働いている状況に等しい[15]。

周辺国との賃金格差を主因とした外国人労働者の流入，産業界の労働力不足という需給両方の要因で外国人労働者が増加を続ける一方で，マレーシア政府は外国人労働者の総数に歯止めをかけたい意向を持っている。2005年には当時のアブドラ首相が演説のなかで，マレーシアは「外国人労働者中毒」であると述べ，産業高度化を妨げるとして外国人労働者依存からの脱却を訴えてい

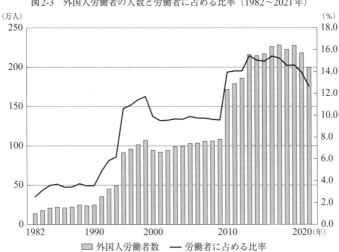

図2-3　外国人労働者の人数と労働者に占める比率（1982〜2021年）

出所：マレーシア統計局ウェブサイト掲載資料（Labour force by ethnic group, Malaysia/states, 1982 - 2021）より筆者作成。

る[16]。

　これまで，マレーシア政府は外国人労働者の雇用にかかる税金を頻繁に引き上げ，定期的に新規雇用の停止と再開，不法滞在労働者の恩赦，合法化や送還を繰り返して現在に至っている。たとえば，2011年10月から2014年1月まで違法労働者の恩赦・合法化プログラム（通称6Pプログラム）が実施され，130万人が申請，うち50万人が合法化され，33万人が国外退去となった。マレーシアでは，このような不法労働者の摘発・送還・合法化が定期的におこなわれており，そのタイミングで統計上の外国人労働者数は変わる。図2-3では，外国人労働者の増加には2つのジャンプ（1996年，2010年）がみられる。

外国人労働者依存の是非

　外国人労働者がマレーシア経済にとってプラスであるかマイナスであるかについては議論が分かれている。世界銀行は，外国人労働者はマレーシアの経済発展に不可欠であり，外国人単純労働者が10％増加するとマレーシアの実質GDPを1.1％押し上げ，10人の外国人労働者を受け入れるとマレーシア人の雇用が5.2人生まれると試算している。また，外国人労働者が10％増加すると，単純労働者の賃金は3.94％下がるがマレーシア人の賃金は全体で0.14％上昇するとした。外国人労働者の財政への負担は軽微とする一方で，マレーシアの外国人労働者管理制度には問題があり，改革が必要と結論している[17]。

　実際，外国人労働者には雇用のミスマッチを埋めている面があることは否定できない。外国人が雇用されているのは，マレーシア人が働きたがらない3D（Dirty, Dangerous and Demanding）労働である。外国人労働者の39.8％が単純労働（Elementary occupation）と呼ばれる職種に就いている一方，この職種に就業

バーム農園で収穫作業をおこなう外国人労働者（熊谷聡撮影）。

するマレーシア人は全体の8.1％にすぎない。

　JETROの投資コスト比較（2020～21年）によれば[18]，バングラデシュのダッカで製造業に従事する労働者の月給は115米ドル，一方，クアラルンプールでは431米ドルとなっており，約4倍の差がある。もし，労働者の権利が十分に保障されるのであれば，自国民に人気のない職種を，母国との賃金格差によって埋めてくれる外国人労働者の存在は，お互いにとってプラスとなる。

　これに対し，バンク・ネガラは2017年版の年報に「低スキル外国人労働者が経済の歪みを生む」という記事を掲載し，外国人労働者のデメリットを強調している。低スキル外国人労働者への依存は，マレーシアが低コストの投資先であるというイメージを定着させ，多国籍企業は外国人労働者雇用の容易さをより活用するようになる。その結果，マレーシアには多国籍企業のバリューチ

ェーンのうち付加価値の低い部分が立地するようになり，バリュ
ーチェーンの付加価値の高い部分はシンガポールや中国に移動す
るとバンク・ネガラは主張している[19]。

　外国人労働者の増加に伴う社会的・経済的問題には，①労働市
場で競合する自国労働者の所得へのマイナスの影響，②教育，医
療，社会保障など公的支出への負担増，③犯罪率の増加，社会
的・文化的な摩擦の影響などがある。マレーシアの場合，外国人
労働者を有期の単純労働力に限定し，家族の帯同を認めないこと
で，①と②の問題を小さくし，外国人が往来する貿易の要衝であ
った歴史的な経緯から，③についても比較的小さいものにとどま
っている。

　しかし，農村からのマレー人の移動による商工業部門への労働
力の供給が足りなくなった分を大量の外国人労働者で補い続ける
ことは，長期的にはマレーシアの経済発展にとってマイナスにな
る可能性が高い。建設現場やプランテーションなど機械化が難し
く，マレーシア人が嫌う仕事では外国人労働者は必要であるが，
製造業の現場での外国人労働者の大量の受け入れは，企業が機械
化や高付加価値化のための投資をおこなうインセンティブを削ぐ
恐れがあり，また，機械化・高付加価値化によって本来ならば必
要になるはずの熟練労働者の需要を抑制する可能性がある。

　バンク・ネガラも指摘しているように，外国人労働者への依存
と製造業の外資への依存のあいだには相互に補強する関係がある。
たとえば，電子・電機産業においては，一部の多国籍企業は多く
の外国人労働者を雇用している。一方で，地場企業や，同じ多国
籍企業でも経営陣が現地化されている企業では外国人労働者への
依存度は相対的に低い[20]。

　もちろん，非常に価格競争が厳しく差別化が難しいゴム手袋を
輸出するトップ・グローブ社のような地場企業は多くの外国人労

働者を雇用している。しかし，付加価値を高める余地のある電子・電機産業においても，経営陣が現地化されていない多国籍企業が多くの外国人労働者に依る傾向にあるのは，十分な権限が現地法人に移管されておらず，経営陣が現地の状況にあわせて経営をおこなえないため，経営効率化が賃金の抑制に偏りがちになるためであると考えられる。こうした状況は，製造業の外資への依存が外国人労働者への依存を強める要因となっていることを示唆している。

さらに，マレーシアの外国人労働者に関しては人権問題の存在を提起しておく必要があるだろう。マレーシアでも，斡旋業者による外国人労働者の搾取やメイドに対する虐待など，外国人労働者の人権問題が生じている。アメリカは，2014年6月発表の人身取引レポートでマレーシアを最低の格付けにダウングレードした。とくに大量の不法滞在労働者が雇用主や斡旋業者に対して弱い立場におかれ，賃金の支払いを拒否されたりパスポートを取り上げられて労働を強いられたりしている点が問題視されている。

2020年7月，アメリカは強制労働がおこなわれているとの理由でトップ・グローブのゴム手袋の輸入を差し止めた。また，2021年1月には同社の4つの工場で新型コロナウイルス感染症のクラスターが発生し，操業停止を余儀なくされた。その背景には，5000人を超える同社の外国人労働者が環境の悪い従業員寮に住むことを余儀なくされている問題があった[21]。その結果，こうした企業では外国人労働者の待遇改善がおこなわれはじめている。

3 経済格差の推移

新経済政策の効果

先にみたとおり，新経済政策はマレー人の都市への進出と商工業への就労を促し，それまでの「商工業は華人，マレー人は農業」という固定的な就業構造を短期間のうちに覆した。では，この変化は所得格差の是正をともなうものだったのだろうか。所得格差の傾向と推移をここで確認しておこう。

図2-4は，1957/58年から2019年までを対象に，格差の度合いを表すジニ係数（格差がまったくない場合は0，格差が大きいほど1に近づく），ならびに所得階層下位40％，中位40％，上位20％の世帯の所得が全所得に占めるシェアの推移を示したものである[22]。この図から，①1957年の独立から1970年代半ばにかけて急速に所得格差が拡大し，②1976年をピークに1980年代末ま

図2-4　マレーシアにおける所得格差の推移（1957～2019年）

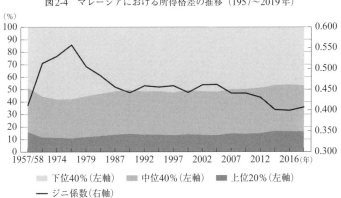

出所：Snodgrass (1980) ならびに DOSM (various years) より筆者作成。

で格差が縮小し続けた後[23]，③2000年代半ばまでほぼ同水準にとどまり，④その後，とくに2010年代に入ってから緩やかに縮小してきた，という変遷をたどったことがわかる。

まず目に付くのは，独立後の急速な格差拡大である。独立直後，1957/58年のジニ係数は0.412で，東アジアの開発途上国のなかでは目立って格差が大きいわけではなかった。この時代，台湾のジニ係数は0.558（1955年），フィリピンのそれは0.48（1956年）であった[24]。ところが，その後台湾では格差が縮小し，フィリピンでは横ばいだったのに対して，マレーシアでは格差が拡大し，1970年のジニ係数は0.513となった。マレーシアの所得格差はその後も拡大し続け，1976年のジニ係数は0.557を記録したが，これを境に急速に縮小に転じた。

独立後から1970年代半ばまでマレーシアの所得格差が拡大した要因については詳細なデータがないため分析が難しい。ただ，一般的に一国の所得格差は経済発展の初期に大きくなり，経済発展が進むにつれて縮小していくといわれている（クズネッツ仮説）[25]。経済発展の初期において所得格差が拡大する理由として，クズネッツは都市の所得は農村よりも高く，所得格差も都市のほうが大きい傾向があるため，都市化・工業化によって所得格差が高まると説明している。新経済政策の効果が現れる以前のマレーシアでは，都市化は大きく進まなかった一方で，都市住民のなかでも輸入代替工業化や一次産品輸出の恩恵を受けた富裕層の所得が高まったため，都市と農村のあいだでも，都市内でも所得格差が拡大したと考えられる。

では，新経済政策の二大目標である貧困削減と民族間格差是正は達成されたのだろうか。まず貧困率についてみると（図2-5），5月13日事件の翌年にあたる1970年の貧困率は49.3％，とりわけブミプトラの貧困率は64.8％と非常に高かった。その後，貧困率

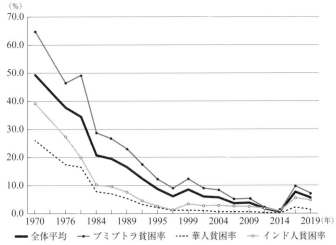

図2-5　マレーシアにおける貧困率の推移（1970～2019年）

（％）

出所：DOSM (various years) より筆者作成。

凡例：━ 全体平均　-●- ブミプトラ貧困率　┅ 華人貧困率　-○- インド人貧困率

　の数値はほぼ右肩下がりに低下し，上位中所得国となった1992
年にはブミプトラが17.5％，全体では12.4％まで低下した。貧困
率はその後も下がり続け，2014年には0.6％まで低下したが，
2020年に貧困線が見直され，それ以前の2度の調査に遡って適用
された結果，2016年の貧困率は7.6％，2019年は5.6％となって
いる。新たな貧困線は，世帯月収2208リンギである。

　世界銀行は，上位中所得国の貧困線を1人1日6.85ドル（2017
年購買力平価）と定めている（2022年基準）。マレーシアの貧困
線をこれと同じ形式に変換すると，1人1日11.45ドルであり，世
銀の6.85ドルよりかなり高い。マレーシア政府は貧困線を現在の
物価水準に見合ったものに設定し直し，あらためて貧困削減に力
を入れはじめたといえる。

　民族間の所得格差も，新経済政策の導入後に縮小に向かった

（図2-6）。1970年時点では，全体の平均世帯月収が264リンギだ
ったのに対し，ブミプトラ世帯の値は172リンギ（全体平均の
65％）であった。1970年代から80年代にかけて，民族間所得格
差は早いペースで縮小し，1987年にはブミプトラ世帯の所得が全
体平均の80％に達した。

　しかし，それからしばらくは民族間格差の改善がみられず，
1990年代を通じて同水準にとどまった。その後2000年代半ばに
なると民族間格差はふたたび縮小しはじめ，2009年にはブミプト
ラ世帯の所得が全体平均の90％に達した。

　ここでふたたび所得格差の長期的な推移に目を向けると，高度
成長がはじまった1980年代の後半から上位中所得国入りを果た
した1990年代，さらには1997〜98年のアジア通貨危機を挟んで
2000年代半ばに至るまで，マレーシアのジニ係数は0.45前後で

図2-6　民族別平均家計月収の推移（1970〜2019年）

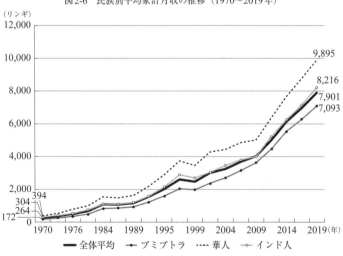

出所：DOSM (various years) より筆者作成。

高止まりしていた。この時期は工業化の進展とともに都市化が進み，都市・農村間の格差がいちだんと目立ちはじめた時期でもある。

そこで，ジニ係数の推移と都市・農村格差，ならびに華人とブミプトラの格差の推移を並べてみてみると（図2-7），ジニ係数と同じく，都市・農村格差，華人・ブミプトラ格差もまた1976年を境に縮小に転じた。1970年代後半から80年代を通じて地域間格差と民族間格差がともに縮小し，これによって全体の格差もまた縮小していたのである。

ところが，1990年代に入ると明確な変化が現れる。民族間格差がおおむね横ばいで推移したのに対し，都市・農村間格差は1990年代初頭に急激に拡大し，10年前の水準に逆戻りしてしま

図2-7　ジニ係数と，都市・農村格差，華人・ブミプトラ格差の推移（1970～2019年）

出所：DOSM (various years) より筆者作成。

った。その後，アジア通貨危機を挟んで2000年代前半に都市と農村の格差がいっそう広がった。

　このような傾向の変化の背景には，格差是正策の力点の変更がある。前章でみたように，新経済政策がはじまった当時，政府はマレー人が多く居住する農村部における失業問題の解決が喫緊の課題だと認識していた。したがって，初期の新経済政策では農村開発に力点が置かれていた。農村の雇用問題を解決しない限り，貧困解消も民族間格差是正も果たせなかったからである。

　ところが，1980年代に入って工業化政策を本格的に推し進めるなか，新経済政策の力点もブミプトラの商工業への進出支援にシフトした。1980年代末からの輸出指向型工業化の進展，具体的には外資系企業をメインプレーヤーとする電子・電機産業の発展によって高度経済成長が実現すると，都市・農村格差が拡大に転じたのである。

　民族間格差が横ばいを続けるなかで都市・農村格差が広がり，社会全体の格差は高止まりしていたということは，この時期，各民族の内部における所得格差もまた高止まりしていたということを意味する。

民族間格差の縮小と民族内格差の残存

　そこで，マレーシアにおける民族間・民族内の所得格差の推移について，もう少し詳しくみてみよう。図2-8は不平等度を表す指数のひとつであるタイル指数を，民族別，所得階層別（上位20％，中位40％，下位40％）の平均世帯収入と人口のデータを組み合わせて算出したものである。タイル指数は，不平等度をカテゴリー別の寄与度に分解できる特徴がある。まず，マレーシア全体のタイル指数については，ジニ係数の推移とほぼ同様で，1976年をピークに低下し，1990年代からは横ばいになるものの，

図2-8　タイル指数の推移（民族・所得階層別，1974～2016年）

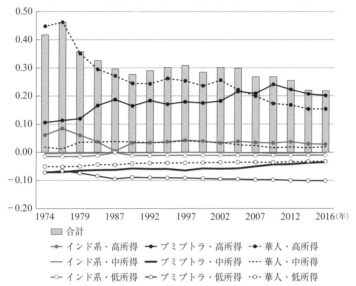

出所：Ministry of Economy, Median of monthly household gross income of household group by ethnic group and strata, Malaysia より筆者作成。

2010年代にふたたび低下という傾向を示している。

　興味深いのは，タイル指数を民族別（ブミプトラ／華人／インド系）×所得別（高所得／中所得／低所得）の9カテゴリーに分解した寄与度の推移である。「華人・高所得」の全体の不平等度への寄与度をみると，1970年代前半には突出して高く，当時のマレーシアにおける所得格差の問題は，ほぼ華人高所得層の相対所得の高さの問題であったと考えてよい。しかし，華人高所得層の寄与度は，1970年代後半からは大きく減少し1989年には当初の半分程度になった。代わって上昇しているのが「ブミプトラ・高所得」の寄与度で，新経済政策の実施とともに緩やかに上昇して

いき，2004年には華人高所得層の寄与度に並び，2007年以降は最大の寄与度を示している。

　マレーシアの所得格差の問題については，2000年代以降，民族間格差から民族内格差に焦点が移ったといわれることが多い。しかし，そもそも1970年の段階でも民族内の所得格差はきわめて大きかったことがわかる。マレーシアの所得格差の問題は，1970年代の華人高所得層の所得の高さの問題から，2000年代にはブミプトラ高所得層の所得の高さの問題に代わったと考えたほうが理解しやすい。華人高所得層に対して，人口の多数を占めるブミプトラが格差を感じていたことが「民族間」の所得格差と呼ばれ，ブミプトラ高所得層に対して同じブミプトラが格差を感じている現状が，「民族内」の所得格差と呼ばれていると考えれば納得できる。つまり，ブミプトラの視点からは，所得格差の問題は民族間格差から民族内格差に移ったといえる。一方で，華人の中低所得層の視点に立てば，以前は華人高所得層に対して「民族内」の所得格差を強く感じており，現在はブミプトラ高所得層との「民族間」の所得格差を強く感じているともいえる。

　このような民族間，都市・農村間，そして社会全体における所得格差の推移に，政府の政策はどう影響したのか。格差が極端に大きかった1970年代半ばの状況が80年代末にかけて改善された点を重視するなら，新経済政策には意義があったという評価になる。1970年以降の格差変動の要因を検討したラガヤは，先行研究の知見を整理して，新経済政策期に実施された農村開発，教育・雇用政策，輸出指向型工業化政策，ブミプトラに対する資本形成支援の4点が格差縮小と貧困削減に寄与したと主張した[26]。ラガヤによれば，農村開発，すなわち農業インフラの整備や補助金などの支援策は貧困層が多く居住する農村部の所得改善をもたらした。教育と雇用に関するブミプトラ支援策はかれらの第2次，

第3次産業への進出を促した。またこの動きは，輸出指向・労働集約型の製造業が成長したことで加速された。農村から都市部の工場に働きに出た人々は故郷に仕送りをし，それによって農村部の所得水準も改善した。くわえて，政府の設立したブミプトラ向けの低リスク・高利回りの投資信託スキームなどは，ブミプトラの貯蓄促進に寄与した。

　一方で，民族内格差の大きさに注目するなら，新経済政策は貧富の差の縮小にあまり寄与しなかったという評価になろう。独立から1970年までの間にマレー人社会内部の格差が急速に拡大していたこと，ならびに1980年代以降もブミプトラ内部の格差縮小のペースが鈍いことを重視し，民族間格差という「妄想」にとらわれた経済政策を続けてはならないと主張する論者もいる[27]。

　ラガヤもまた，1990年から2000年代半ばまでの期間については，政府の経済政策が格差縮小をもたらすには至っていないと認める。その理由として，産業の高度化が賃金の格差をもたらしたことや外国人労働者の増加とともに，農業部門での成長が鈍く，都市と農村の格差が広がったことを挙げている。

　以上の議論を整理すると，①農村開発を重視した初期の新経済政策は，独立以降拡大し続けていた所得格差の縮小に寄与したと考えられるが，②1990年代から2000年代半ばには政府の格差是正策は目立った効果を上げなかったとまとめることができる。

4　教育制度の発展

新経済政策期に中等教育就学率が向上

　発展途上国が工業化を始動させ，さらに労働集約型産業から高付加価値産業へのステップアップを実現するには，継続的に教育

制度を拡充していく必要がある。マレーシアでは初等教育の普及は早くから進んだが，その先の課程，とくに高等教育の普及が遅れた。

イギリス統治下のマラヤでは，初等教育から中等，高等教育まで整備されていたのは英語学校だけだった。母語学校（vernacular school）と呼ばれたマレー語学校，華語学校，タミル語学校も存在したが，第二次世界大戦前は初等教育のみがおこなわれていた。戦後になると華語中等学校がさかんに創設される一方，マレー語を教授言語とする中学校はなかった[28]。そのため，マレー語小学校の生徒が中等教育を受けるには，英語学校の特別コースに入って英語を学び，編入するしかなかった[29]。

独立後，1960年代の教育政策では，初等教育の強化と中等教育の拡大に重点が置かれ，1961年には初等教育の無償化を実施した[30]。世界銀行の世界開発指標（WDI）によれば，新経済政策がはじまった1971年時点の初等教育純就学率は86.7％に達していた。経済協力開発機構（OECD）加盟国平均値は88.2％であり，この時点で初等教育については先進国並みの就学率に達していたといえる。

ところが中等教育についてみると，1971年の総就学率[31]は41.2％であり，OECD加盟国の70.7％とは大きな隔たりがあった。東南アジアでは早い段階で学校教育が普及したフィリピン（47.5％）にも後れをとっていた。その20年後，1990年には中等教育就学率は63.4％まで伸びており，OECD加盟国（84.7％）との差は縮まっている。独立時点でマレー語中学校が存在しなかったことに鑑みれば，新経済政策のもとでマレー語教育の強化に取り組んだことが中等教育就学率の上昇につながったと評価できる。この時点でフィリピン（72％）にはまだ及ばなかったが，インドネシア（46.6％）やタイ（28.5％）を大きく上回っていた。

新経済政策の見直しで高等教育機会が拡大

　しかし，高等教育に関してはまったく事情が異なる。マレーシアの場合，他国と比較可能なWDIにあるもっとも古いデータは1979年のもので，このときの高等教育総就学率はわずか3.8％だった。OECD加盟国（29.5％）やフィリピン（23.5％）には遠く及ばず，タイ（8.5％）の半分にも満たなかった。1990年になってもこの状況にあまり変化はなく，マレーシアの数値（7.2％）はOECD加盟国（37.5％）の5分の1，タイ（15.9％）の半分未満であった。

　マレーシアで高等教育の普及が遅れた背景には，植民地期には大学がなかったという歴史的経緯と，新経済政策のもとで政府が高等教育機会の拡大よりマレー人の相対的な地位の改善を優先したという事情がある。

　現在のマレーシアの領域には，独立するまで大学（university）は存在しなかった。1949年にシンガポールの2つのカレッジが統合してマラヤ大学となり，独立後の1959年にマラヤ大学クアラルンプール校が設立された。これが最初の大学である。10年後にようやく2つ目の大学ができたが，その後も大学の設置は進まず，1990年になっても国立大学が7校あるのみだった。

　大学の数が増えなかったのは，政府が私立大学の設立を認可しなかったからである。カレッジやポリテクニックなど修了証（certificateないしdiploma）を授与する教育機関については私立校の設置が認められている一方，学位（degree）を授与する私立大学の設立は長らく認可されなかった。1970年代には華人教育関係者が華語で講義をおこなう私立大学の設置認可を申請したが，政府はこれを拒否した。申請者側は認可を求めて訴訟を起こしたものの，1982年に敗訴が確定している[32]。

　教育政策は，5月13日事件後にマレー民族主義の影響が色濃く

反映された分野だった。1970年から英語学校のマレー語学校への転換がはじまり，1982年までに小・中学校から大学予備課程に至るすべての英語学校のマレー語学校化が完了した。さらに1983年には，それまで主に英語を用いてきた大学でもマレー語が教授言語になった。くわえて，大学入学に民族別割当制が導入され，1979年の与党合意によりその比率はブミプトラが55％，非ブミプトラが45％（華人が35％，その他10％）と定められた[33]。

　民族間格差の是正を高等教育の普及より優先する政策は，四半世紀に渡り続いた後，マレーシアが上位中所得国の段階に入った1990年代半ばに改められた。1996年に私立高等教育機関法の制定と大学・ユニバーシティカレッジ法などの改正がなされ，私立大学の設立が認められるようになったのである。教育大臣の許可があれば英語で講義をおこなうことも認められた。その結果，大

図2-9　マレーシアにおける高等教育総就学率の推移

注：1981年，1996年，1997年のデータは欠損しているため，平均変化率から推計
　　した値を使用。
出所：世界開発指標（WDI）より筆者作成。

半の私立大学は英語を教授言語として採用した[34]。

　この政策転換を境に高等教育就学率は大幅に上昇し，2019年の数値は43.1%となっている（図2-9）。東南アジア域内では，都市国家のシンガポール（91.1%）を例外と考えれば，1980年代以降伸び悩んだフィリピン（35.5%，2017年）を抜き，タイ（49.3%，2016年）に次ぐ2番手に浮上した。

　もし，上位中所得国入りした1990年代半ば以降も高等教育に対する厳しい規制が続いていたとしたら，人材育成が滞り，産業高度化の障害になっていたに違いない。では，高等教育機会の拡大をもたらした政策転換は，なぜ可能になったのだろうか。

5　経済成長重視路線が定着するまでの政治過程

「1990年以降の開発政策」をめぐる闘争

　私立大学の設置認可など高等教育政策の転換は，1980年代半ばにはじまった，マレー人支援策最優先から経済成長重視へという開発政策の見直しが進むなかで実現した。

　新経済政策は，1973年に政府が策定した長期展望計画（OPP）において，1971年から1990年までの20カ年計画と定められていた[35]。つまり，マレー人の株式資本所有率を30%に高めるなどの諸目標は，1990年までに達成するものと位置づけられていたのである。そのため，1980年代後半には後継政策に関する議論が本格化した。

　そのきっかけになったのは，1986年8月の第7回総選挙である。与党連合の国民戦線（BN）の一角を占めるマレーシア華人協会（MCA）は，経済政策の「脱民族化」を求め，新経済政策の一方的な延長には同意しないとの立場を選挙前に表明した。同じく華

人が主体の与党マレーシア人民運動党（グラカン）も，民族別割当制の廃止を求めた。野党の民主行動党（DAP）は，選挙マニフェストにおいて新経済政策の終了を求め，市民をブミプトラと非ブミプトラに区分するのをやめるべきだと主張した。こうした華人側の要求は，マレー人政党の統一マレー人国民組織（UMNO）にとっては到底受け入れられるものではなかった。与党連合のBNは，1990年以降の開発政策については広範な合意形成に努めることをマニフェストで約束する一方，政策の中身については言及を避けた[36]。

　翌87年にはUMNOとMCA，グラカンが揃って役員選挙を実施し，そこでも1990年以降の開発政策が主要争点になった。4月のUMNO役員選挙は，マハティール首相，ガファール・ババ副首相のコンビにラザレイ・ハムザ商工相とムサ・ヒタム前副首相が手を組んで挑み，党史上もっとも熾烈な戦いとなった。マハティール陣営が勝利したものの，票差はわずかであり，選挙後も党内権力闘争が続いた。この役員選挙に臨むにあたり，ガファール副首相は，「2020年までにブミプトラの株式資本所有率を35％にする」ことを目標に掲げていた。他方，MCAは役員選挙前日の青年部大会で新経済政策の延長への反対を決議し，グラカンの役員選挙でも現職総裁が1990年以降は新たな開発政策を実施することを公約に掲げた。

　1990年以降の開発政策をめぐってBN加盟政党間の亀裂が深まるなか，同年10月には華語小学校の人事問題をめぐって華人政党・団体とUMNOが対立した。その発端となったのは，マラッカ州の華語小学校において，華語教育の資格を持たない教員が管理職に登用されるという出来事である。この人事に反対する華語教育団体が教育省に撤回を求めると，華人政党は与野党揃ってこの運動を支持し，クアラルンプールで5000人規模の抗議集会を

開催した。その際MCAのリー・キムサイ副総裁は，問題が解決されなければDAPとの共闘もありうると述べている。この集会では華語小学校の生徒に授業をボイコットさせるという強硬戦術が決議され，実際に45の華語小学校でボイコットが実施された[37]。

　華人団体・政党の動きは，マレー人社会，とりわけその利益代表を自認するUMNOを刺激した。同党青年部は，華人側に対抗して1万5000人を動員する集会を開催し，労働相だったリー・キムサイの解任，ならびに与党連合からのMCAの追放を求めた。マレー人の反華人感情が高まるなか，こんどはサヌシ・ジュニッド幹事長らが急遽，UMNO結党40周年の大集会を企画したことから，この集会をきっかけに暴動が再発するのではないかとの危惧が華人社会に広まった[38]。

　このときの政府の対応は，「独裁者マハティール」というイメージを決定づけることになる。警察が国内治安法にもとづく予防拘禁を開始し，2週間あまりのうちに104人を逮捕，拘留したのである。ララン作戦（Operasi Lalang）と名付けられたこの治安維持行動を発動したのは，内相を兼任していたマハティール首相にほかならない。逮捕されたのは，与野党の政治家のほか，華語教育団体，ならびに知識人団体，消費者団体，環境団体などNGO関係者らである。

「2020年構想」の提唱

　過熱した民族間利害に関わる論争を強権行使で封殺，沈静化させた後，政府が1990年以降の開発政策の策定に向けた動きを再開したのは翌年末のことである。1988年12月，新経済政策の後継政策に関する答申を作成する国家経済諮問評議会（NECC）の設立が発表され，翌年1月に与野党の指導者や経済団体，労組，華語教育団体，宗教団体などNGOの代表，知識人，弁護士など

150人で構成されるNECCが発足した。議長には、かつて国民統合局（DNU）の局長として新経済政策の策定を主導したガザリ・シャフィ元外相が就任し、委員にはブミプトラと非ブミプトラが75人ずつ選ばれていた。DAPのリム・キッシャン書記長など、ララン作戦で一時投獄された人物も委員に抜擢された。

　NECCの会議は分科会、全体会議ともに非公開とされ、議論の中身が国民に詳しく知らされることはなかった。しかし、委員らのメディアへのコメントなどからマレー人と非マレー人の意見の隔たりが大きいのは明らかであり、華語教育団体やDAPの代表は合意形成の進め方を不服として脱退してしまった。また、当初は1989年のうちに報告書を作成する予定だったが、作業は大幅に遅れ、1990年8月に1週間にわたって全体会議で草案を検討したものの合意に至らなかった。

　これを受けてマハティールは、政府はNECCの答申には拘束されないと宣言し、新たな開発政策の中身を明らかにしないまま1990年10月に解散総選挙に踏み切った。この第8回総選挙で与党連合BNは、マレー人地区と華人地区の双方で苦戦を強いられたが、民族混合区では中道の強みを生かして優位を保ち、なんとか下院議席の3分の2を維持した。

　選挙後に召集された議会でマハティールは、NECCからは脱退者が出たため政府には答申のすべてを受け入れる義務はないとの見解をあらためて示した。しかし、NECCは新たな開発政策に関する合意形成にまったく寄与しなかったわけではない。委員らがNECCの内外で議論を重ねるなかで、一定の合意は生まれていた。

　そのひとつは、市場メカニズムの活用を通じた経済成長の促進である。NECC報告書の起草委員会委員長を務めた経済学者のカマル・サレーは、NECCの活動がさかんだった1989年7月に、自身の政策構想として「所得倍増・分配計画」を発表した[39]。年

9％の成長によって2000年までに1人当たり国民所得の倍増をめざすとするこの計画では，目標達成の手段として，華人経済団体が長らく求めてきた規制緩和が提唱されている。民族間格差解消のための再分配，雇用再編政策については，「再分配の前に成長率の向上が不可欠」と断言し，成長を阻害しない政策の必要性を唱えた。

もうひとつの合意事項は，マレー人，華人，インド系といった民族の枠を超える国民意識の強化である。1988年8月にマハティールは，首相府国民統合局主催のセミナーにおいて，「マレーシア民族」（Bangsa Malaysia）をつくりあげる必要性を説いた。他方，マレー民族主義にもとづく諸政策が国民統合をむしろ阻害してきたとする華人政党や華人団体の側も，「マレーシア・ナショナリズム」を強化する必要性を認識していた。MCAは同党の政策文書において，「マレーシア・ナショナリズムを促進するため，政府はすべてのエスニック集団がアイデンティファイすることのできる国家シンボル，とくにマレー語，国王，国旗を強調すべきであり，宗教のように一部の市民を排除するシンボルは控えめに扱うべきである」[40]と主張した。これは，国語としてのマレー語，立憲君主としての国王を，自分たちのシンボルとして受容するという華人社会の意思表明だといえよう。

このように，新経済政策始動から20年を経て，経済成長の加速こそが次の優先課題であり，エスニシティの枠にとらわれすぎることなく国民意識を育んでいくべきだという認識が，マレー人，非マレー人の双方で共有されはじめていた。これを踏まえてマハティールが自らの国家構想として提唱したのが，1991年2月に発表された「マレーシア──その前途」である。2020年までの先進国入りと，調和と平等のもとに共存する「マレーシア民族」の実現を謳うこの提言は，後に「2020年構想（Wawasan 2020）」と名

付けられた。

　2020年構想は，MCAやグラカンから歓迎されただけでなく，野党のDAPや汎マレーシア・イスラーム党（PAS）の指導者さえもが賛意を示した。1980年代末からマレーシアは高度成長期に入っており，経済成長をいちだんと加速させるために必要な政策を打つという政府の方針に真っ向から異を唱える勢力はいなかったのである。国民も政府を支持し，1995年の第9回総選挙では与党が史上最高の得票率（65.2％）を得て下院の84％の議席を獲得した。1996年の高等教育政策の転換は，先進国入りをめざす政府の規制緩和路線を選挙で国民が後押しするという構図のなかで実現したのである。

　下位中所得国期のマレーシアは，新経済政策によって輸出指向型工業化に必要な労働力の量的拡充と所得格差の縮小を実現した。ただし，上位中所得国入りを果たした1990年代には，さらなる発展のために労働力の量から質への転換が必要になったが，産業界の外国人労働者への依存が阻害要因となっていることは否めない。その一方で，民族間格差の是正を優先したために1980年代まで厳しく規制されてきた私立高等教育機関の設置が自由化され，高等教育就学率が急速に伸びた。このような政策転換を可能にしたのは，「2020年構想」を掲げて経済成長最優先へと舵を切った政府に対する有権者の支持であった。

ラテかテタレか,それが問題だ──マレーシアの新たな不平等

　マレーシアには3つの世界がある,といわれることがある。これは民族に注目した場合で,マレー系,華人系,インド系の3民族の文化が見事に併存している。それとは別に,筆者はマレーシアを初めて訪れたときから,2つの異なる世界が併存すると感じてきた。ひとつはホーカーやコピティアム,かつては違法DVDやソフトウエアが売られていたローカルショッピングセンターの4,5階に代表される世界。もうひとつは,グローバル・チェーンの飲食店,高級ホテルやモダンなショッピングモールにひしめく高級ブランドに代表される世界だ。

　1990年代,コピティアムで飲むコーヒーは,1杯1リンギでお釣りがきた。同時期にKLに開店したスターバックスでは,1杯7リンギ台の価格を付けていたように記憶している。同じようなものに10倍もの価格差があるのに,安いほうも高いほうも盛況であることに強い印象を受けた。A. ルイスの二重経済モデルを想定するならば,前者は伝統部門,後者は近代部門となる。生産性・賃金の低い前者から高い後者に労働者が移行することで,経済発展が進んでいく。

　ところが,である。四半世紀たった今も伝統部門は存在するだけでなく,着実な進化を遂げている。たとえば,とあるローカル店のメニューには27種類ものナシゴレンが掲載されている。パンミーもロティチャナイもバリエーションがますます豊富になり,明らかにイノベーションが起こっている。これを,やがて消えゆく伝統部門と考えるのには無理がある。

　そこで,これを「ローカル財」と考え,もうひとつを「グローバル財」と考えるとすっきりする。ほぼローカルの人々のみが消費しているローカル財と,世界中どこでも同じものが手に入るグローバル財。ブリックフィールズで朝食にロティチャナイとテタレ（マレーシア風ミルクティ）を頼むと,わずか2.8リンギだ。一方で,道を挟んだスターバックスでコーヒーとサンドイッチを注文すれば,20リンギはくだらない。マレーシアでは,2つの世界が文字どおり「桁違い」の価

2.8リンギ（＝約75円，2018年時点）のテタレとロティチャナイのセット（熊谷聡撮影）。

格差を保ったまま，どこまでも併存し続けている。

　ローカル財とグローバル財のこうした価格差は，日本では見られないものだ。むしろ，日本ではローカル財とグローバル財の価格は逆転している。街の喫茶店とスターバックスを比べれば，前者のコーヒー1杯は後者の2倍ぐらいの価格になる。町の定食屋がファミレスよりも高くても驚かないし，商店街のほうがAEONよりも高いことはよくある話だ。これは，国際貿易の理論ではバラッサ・サミュエルソン効果と呼ばれ，むしろ当たり前のことだ。

　マレーシアのローカル財がいまだに安い理由はいくつか挙げられる。第一に，大量の外国人労働者や補助金の存在，さらには物価と賃金の相互作用である。安価にローカル財が供給されるため，実質賃金が高くなり，最低賃金水準でも生活することが可能になる。3食すべて外食ですませても，ローカル財なら最低賃金の半分程度ですむ。これがグローバル財なら，ラテ3杯で日給を使い果たすのだから，ローカル財のコストパフォーマンスはきわめて高い。

　マレーシアは，アジアでもっとも所得のジニ係数が高く，格差が大きい国のひとつである。生活していてそれを実感しないのは，安いロ

ーカル財に支えられた実質所得の高さのためであろう。しかし，安い賃金と安い物価，高い実質所得，という構造に問題はないのだろうか。

問題は，ある。ローカル財の世界で生きる人々は，ある種のグローバル財には一生手が届かない。それが，質の高い住宅や教育である。高級不動産市場はグローバル財であり，それに見合った高い価格が形成される。質の高い教育もグローバル財で，海外留学は当然として，マレーシアの欧米系インターナショナルスクールの学費は年間10万リンギ（300万円）超と世界価格だ。

住宅市場の分断は，人々の居住地を所得階層に従って分断する。分断された教育は職業を規定し，将来の所得を決定する。居住地が分断され，職業が分断され，所得格差が再生産される。これは，マレーシアでは既視感のある構図である。マレー系は農村に住み農業に従事し低所得，華人系は都市に住み商工業に従事し高所得という，民族軸で居住地と職業，所得階層を分断されていたのが1971年以前のマレーシアであった。

その後，マレーシア政府は新経済政策で強力に介入し，現在では相当程度，民族間の所得格差は縮小した。それでもなお，マレーシアの所得格差は高水準にとどまっているのだから，21世紀のマレーシアの格差は，グローバル財世界とローカル財世界の所得格差に起因するのかもしれない。

高級住宅地に生まれ，インターナショナルスクールを経て海外留学，帰国後，国際経営コンサルタント会社に採用されBMWで通勤し，スターバックスで一息入れる人がいる。低価格住宅に住んで公立学校に通い，高校卒業後にガードマンとして採用されて地場ショッピングセンターにMODENASのバイクで通勤し，テタレをブンクス（テイクアウト）する人もいる。マレーシアは，民族ではなく，ラテを飲むかテタレを飲むかで分断される社会に移行しつつあるように思われる。

＊本コラムは政策研究大学院大学を中心に2013〜18年に実施された科学研究費補助金事業「新興国の政治と経済の相互作用パターンの解明」（研究課題番号15K21728）のHPに掲載したコラム記事を加筆・修正したものである。

第3章

経済発展の担い手
地場民間企業・外資系企業・政府系企業（1980年代から2000年代）

　先進国と比べて企業の発達が不十分なことが多い発展途上国が経済発展を続けるためには，地場民間企業，外資系企業，政府系企業の3つの形態の企業がどのようなかたちで経済発展を担うかが重要になってくる。経済発展の早い時期から，日本や韓国，台湾のように国内民間企業に活力がある場合には問題はない。しかし，多くの発展途上国では地場民間企業の発展は十分ではなく，どうしても外資系企業や政府系企業に頼って工業化や経済発展を進める必要が出てくる。

　現代の中所得国，とくに東アジアの国々は，下位中所得国期に労働集約的な輸出指向型工業を軸に経済成長を達成してきた。これを資金面で支えたのが，外国資本，とくに直接投資である。輸出指向の外資に頼った経済発展は，現在の先進国が主に自国の資本によって経済成長を達成してきたのとは大きく異なる。

　発展途上国では，直接投資の受け入れはその後の経済発展にとって諸刃の剣になる。一方では，直接投資の受け入れは産業発展や技術獲得への近道でもある。発展途上国の企業には，海外の多国籍企業の支援がなければ，国境をまたいで部品や製品をやりとりするグローバル・バリューチェーン（GVC）に参加する能力を

持たないものも多い。また，発展途上国は，多国籍企業が特定の部品をより低コストで生産できるように，地場下請け企業を指導し，ノウハウを移転することから生じる技術のスピルオーバーの恩恵を受けることができる。

　他方では，多国籍企業は途上国への知識や技術の流れを自社でコントロールするため，途上国の産業知識・技術の蓄積にとって妨げにもなりうる。主に自国で研究開発（R&D）をおこなう自国の企業に比べて，海外の多国籍企業から途上国への知識・技術移転のスピードは当然遅くなる[1]。また，多国籍企業は途上国の技術のアップグレードを促進することが期待されるが，その効果は途上国の所得水準が上がり，先進国との技術格差が縮まるにつれて逓減する。

　現代の中所得国が経済発展するうえで，もうひとつ鍵となるのが政府系企業の存在である。民間企業が未発達の発展途上国では，政府系企業が設立され，経済発展の担い手としての役割を期待されることも多い。そもそも，なぜ市場経済体制においても，多くの国が政府系企業を設立する必要があるのか。政府系企業の存在を正当化する議論の根源には「市場の失敗」の考え方がある。規模の経済や情報の非対称性の存在，公共財の提供，不確実な大規模投資など，市場メカニズムのなかで最適な均衡が達成できない状況に対処するためには，政府の介入が必要とされる。その一形態が政府系企業ということになる。

　しかし，市場の失敗を是正するための政府の介入は，別の問題を引き起こすことになる。経営的視点からは，政府系企業は民間企業に比べて経営者を監視する外部からのモニタリングが欠如する傾向があるために（端的には株主の不在），経営者が効率性を追求するインセンティブが低くなる。一方で，政治的視点からは，政府系企業の経営者が追求するのは経営効率ではなく，雇用の最

大化や政治的名声であるという指摘がある[2]。くわえて，国有企業にはしばしば「ソフトな予算制約」[3]と呼ばれる状況が発生し，経営を規律づけることが難しいとされる。ソフトな予算制約とは，民間企業が収入の枠内で支出をおこなうのに対し，国有企業には補助金や損失補填などのかたちで政府から追加的資金が与えられるため，支出について規律が失われることを指す。

　外資系企業，地場民間大企業，国営公企業の3つのタイプの企業のバランスは，当該国の経済を支える支配的資本の「鼎構造」とも呼ばれる[4]。この鼎構造は国によっても時代によっても変わるものであり，そのバランスとそれぞれに対する政策が途上国の経済発展の道筋に大きな影響を与える。

　企業活動との関係で，発展途上国が工業化を通じた経済発展を続けていくうえで障害になりうるのが，バブルの発生と「資源の呪い」である。これらは別々にも起こりうるし，天然資源が豊富な国では資源価格の高騰によって，資源の呪いとバブルが同時に起こることもある。一次産品や不動産への投資が製造業への投資よりも利益率が高い状況が続けば，企業の投資が製造業以外の分野に向かうのは自然なことである。しかし，一次産品や不動産部門で長期にわたって生産性を向上させていくことは難しく，継続的な経済発展の軸になり得る製造業から経営資源が流出することは，発展途上国の経済成長にとって，長期的にはマイナスになりうる。

　ではマレーシアにおいて，地場民間企業と外資系企業，政府系企業はいかなる関係にあったのだろうか。外資依存のデメリットや，政府系企業のマイナス面は適切に管理されてきたのだろうか。また，ブミプトラの商工業部門への進出を促す政府の政策は，上記3種の企業の活動にいかなる影響を与えたのだろうか。まずは3種の企業のバランスの変遷をみてみよう。

1 マレーシアにおける経済発展の担い手の変化

新経済政策でブミプトラの資本保有目標を設定

　マレーシアにおける経済活動の担い手は，新経済政策の実施以前は旧宗主国・イギリスを中心とした外資系企業と華人系企業であった。1969年時点での株式資本の保有比率をみると，外資系企業が62.1%，華人が22.8%，マレー人は1.5%となっている[5]。1970年時点でマレー人がマレーシアの人口に占める比率は52.7%であるから，それと比較して1.5%という資本保有比率は著しく低い。また，資本保有比率以上に，ブミプトラの企業経営への参加の度合いは低かった。後に，名義上はブミプトラが企業を保有していたり契約の主体になったりしていても，実質的な経営や事業の実施は華人がおこなう「アリ・ババ」ビジネスが問題になるように，新経済政策以前はブミプトラの企業経営者がきわめて少なかったことは容易に想像される。

　ブミプトラの資本保有と経営参加について，第2次マレーシア計画のなかで，「今後20年以内にマレー人とその他先住民がすべての分野・規模の全商工業活動の少なくとも30%を経営・保有する」[6]ことが目標とされた。しかし，わずか20年間で，特定の民族の資本保有比率を大幅に増加させることは，市場経済体制の国においては容易ではない。経営への参加についても，それまでビジネスにほとんど関わってこなかったブミプトラを会社経営に強制的に参画させることは難しい。新経済政策の実施以降，ブミプトラの資本保有と経営参加をどのようなかたちで実現するかについて，以下にみるようにさまざまな方法が試みられてきた。

華人資本・外資との合弁

　新経済政策の一環として，ラザク政権はブミプトラの資本保有と経営参加を実現するために，1975年工業調整法（ICA）を制定した。ICAには企業が製造業を営むライセンスを得るためのガイドラインが付随しており，資本・雇用・経営のすべての面で，ブミプトラが企業活動に参加することを個別企業レベルで要求するものであった。たとえば，ICAのガイドラインには，①資本は原則100％マレーシア人所有，うち30％をブミプトラが保有することが必要，②取締役会は資本持ち分に従った民族比率で構成されることが必要，③人口の民族比率に従った雇用をおこなうことを各職位のレベルで求める，と定められていた[7]。

　ICAを個別企業レベルで確実に執行できれば，早晩ブミプトラによる30％の資本保有を達成できる。しかし，既存・新設企業の株式の30％をブミプトラに必ず割り当てるという政策を実施することは容易ではない。実際，華人系企業や外資系企業はICAの制定に強く反対し，それに配慮するかたちで，ICAの適用範囲やガイドラインの要求が緩和されていった[8]。また，この方式では，各企業においてブミプトラの資本保有比率は過半を下回るため，経営の実権を握ることは難しい。実際にも，ICAへの華人側の対応として，ブミプトラが形式的に資本を保有する一方で経営にはほとんど関与しないとか，ブミプトラ向けに優先的に発給される各種ライセンスを華人が買い取るといった，「アリ・ババ」ビジネスが横行した。

政府による既存企業の買収

　マレーシア政府はICAによるブミプトラと非ブミプトラの合弁推進と平行して，政府資本による既存企業の買収をおこなった。1969年に国営公社プルナスが設立され，イギリス系や華人系の優

良企業の買収を進めるとともに，買収した企業の経営にブミプトラを参加させていった。プルナスに買収された有力企業には，マレーシア鉱業公社（MMC）やサイム・ダービー社などがある。また，プルナスが買収した企業は後に政府系投資会社であるPNB社に譲渡され，ブミプトラ向けの国営投資信託スキームASNなどを通じて幅広い層のブミプトラ個人による資本の所有が実現された。PNB社が買収をおこなう場合，必要に応じて無利子，無担保などの条件で政府から資金を調達することができた[9]。

　この企業買収方式のブミプトラ政策にもいくつか問題がある。まず，優良企業を数多く買収することが難しい点である。優良企業の数は限られており，そうした優良企業の株式には相応の高い価格が付いている。買収の意図が明らかになれば株価が急騰することもあるし，既存の株主の協力が得られない場合もある。1981年9月7日，プルナスはイギリス系プランテーション企業ガスリー社に対し，ロンドン市場で「Dawn Raid」と呼ばれる意表を突いた敵対的な買収を成功させ，マレーシアとイギリスの関係悪化の一因となったが，これは，通常の方法では優良企業の買収が容易ではないことを示している。

　国の資本による優良企業の買収と経営陣のブミプトラ化，投資信託によるブミプトラへの払い下げという方式は，一定の成功は収めたものの，この方式だけで新経済政策の目標であるブミプトラによる30％の資本保有を達成するには巨額の資金が必要で，現実的ではなかった。

政府系企業の設立

　ブミプトラの資本保有比率を高めるより直接的な方式としては，政府系企業の設立がある。こうした直接的な政府のビジネスへの関与は，ブミプトラの資本保有比率引き上げには一定の成果を挙

げる一方で，政府系企業を適切に経営することは難しく，1970年代末から1980年代初頭にかけて政府系企業の経営不振や倒産が相次いだ[10]。

　1980年代初頭にマハティール政権下でおこなわれた重工業化政策は，この公企業設立型ブミプトラ政策の流れを汲む。マレーシア政府は1983年にマレーシア重工業公社（HICOM）を設立し，傘下に国民車メーカー・プロトン（Proton），製鉄会社プルワジャ製鉄などの重工業企業を設立し，主に日系企業を技術的なパートナーとして事業を推進した。こうした重工業プロジェクトは，手厚い保護・優遇政策によって一時は乗用車市場の7割を超えるシェアを誇ったプロトン社を除いて，いずれもその後の業績は振るわなかった。1980年代を通じて45〜50％の政府系企業が赤字で運営されており，赤字企業の半数が債務超過の状態にあったことが示されている[11]。

　1980年代中盤，政府系企業の業績が振るわないなかで，一次産品価格の下落などからマレーシア経済は不況に突入する。これに対して，マハティール政権は政府系企業の民営化政策と輸出指向の外資誘致へと舵を切り，政府が公企業を設立してブミプトラの商工業への進出を支援する方式は，事実上頓挫する。

政府系企業の民営化・払い下げ

　1980年代，イギリスをモデルとして世界各国で政府系企業の民営化がおこなわれた。マレーシアで民営化政策が開始されたのはマハティール政権下の1983年で，世界的にも早い部類に入る。マレーシアの民営化政策は当初，政府系企業の経営効率化・財政赤字解消を主目的としていた。しかし，1980年代後半からは，民営化政策の主目的はブミプトラ系の企業グループの育成に変わり，とくに1991年の「民営化マスタープラン（Privatizaton Master

Plan）」発表以降はそれが明確になった[12]。民営化された企業やプロジェクトの受け皿としては，当時のマハティール首相（1981〜2003年），アンワル副首相（1993〜98年）・財務相（1991〜98年），ダイム財務相（1984〜91年）の3者に近いとされる企業家が選定された。1980年代末からの好景気に乗るかたちで，民営化を通じたブミプトラ企業グループの育成は一定の成功を納めたようにみえた。たとえば，国民車メーカー・プロトン社を傘下におさめたDRB-HICOMグループは1996年にイギリスの名門スポーツカーメーカーのロータス社を買収して世界を驚かせた。

　一方で，民営化を通じたブミプトラ企業家育成と政治家・政党との関係については，縁故資本主義（crony capitalism）であるとして，しばしば批判されてきた[13]。ただ，ブミプトラ政策の実施を大前提とすれば，このような方式にも一定の合理性が認められる。1988年におこなわれたUMNO党大会の場で，当時のマハティール首相は「ブミプトラ政策の推進にもかかわらず経営能力を備えたブミプトラ企業家はきわめて少数しか育っていない」と指摘したうえで，「……今後は経営能力の有無を基準とする選別的なブミプトラ企業家の育成に重点を移す」[14]と述べている。つまり，優秀なブミプトラ経営者が限られているため，少数精鋭のブミプトラ企業家に対して民営化企業の払い下げをおこなう，というのである。

　また，同時期，マレーシア政府は，民営化企業の株式に占めるブミプトラの保有比率が長期的に低下していることに危惧を抱いていた。政府系企業の払い下げが証券市場を通じて多数のブミプトラ個人に対しておこなわれた場合，ブミプトラ個人による他民族や外国人への株式の売却を政府が監視・規制することは難しい。一方で，民営化プロジェクト受注企業の株式を，ごく少数のブミプトラ企業家に保有させることができれば，株式の転売を監視・

規制することは容易になる。さらに，その企業家が政府・与党に近い企業家であれば，株式保有や経営への監視はさらに実効性を増す。

アジア通貨危機で再国有化が進む

　1997年7月のタイ・バーツ切り下げに端を発したアジア通貨危機はマレーシア経済にも大きな影響を与え，独立以降最悪のマイナス7.4％の経済成長率を記録した1998年の経済危機へとつながった。この時期，政府系企業の払い下げを受けた主要なブミプトラ企業グループは，株式を担保とした銀行借入で積極的な企業買収をおこなうなどして企業規模を拡大していた。アジア通貨危機・経済危機によって株価が下落し，同時に金融引き締め政策によって金利が上昇すると，こうした企業グループは経営破綻の危機に直面した。

　このとき，民営化方式のブミプトラ政策の問題点が露呈する。経営に失敗した企業グループの経営者が大株主を兼ねていたために，経営陣を容易に交代させられないのである。もし，経営者が退任してもなお大株主にとどまるのであれば，経営に対する強い影響力を維持できる。したがって，経営者を交代させようとすれば，同時に，経営者が持つ企業の株式についても何らかの方法で売却させる必要があった。

　たとえば，民営化プロジェクトを数多く受注していたレノン・グループは解体され，中核企業のUEM社は国営投資会社カザナ・ナショナルによって再国有化された。しかし，後にこの過程が公正でなかったとして，オーナー経営者であったハリム・サアドは政府に対して訴訟を起こしている[15]。また，同じく民営化されナルリ・グループに払い下げられたマレーシア航空（MAS）も財務大臣持株会社（MoF Inc.）によって再国有化されたが，通貨

危機後に価格が下落した株式を民営化時の売却価格と同額で買い取ったことで，世論の強い批判を浴びた[16]。

通貨危機後のマレーシアの「鼎構造」

1969年時点で，マレーシアの企業活動は主にイギリス系の外資系企業と華人系の内国資本の「2本柱」が担っていた。その後，新経済政策にそってイギリス系企業の買収・マレーシア化がおこなわれたり，華人系企業へのブミプトラ資本参加や買収がおこなわれたりした結果，経済活動に占めるブミプトラ系企業，それも政府系企業の比率が拡大した。また，1980年代に入って政府系企業の多くが民営化され，1980年代後半以降には製造業部門への100％外資企業の導入が積極的におこなわれると，地場民間企業と外資系企業のプレゼンスが大きくなった。その後，1997〜98年のアジア通貨危機を経て，経営が悪化した主要な民営化企業の再国有化がおこなわれると，ふたたび政府系企業のプレゼンスが拡大した。このように，マレーシア経済の外資系企業・政府系企業・地場民間企業の「鼎構造」は時代とともに大きく変化してきた。

2000年代半ばまでにアジア通貨危機の後処理が一段落したことで，マレーシア経済の鼎構造についてはある程度のバランスが定まり，それが現在まで続いている。1990年以降，マレーシア政府が発表している民族別資本保有比率からは政府保有分が除かれているため，マレーシアにおける「鼎構造」の把握は難しい。そこで，いくつかの統計を組み合わせて，マレーシア経済における外資系企業・政府系企業・地場民間企業のプレゼンスについて推測してみると，2000年代半ばのクアラルンプール証券取引所の株式保有比率に占める地場民間企業の比率は約50％で，うち約6割を華人系が占めていたとみられる[17]。また，残り50％の25％ずつ

を外資系企業と政府系企業が占めていたと推測される。ただし，政府系企業のすべてが上場しているわけではなく，とくに推定される時価総額が突出して大きい[18]国有石油会社ペトロナスの存在を考えると，政府系企業のプレゼンスは，実態ではこの数字よりもいちだんと大きいだろう。

アジア通貨危機の影響が大きかったタイ，インドネシア，韓国では通貨危機後に外資のプレゼンスが拡大しているが[19]，マレーシアの場合，アジア通貨危機後の外資による地場企業の買収は最小限であり，国内民間企業のうちブミプトラ系大企業の多くが再国有化されたため，鼎構造における政府系企業のプレゼンスが高まったのが大きな特徴であるといえる。

2 新経済政策と政府系企業，GLC改革

GLC改革プログラムの開始

1960年代の段階で，マレーシアには華人系資本を中心とした民間企業が存在したが，新経済政策におけるブミプトラの株式保有比率向上の目標という特別な事情により，華人系民間企業を積極的に支援して経済発展を任せることができなかった。そこで，当初は政府系企業が，1980年代後半からは民営化企業が，2000年代以降はふたたび政府系企業が大きな役割を果たすことになった。政府系企業は適切な経営が難しく，経済発展の妨げになる例もある。マレーシアの場合も試行錯誤を繰り返しながら，政府系企業のよりよい経営形態を模索してきた。

マレーシア政府は，2003年ごろから政府系企業をGLC（Government Linked Companies）と呼ぶようになった。GLCは商業目的で運営され，マレーシア政府が直接の支配権を持つ企業

である[20]。隣国シンガポールでも政府系企業をGLCと呼んでおり，マレーシア政府は明言していないが，政府系企業でありながら好業績を誇るシンガポール航空に代表されるようなGLCを手本とする意図があったと考えられる。

　マレーシア政府はGLCを再度民営化するのではなく，国有のまま経営を改善する方針を決め，2004年に「GLC改革プログラム」を開始した。その最大のポイントは，GLCが持つ「公的機関」としての役割を限定し，民間企業として利益を追求する体制を確立した点にある。GLC改革プログラムでは，以下の3つの原則が打ち出された。すなわち，①GLCは何よりもまず業績に重点を置かなければならない，②GLCは業績と成果があってこそ，国の発展を支援する「解決策の一部」となることができる，③この2つの原則を実行するうえで，GLCは明確なガバナンス構造のなかで運営され，ステークホルダーの利益に貢献することが期待される[21]。

　同プログラム以前の国有企業や民営化企業の経営がうまくいかなかった大きな理由のひとつは，政府や政治家から「国家の発展への貢献」を明示的，あるいは暗黙のうちに求められ，企業としての利益追求との相反に苦しんだことである。GLC改革プログラムによって，GLCの経営の第一の目標は営利企業としての利益追求に定まり，国家への貢献はあくまで副次的目標に位置づけられた。

　また，GLC改革プログラムでは企業統治を重視している。第1次マハティール政権下の民営化企業はオーナー経営者の影響力が大きすぎ，1970年代までの公企業はビジネス経験のない官僚や政治家が取締役会のポストを占めることが多かった。GLC改革プログラムによって，取締役会の役割，人選の方針，評価指標などが定められたことは，経営の改善に大きく貢献すると考えられた。

2004年から10年間にわたり実施されたGLC改革プログラムを，マレーシア政府は大きな成功と位置づけている。GLC主要20社（G20）の時価総額は2004年から2015年の間に約3倍に増加した[22]。G20の個別企業について業績をみると，大企業ほど経営が改善した傾向が見て取れる[23]。改革プログラムによって競争力を向上させたGLCのなかにはASEAN地域を中心に海外展開する企業も増えている。

　一方で，規模の大きいGLCが，マレーシア国内で競合する民間企業の経営を圧迫しているという主張については，見方が分かれている。マレーシアではGLCが支配的な産業では民間投資が負の影響を受けることを示す計量分析がある[24]一方で，政府は「政府系投資会社（GLIC）とGLCは改革プログラムのもとで，その役割を投資家から投資促進者へとシフトさせており，初期の投資を担ったりしてリスクをとることで，『クラウドイン』投資をおこなうことをめざしている」[25]と述べている。たとえば，2000年代半ばに策定された地域経済回廊の開発計画において，政府は回廊ごとにGLCのうち1社を選定し，率先して投資をおこなうことで他社の投資を呼び込むことを期待している。

　前述した国有企業全般のパフォーマンスに影響する「ソフトな予算制約」の問題については，GLC改革プログラムでも根本的には解決されていない。GLC改革プログラムではGLCが破たんした場合，政府による救済をおこなわず民間企業と同様に扱うとは述べられていない。そのかわり，GLC改革プログラムでは，GLCの経営者が規律ある経営をおこなうように，より直接的なインセンティブ付けをおこなおうとしている。具体的には，GLC経営者に対する業績連動報酬の導入が方針として示されている。実際に，GLCの業績とその経営者の報酬のあいだには，一定の相関がみられる[26]。

GLC改革プログラムは，政府は株主として企業を保有する一方で，プロフェッショナル経営者を雇用して所有と経営を分離し，業績連動報酬のようなGLC経営者との契約によって経営の規律付けをおこなう試みとして理解できる。「業績」の内容については，あいまいにならないように重要業績評価指標（KPI）が設定され，経営者はKPIにもとづく目標の達成度で評価される。

　新経済政策におけるブミプトラの株式保有についての目標が継続されているかぎり，たとえ政府が「GLCを破たん時に救済することはない」と宣言しても，それはゲーム論でいう「信用できない脅し」にならざるをえない。いったんGLCが破たんしてしまえば，それを救済しないことはブミプトラの株式保有比率の低下につながるため，事後的には政府はGLCを救済せざるをえない。一方で，政府はGLC経営者とのあいだで契約を定めることで，業績悪化時に経営者が不利益を負うことを事前に確定できる。政府は，業績不振が続けば経営者を解雇することもできる。政府が資本を保有し，ブミプトラのプロフェッショナル経営者を雇用して業績連動報酬で規律づけるという現在の方式は，新経済政策のブミプトラ株式保有比率の目標が存続することを前提とすれば，GLCの経営を規律づける最善の方式であるように思われる。

新世代のブミプトラ経営者

　GLC改革プログラムに際しては，若く優秀なブミプトラのプロフェッショナル経営者が数多く起用された。GLCの経営者に以前のように政府に近い人物が起用されなかった理由のひとつには，後述するように「レントシーキング中毒」を脱しようとする当時のアブドラ首相によるイニシアティブがあった（後述）。また，アブドラ首相から第2財務相としてGLC改革を任されていたノル・モハメド・ヤコプはバンク・ネガラ（マレーシア中央銀行）の元

幹部でマハティール首相の顧問としてアジア通貨危機後の債務再編を主導していた。ノル・モハメドが政治家ではなく経済官僚であったことは、その後のGLC改革で彼の人脈に連なるプロフェッショナル経営者が任命される一因となった。

　「若く優秀なブミプトラのプロフェッショナル経営者」の典型として、アブドゥル・ワヒド・オマールについて紹介しておく。ワヒドは1964年にジョホール・バルで11人兄弟の9番目として生まれている。新経済政策の開始とほぼ同時に小学校に入学し、その後、ブミプトラの中等教育のために設立されたMARAジュニア・サイエンス・カレッジ（MRSM）で学んでいる。MRSM卒業後はMARAの奨学金を受けてイギリスの大学で学び、イギリス勅許公認会計士会会員（FCCA）となっている。マレーシアに戻り、1987年にコンサルティング会社KPMGで会計士としてのキャリアをスタートし、1994年から2001年までアマナ・キャピタル・グループで短資会社会長となり、このころバンク・ネガラで手形割引を監督していたノル・モハメドと知り合っている。2001年にノル・モハメドに請われて37歳で再国有化されていたUEM社のCEOに就任し同社の再建にあたった。2004年から08年までテレコム・マレーシア社のCEO、09年から13年までメイバンクのCEOを務め、その後、2016年までナジブ政権下で経済計画局（EPU）担当首相府大臣を務めた。

　アジア通貨危機後の企業再編とGLC改革プログラムには、経営者として多くのブミプトラが関わっているが、こうした人々には、①海外の大学・大学院で会計や経営の学位を取得している、②多国籍企業での勤務経験がある、③経営者に就任した時点で50歳以下、といった共通する経歴がある。こうした特徴は、マレーシアの多国籍企業や華人系企業の経営者の経歴と似通っている。新経済政策の開始から30年を経て、2000年代にはその成果とし

て他の民族に匹敵する経歴を持つブミプトラ経営者が育ってきており，多くのGLCの経営を担うことができたといえる。これは，ブミプトラ経営者の不足から「アリ・ババ」ビジネスが横行した1970〜80年代や政治家に近い少数の「クローニー」に政府系企業を払いさげた1980〜90年代からは隔世の感がある。

3　外資系企業のプレゼンス

輸出指向型工業化と外資系企業

　前述のように，マレーシアでは外資系企業のプレゼンスは，1960年代末の60％を超える状況から2000年代には約4分の1程度にまで減少している。しかし，外資系企業は一方的に減少してきたわけではなく，新経済政策のもと，1970年代にプルナスによって旧宗主国のイギリス企業が買収される一方で，新たにマレーシアに進出する外資系企業が現れた。その契機となったのが輸出指向工業化政策の実施である。多くの発展途上国と同様，マレーシア政府も1960年代には輸入品を国内生産で置き換える輸入代替政策によって内需を利用した工業化を進めていたが，当時は人口規模と所得水準の両面で国内市場規模の小ささが制約となり，1970年代には輸出指向型の工業化へと転換せざるを得なくなった。

　1970年代のマレーシアの輸出指向工業化政策の代表例はペナン州に設置された自由貿易地域（FTZ）である。マレーシアの電子産業は，1970年の時点では，雇用者数がわずか577人，生産額が2450万リンギと小規模なものであったが，1980年には雇用者数が119倍の6万8653人，生産額が145倍の35億5930万リンギへと急激な発展を遂げた。

1980年代に入ると，1985年のプラザ合意以降の急速な円高と1986年にマレーシア政府が打ち出した外資に対する出資比率規制の緩和策によって，マレーシアに輸出指向の直接投資が大規模に流入することになった。1986年に打ち出された投資促進法は，外資に対してさまざまなインセンティブを付与するもので，同年9月に発表された投資ガイドラインは，外資の出資比率を，製品の50％以上を輸出，または350人以上のマレーシア人を常時雇用する企業については100％認めるという画期的なものであった。これに呼応するかたちで家電やAV機器などを生産する企業がマレーシアに数多く進出し（図3-1），とくにテレビやビデオデッキなどAV機器については，マレーシアは世界有数の生産拠点となった。

　マレーシアへの直接投資がいかに大規模なものであったかは，国内投資にしめる外資の比率をみるとわかる。1985年には国内投

図3-1　マレーシアの海外直接投資受入額の推移（対GDP比）

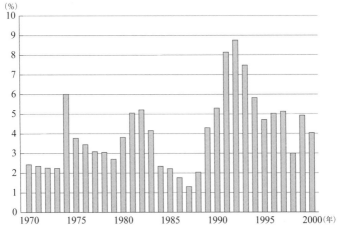

出所：世界開発指標（WDI）より筆者作成。

資（製造業部門）に占める外資の比率は16.9％であったのに対し，1989年には国内投資の実に70％が外資によるものだった。国内投資にしめる外資の比率は，その後若干低下するものの，アジア通貨危機以前は40〜50％という高い水準で推移した。

このような急激な直接投資流入の結果，製造業における外資系企業のプレゼンスは非常に大きなものとなった。1995年の時点で，外資系企業は製造業部門において企業数の32％，売上高の53％，輸出額の73％を占めている。これは製造業部門全体の数字であるから，電子・電機産業のような輸出指向型産業における外資系企業のプレゼンスはさらに高いものであったと考えられる。

セクターによって異なる政府の投資政策

このように，紆余曲折を経ながらも，世界経済の環境変化を受け入れて，マレーシアの外資政策はよりオープンなものへと変わっていった。経済のグローバル化が進み，GVCが発達した現代の中所得国にとって「外資の誘致をおこなわない」という選択肢はほとんど考えられないだろう。

マレーシアは新経済政策でブミプトラの株式保有比率を引き上げる目標を掲げつつも，それと相反する外資を受け入れる方向での改革を進めてきた。その際に，どの産業に積極的に外資を受け入れるかについては選択の余地があり，マレーシア政府の対応には興味深い点がある。

表3-1はマレーシアの株式保有に占める外資の比率を産業部門別に1970年と2004年について比較したものである。この間，製造業と運輸・通信業，銀行・保険業を除いて外資の比率は低下していることがわかる。製造業については，輸入代替工業化期から輸出指向工業化期に至るまで，マレーシア政府は一貫して外資の導入を積極的に進めてきた。とくに電子・電機産業などの輸出指

表3-1　マレーシアの株式保有に占める外資の比率（%）

	1970年	2004年
農林水産業	75.3	23.0
鉱業	72.4	22.5
製造業	59.6	64.7
建設業	24.1	14.9
運輸・通信業	12.0	31.3
商業	63.5	25.6
銀行・保険業	52.2	59.5
その他	31.4	23.2
合計	60.7	32.5

出所：Malaysia (1973, 2006) より筆者作成。

向型産業は労働集約的で雇用創出力が高いことから，マレーシア
政府は外資に牽引役を期待してきた。

　製造業分野については，簡単に他国へ移転することを意味する
「フットルースな」という枕詞に反して，外資系企業はとくにペ
ナンを中心に半世紀にわたってマレーシアに投資を続け，徐々に
ではあるが企業活動は高度化を続けている。たとえば，インテ
ル・マレーシアは1972年にペナンに進出し，半導体製造の後工
程を受け持つ工場を建設して以来，ペナン島と対岸のクダ州クリ
ムに投資を続け，2000年代前半にはマザーボードの設計をおこな
うなどR&Dの一部を受け持つようになっていた[27]。2021年には，
今後300億リンギ（71億米ドル）と巨額の資金を投じて半導体生
産の後工程を担う工場をペナンに増設，2024年までに稼動させ，
現在1万3000人の従業員に加え，さらに4000人を雇用すること
を発表している[28]。

　一方，運輸・通信業と銀行・保険業については外資のシェアが
増加しているようにみえるが，2004年のデータには政府系企業は
含まれていないため注意が必要である。これらの部門で政府系企

業のプレゼンスが大きいことを考えれば（運輸部門ではポス・マレーシア社，通信業ではテレコム・マレーシア，アシアタ社などが政府系であり，銀行部門ではメイバンク，CIMBなど政府系の大銀行がある），政府系企業を含めた場合に外資系のプレゼンスが実際に拡大しているかは疑わしい。

　このようにみてくると，マレーシア政府は製造業については国民車メーカー・プロトンに代表される1980年代の重工業化プロジェクトを例外として，外資への依存を容認しているように思われる。一方で，第1次産業やサービス業などについては，必ずしも外資を積極的に受け入れてきたわけではない。逆に，こうした部門では1970年代までは外資を買収してマレーシア化を進めた。プルナスが買収したイギリス系のMMC社は錫採掘企業であり，同じくイギリス系のサイム・ダービー社は一次産品や重機などを扱う商社であった。

　第1次産業やサービス業では，2000年代以降は海外進出するような有力なマレーシア企業も育っている。国有石油会社ペトロナスは世界中で事業を展開しているし，大手プランテーション企業は政府系・民間を問わず，インドネシアやアフリカなどに進出している。銀行部門や通信部門でも政府系・民間を問わず大手企業は積極的にASEANやインドなどで事業展開をおこなっている。マレーシアにとって国内での付加価値の高い第1次産業とサービス産業，とくに金融部門で，政府系や華人系企業が少なくとも国内的には競争力を持っているという状態は，付加価値の海外への漏出を減らすことで経済発展にプラスに働いていると考えられる。

4 バブルの発生と「資源の呪い」

バブルの発生が通貨危機の遠因に

企業の投資がバブルの発生によって不動産に向けられたり，天然資源の価格高騰が誘因となって一次産品部門に集中的に投下されたりすると，一時的に好景気がもたらされたとしても，長期的には経済発展が阻害される。これらの部門では製造業と異なり，継続的に生産性を向上させるのが困難なためである。

マレーシアにおいて，明確にバブルが発生していたといえるのは，1990年代前半からアジア通貨危機までの期間である。この時期，マレーシアのみならず東アジアの発展途上国は輸出主導型の経済成長が軌道に乗り高度成長を続けていた。さらに，1990年代前半にアメリカの長期金利が大きく低下したことから，東アジアの発展途上国には海外から大量の投資・投機資金が流れ込んだ。

アジア通貨危機の影響がとくに大きかったタイ・インドネシア・韓国の3カ国については，この時期，経常収支に長期資本収支を加えた基礎収支が大幅な赤字であるにもかかわらず，短期資本収支などを加えた総合収支は大幅な黒字になっていた[29]。これは，短期資金の流入が経常収支赤字の埋め合わせに必要とされる額を大きく上回っていたことを意味する。つまり，長期的資金が必要なところに，必要以上の短期的資金が海外から流れ込んでいたことになる。

マレーシアの場合，経常収支赤字は直接投資などの長期資金によって十分に埋め合わされていたが，それに加えて1992年から1994年初頭にかけて大量の短期資金が海外から流入した。とくに，1993年の短期資金の流入はGDPの8％を超える大規模なも

のであり，マレーシアの金融政策の大きな攪乱要因となった。このような状況に対処するため，バンク・ネガラは海外からの短期資金を惹きつける要因となっていた国内の高い金利を引き下げるとともに，短期資本の流入抑制政策を実施した。

　ただ，短期資金流入を抑制するために金利を引き下げたことで，マレーシアの景気は1997年のアジア通貨危機に先立つ数年間，過熱気味に推移した。マレーシアの実質貸出金利は1994年に急低下し，以後，アジア通貨危機への対応として金融引き締めがおこなわれる1997年まで低い水準で推移している。1995〜97年にかけてマレーシアの銀行貸出は急激な伸びを示し，なかでも不動産・建設部門への貸出が大幅に増加している。バンク・ネガラが1994年におこなった金利引き下げは，タイや韓国のような海外からの短期資本の過剰な流入による通貨危機を未然に防いだ一方で，国内資本によるバブルを発生させたといえる。

　このように，現代の発展途上国，とくに中所得国は国際金融市場と密接に関連しているため，金融政策を司る中央銀行が政府からの恣意的な介入を受けずに合理的な政策を実施できることは経済発展にとって重要である。バンク・ネガラは，アジア通貨危機への対応として実施された固定為替制度と短期資本規制が成功裏に導入・運用されたことでも示されたように優秀な組織である。しかし同時に，通貨危機への対応をめぐって当時のアハマド・モハメド・ドン総裁がマハティール首相と対立し，固定相場制度の導入直前に辞任していることからもわかるように，政府からの独立性は確保されていなかった。この時のマハティール首相による政治介入は結果的に良い方向に働いたものの，一般的には政治介入が正しい金融政策に繋がる可能性は低い。

　この点については，2009年に当時のゼティ・アクタ・アジズ総裁が主導してマレーシア中央銀行法（CBA2009）が制定され，金

融政策の決定や総裁人事におけるバンク・ネガラの独立性がかなりの程度担保された（第4章参照）。2016年に国営投資会社のワン・マレーシア開発公社（1MDB）に関連する汚職をめぐってナジブ政権と監督官庁であるバンク・ネガラが緊張関係にあった際，任期満了を迎えるゼティ総裁の後継として，ナジブ政権が推薦する候補ではなく当時のバンク・ネガラ副総裁が昇格したが，この際には，総裁の持つべき資質について明文化したCBA2009が歯止めとなったと考えられる。このとき，ナジブ政権に近い人物が任命されていれば，1MDB問題によってすでに大きく下落していたマレーシア・リンギの下落が止まらず，通貨危機の様相を呈していたとしても不思議ではなかった。

マレーシアの「資源の呪い」は軽度

　マレーシアの経済高度化を停滞させる要因のひとつとして，ここでは「資源の呪い（resource curse）」について触れておきたい。現在は天然資源をほとんど産出しない日本からすれば，輸出できるほど天然資源に恵まれているマレーシアはうらやましく感じられる。しかし，国家に富をもたらすはずの天然資源を産出する国々の経済発展は，直感に反して思わしくないケースが多く，資源の呪いと呼ばれている。資源の呪いの発生要因として，一次産品価格が不安定なこと，製造業をクラウディング・アウトしてしまうこと，資源輸出で為替レートが切り上がる「オランダ病」が発生すること，天然資源とその利益についてのガバナンスが難しいことなどが挙げられている[30]。

　一国の経済にとって，中央銀行と政府の関係が決定的に重要であるように，資源保有国の経済発展は，政府と国営資源企業の関係に左右される。マレーシアのように，首相の在任期間が長い国（平均約9年，2018年の政権交代以前）であっても，鉱物資源の

開発には，それを超える長期の投資判断が必要となる。もし，国営資源企業が完全に政治家の支配下にあるならば，短期の利益が優先され，採掘が過大に，投資が過小になる恐れがある。また，そもそも民主主義がうまく機能していない場合，豊富な天然資源からの利益は独裁的な政権の支配を永続化させる危険性があり，その巨大な利権をめぐって内戦が生じる事態も予想される。

　この点について世界銀行は，マレーシアは豊富な天然資源に起因する問題を成功裏に克服した限られた国のひとつであると評している。天然資源の利益を生産的な資本に投資していること，マレーシアの経済活動が多様化していることなどに加えて，「ペトロナスは事実上の国家の資源ファンドとしての役割を効率的にはたし，ガバナンスの良さについて名声を確立している」と高く評価している[31]。

　それでもなお，第4章で詳しく述べるように2000年代にマレーシアの産業高度化が鈍化した原因のひとつは，一次産品ブームであったと考えられる。1998年に1バレル＝13米ドルだった原油価格（ブレント）は，2005年に1バレル＝50米ドル，2008年には1バレル＝100米ドルにまで上昇した。この一次産品ブームは，マレーシアで製造業から一次産品分野への経済活動のシフトを促した。

　マレーシアでは，かつては輸出の8割以上を占めていた主要一次産品5品目（原油，天然ガス，パーム油，ゴム，丸太・木材）は1998年には10％未満にまで減少していたが，2013年には全輸出のほぼ4分の1を占めるまでに回復した。マレーシアの貿易構造については，一次産品の輸出競争力が時に製造業品を追い越してしまうような南米などの中所得国の罠に囚われた国の貿易パターンとは大きく異なるが，2000年代の一次産品価格高騰の影響を受けて貿易構造の高度化が鈍ったことは否定できない。マレー

シアは，一次産品の豊富さによって「軽度の資源の呪い」にかか
っているようにみえる。

5 首相交代がもたらした政府系企業改革

鼎構造の3度目の転換

マレーシア経済における「鼎構造」，すなわち外資系企業，地
場民間大企業，政府系企業のバランスには，これまでに3度の大
きな変化が生じている。

最初の変化は1970年代から80年代初頭にかけて生じた。前述
のとおり，政府が公企業をさかんに設立したほか，国営企業公社
プルナスを通じてイギリス系企業や地場の華人企業の買収を進め
た。その結果，従来はイギリス系企業と華人企業の「2本柱」で
成り立っていた企業社会の構成が，これらと政府系企業からなる
「鼎構造」に変わったのである。この変化は，政府の経済政策が
自由放任型から国家主導で民族間格差是正をめざす新経済政策へ
と大きく転換するなかで生じている。この政策転換は，第1章で
みたとおり，1969年の5月13日事件を契機として進展した。

次の大きな変化は，1980年代半ばにはじまった製造業の外資
系企業や華人企業に対する規制の緩和と，政府系企業の民営化に
よって生じた。規制緩和によってとくに外資系製造業企業のプレ
ゼンスが高まり，民営化はマレー人が経営する地場の大企業を生
み出した。

製造業の外資系企業と華人企業に対する規制緩和は，先にみた
とおり不況対策としてはじまった。外資系企業については，製品
の50％以上を輸出する，または350人以上のマレーシア人を常時
雇用する場合に100％資本保有を認める措置が，1986年9月に発

表された。また，製造業企業に対して資本の30％をブミプトラに
保有させることを義務づけた工業調整法（ICA）の運用が緩和さ
れ，1985年12月と1986年10月の2度にわたって適用免除対象
が拡大された。その結果，ICAの規制対象企業は従来の3分の1
程度に減少したとみられている[32]。

　こうした投資規制緩和は日系企業などによる海外直接投資の流
入をもたらし，不況からの脱出とその後の高度成長を促した。し
かし，投資規制緩和が実施されたのは第2章でみた1990年以降の
開発政策をめぐる論争が沸騰していた時期にあたり，政府首脳は
政治面で難しい対応を迫られた。投資規制緩和はブミプトラの株
式取得を支援する政策の足かせになるため，与党の統一マレー人
国民組織（UMNO）内に異論があったのである。マハティール首
相は，1986年9月の外資規制緩和，10月のICA適用緩和に先立
ち，同年9月のUMNO党大会において，ブミプトラの株式保有率
30％を実現するための政策を1990年以降も続ける方針を示した。
これは，投資規制緩和に対する党内の反発を見越してとった対策
とみられるが，新経済政策の後継政策は広範な合意のうえに策定
するとした与党連合・国民戦線（BN）の選挙公約からの明らかな
逸脱であり，前章でみたマレーシア華人協会（MCA）などとの対
立を深める一因となった。

　第2章でみたとおり，「マレー人支援最優先から経済成長重視
へ」の路線転換は容易ではなかったが，国家経済諮問評議会
（NECC）の内外での議論を通じて一定の合意は生まれていた。
これを踏まえてマハティールが「2020年構想」を掲げると，野党
を含む社会各層が「2020年までの先進国入り」という目標を支持
し，成長を加速させるための各種規制緩和や民間資本活用策がと
りやすくなった。

　公企業の民営化は，このような政治的，政策的文脈のなかで進

展した。マレーシアは世界に先駆けて民営化を開始した国だが，本格化したのは1980年代末からである。ブミプトラの商工業門への進出という政策目標を，外資系企業や華人企業の活動を著しく阻害することなく実現する手段として，公企業の払い下げを通じたブミプトラ企業家育成という対策がとられたのである。

　3度目の変化は，1997〜98年のアジア通貨危機の後に生じた。公企業の民営化によって生まれたブミプトラ系大企業の多くが再国有化され，鼎構造における政府系企業のプレゼンスがふたたび高まったのである。

　先に述べたとおり，民営化で生まれたブミプトラ企業は経営者がオーナーを兼ねているため，アジア通貨危機によって経営難に陥った後，経営者を交代させるには彼らが保有する株式を売却させる必要があった。退任しても筆頭株主にとどまるなら影響力を行使できるからである。そこで，国営投資会社のカザナ・ナショナルや財務大臣持株会社がこれら企業の株式を買い取って再国有化した。同じように通貨危機で企業のバランスシートが痛んだタイなどの近隣諸国に比べると，マレーシアでは外資系企業による買収が非常に少なかった。地場企業の多くは内需指向で，インフラ関連やサービス業など保護された部門で活動しており，外資がこれを買収するのは困難だったのである。

　また，政府が再国有化した企業をブミプトラ企業家に対してふたたび払い下げることもなかった。2004年には，政府保有を続けることを前提に各企業の業績を改善するためのGLC改革プログラムがはじまった。このプログラムは，取締役会の役割と人選，評価指標などを定めたものであり，企業統治の改善とパフォーマンスの向上に貢献したと考えられる。

政治の刷新をめざす新首相が改革を主導

　では，政府はなぜ再国有化した企業を再民営化せず，GLCとして経営しつづけることを選んだのだろうか。再国有化は危機対応としてなされた措置であり，経営再建が済んだ後にふたたび危機前の状態に戻そうとする動きがあってもおかしくはなかったはずである。

　政府が再民営化を選択せず，GLC改革プログラムの実施へと向かった背景には，リーダーシップの交代があった。22年にわたって首相を務め，民営化を通じたブミプトラ企業家育成策をはじめたマハティールが2003年10月に退任したのである。新たに首相に就任したのは，「ミスター・クリーン」とあだ名されるアブドラ・バダウィであった。

　この首相交代は，アジア通貨危機がもたらした政治的混乱の帰結としてなされた。通貨危機に際しては，財務相を兼ねるアンワル副首相が「国際通貨基金（IMF）なきIMF政策」と呼ばれた金融引き締め・緊縮財政政策を主導したのに対し，マハティール首相がこれに異を唱えて国際的に注目された。両者の軋轢はやがて権力闘争へと発展し，首相側が主導したマレー人企業家救済策をアンワル陣営は縁故主義として批判した。救済された企業家が首相の腹心として知られるダイム前財務相や首相自身に近いとされる者たちだったためである。この行為は首相の逆鱗に触れ，1998年9月にアンワル副首相は解任され，後に逮捕された。

　マレー人大衆に人気のあったアンワルの解任・逮捕は，マレーシアの政治のあり方を大きく変えた。アンワル支持者が結成した国民公正党（のちの人民公正党）を仲介役として，それまで敵対してきた汎マレーシア・イスラーム党（PAS）と民主行動党（DAP）がはじめて直接手を組み，野党連合オルタナティブ戦線を結成したのである。1999年の第10回総選挙にあたり，3野党は

郵便はがき

料金受取人払郵便

麹町支店承認

6246

差出有効期間
2024年10月
14日まで

切手を貼らずに
お出しください

１０２-８７９０

１０２

［受取人］
東京都千代田区
飯田橋２−７−４

株式会社 **作品社**

営業部読者係　行

||||||||||||||||||||||||||||||||||||||||||||||||||||||

【書籍ご購入お申し込み欄】

お問い合わせ　作品社営業部
TEL 03(3262)9753／ FAX 03(3262)9757

小社へ直接ご注文の場合は、このはがきでお申し込み下さい。宅急便でご自宅までお届けいたします。送料は冊数に関係なく500円（ただしご購入の金額が2500円以上の場合は無料）、手数料は一律300円です。お申し込みから一週間前後で宅配いたします。書籍代金（税込）、送料、手数料は、お届け時にお支払い下さい。

書名		定価	円	冊
書名		定価	円	冊
書名		定価	円	冊
お名前	TEL （　　　）			
ご住所 〒				

フリガナ
お名前

男・女　　歳

ご住所
〒

Eメール
アドレス

ご職業

ご購入図書名

●本書をお求めになった書店名	●本書を何でお知りになりましたか。
	イ　店頭で
	ロ　友人・知人の推薦
●ご購読の新聞・雑誌名	ハ　広告をみて（　　　　　　　　）
	ニ　書評・紹介記事をみて（　　　　）
	ホ　その他（　　　　　　　　　　　）

●本書についてのご感想をお聞かせください。

汚職・腐敗の一掃と民主化の推進などを唱える統一公約を掲げ，統一候補を擁立して臨んだ。その結果，DAPと国民公正党の議席は伸びなかったものの，PASが歴史的躍進を遂げ，2州で州政権を得た。この選挙では，マレー人有権者の過半数が野党に投票したとみられている。

　通貨危機の後処理が峠を越えた2002年，マハティールはUMNO党大会の場で突然退任の意思を表明した。これにより，アンワルの失脚によって副首相の座を得たアブドラがマハティールの後継者となることに決まった。アブドラは，1999年選挙の際に噴出した政治改革を求める世論を意識し，汚職の一掃と政府の信頼回復を最優先課題に位置づけた。首相就任の4カ月後にアブドラが解散総選挙に踏み切ると，新首相への期待感から与党が票を伸ばし，下院議席の9割を得る圧勝を収めた。

　このアブドラが首相就任の翌年に導入したのがGLC改革プログラムである。アブドラは，政界浄化を求める世論を意識し，与党と企業の関係を見直す必要性を認識していた。2005年5月のハーバード・クラブにおける演説は，そのことをよく表している。このときアブドラは，財界人を前にマレーシア企業は3つの中毒から脱却する必要があると説いた。その際，外国人労働者依存，補助金依存とともに問題視したのが「レントシーキング中毒」である。「レントシーキング中毒」とは，企業が経営のノウハウ（know how）獲得の努力を怠り，有力者とのコネクション（know who）形成に腐心する風潮を意味する。政治家から便宜供与を得ようとする企業家に釘を刺したのである。

　政治家と企業が癒着しているならば，政治家も企業から何らかの見返りを得ているはずである。1990年代の高度成長期にレントシーキングが蔓延するのと平行して，UMNOの役員選挙では票の買収が横行するようになった。このことは，企業から還流した

金がUMNO内での出世争いの資金として使用されていることを示唆する。マハティールは党内に金権政治が蔓延している事実を認め，党大会で涙を流しながらその悪弊を説いたこともあった。アブドラは，買収に手を染める党幹部の摘発にも乗り出し，2004年9月の役員選挙で副総裁補の座を得たイサ・サマド連邦領相を党規律委員会の調査にかけて3年間の役職停止処分とした。

このように，通貨危機以後の世論の変化を意識し，政治改革を進めることで支持を得ようとする人物が首相になったことが，縁故主義の温床ともいわれた民営化政策の復活ではなくGLC改革プログラムの策定・実施につながったといえる。しかし，アブドラ政権の「改革」は市民の期待に応えるものではなかった。中途半端な改革はかえって失望を生み，より大胆な改革を唱える野党が支持を伸ばすことになったのである。これについては次章以降で言及する。

マレーシアの場合，ブミプトラの商工業部門への進出促進をめざす政府の政策が，地場民間企業，外資系企業，政府系企業のバランスに強い影響を及ぼしてきた。新経済政策導入後しばらくは政府系企業が肥大化したが，1980年代半ばの不況を機に政府は民営化へと舵を切り，アジア通貨危機によって民営化企業が打撃を受けると再国有化してGLC改革プログラムを実行するなど，環境の変化に応じた調整策をとった。またマレーシア政府は，外資については製造業企業を積極的に受け入れる一方，金融などの部門では外資への過度の依存が生じないよう注意を払ってきた。歴代政権，とくにマハティール政権がめざした，政府から自立したブミプトラ系民間企業の育成という課題は十分には達成されていないものの，2000年代半ば以降，ブミプトラのプロフェッショナル経営者が政府系企業の経営者として登用されるようになり，ブミプトラの企業経営への実質的な関与は実現されつつある。

謎の高収益企業, ペトロナスの実力

　「アジアの高収益企業」といわれて, どのような企業の名前が思い浮かぶだろうか。利益額の基準でいえば, トヨタ自動車は間違いなくそのひとつである。2023年3月期の営業利益は2兆7250億円となっている。韓国のサムスン電子も, 2000年代以降, アジアを代表する高収益企業としての名声を確立した。2023年の営業利益は43.4兆ウォン（約4兆8000億円）に達する。そんななか, 日本ではなじみが薄いにもかかわらず, アジアでも最高水準の高収益を上げ続けているマレーシア企業が存在する。国有石油会社ペトロナス（Petroleum Nasional）である。ペトロナスの2022年の営業利益は, 1360億リンギ（約4兆1000億円）に達した。

　ペトロナスの歴史は意外に浅く, 設立は1974年である。マレーシアでは1910年にサラワク州で原油生産が始まっていたにもかかわらず, 長くそれほど重要な輸出品ではなかった。1973年の第一次オイルショックによる原油価格高騰と, それと前後して海上の油田・ガス田が発見されたことで, マレーシア政府は石油・天然ガスを重要な資源と認識し, その利権を国際石油資本から取り戻そうと考えた。

　政府は当初, 第1次産業省の傘下にマレーシア炭化水素（HIKMA）という政府組織を立ち上げて石油資源の管理を任せたが, 政府官僚のメンタリティでは国際石油資本と渡り合うことはできず, 失敗に終わっていた。そこで, マレーシア政府は, 株式は国が保有するが民間企業と同じ会社法にもとづく国有企業としてペトロナスを設立した。ちなみに, 筆者がペトロナスを「国営」ではなく「国有」石油会社と記述するのは, 株式は国が保有していても, 経営は民間並みに効率的である, という点を意識してのことである。

　1974年, 石油開発法（Petroleum Development Act 1974）が議会を通過し, 連邦や州に属する石油関連の権利がすべてペトロナスに委譲されることになった。設立当初, ペトロナスはインドネシアの国営石油会社プルタミナ（Pertamina）から多くを学ぶことで, キャッチアッ

プを図っている。現在は利益の面でも国際的な評価の面でもペトロナスが大きく上回っているが、ペトロナスの成功は実は「兄貴分」のプルタミナの協力に負うところが大きい。

　ペトロナスの最初の仕事は、国際石油資本とのあいだで、生産分与契約（PSC）について交渉をまとめることであった。1975年前半から1976年末までの約1年半をかけて、ペトロナスはプルタミナのPSCを参考に、より自国に有利なPSCをシェル、エクソンの両社と結ぶことに成功、今日の成功の礎を築いた。ペトロナスが分与された最初の石油を売る際にオイルメジャーの販路から排除されて困っていたところに手を差し伸べたのが出光興産で、同社のタンカーがペトロナスの最初の原油を日本に運んだことはあまり知られていない。それから約50年、ペトロナスは採掘から精製、ガソリンスタンドでの小売りまでを手がける総合的な石油会社となり、世界50カ国以上に展開、国際石油資本の「新セブン・シスターズ」に名を連ねるまでになった。

　国有石油会社としてのペトロナスの最大の特徴は、政府からの独立性である。法律上、ペトロナスは首相の直轄下にある。これは、首相以外の政治家や官僚が経営に口出しすることをある程度防いできた。さらに、その首相といえども、ペトロナスの経営に自由に介入することはできない。若いときにペトロナスで勤務した経験をもつナジブ元首相は、政府と同社の関係を父子にたとえ、「息子が育ち、自由を求め、自分の行動についての判断力を持つ。しかし、息子は父親に親孝行する義務がある」と述べ、暗に政府への資金的な貢献が足りていないと嘆いている（後に、この時期、ナジブ首相は1MDBスキャンダルで資金難に直面していたことが判明する）。ペトロナスはマハティール政権下の1990年代には首相が推すプロジェクトに資金提供したり、一時は国民車メーカー・プロトンを傘下に納めるなど「首相の財布」と揶揄されたこともある。しかし、多くの国営石油企業と比較すれば、政府からの経営の独立性は際立っている。

　ペトロナスといえば、マレーシアでは、各民族の3つの「正月」に独立記念日を加えた年4回の祝日に合わせて放送される、長尺のCMが有名である。いまでは、ペトロナスに触発されて、多くの大手企業

が正月向け長尺CMを作成するようになり，これらはマレーシアの風物詩となっている。そのペトロナスのCMの監督を長く担当し，現在の名声を確立したのは，2009年に急逝した映画監督ヤスミン・アハマド（Yasmin Ahmad）である。ヤスミン作のペトロナスCMのうち名作を1つだけあげるとすれば，2007年独立記念日CMである「Tan Hong Ming in Love」（http://youtu.be/3RCKGStgAC4）であろうか。

ヤスミン監督の死後，ペトロナスのCMは低調な時期が続いたが，2012年，26歳の若者がペトロナスのCMの監督に起用される。クエック・シオ・チュアン（Quek Shio Chuan: 郭修篆）である。彼の作品は連続して好評を博し，2014年のハリラヤ向けCM，「Ke Pangkuan Bonda（おばあちゃんのひざへ）」（http://youtu.be/c2iEsf-TkII）は現在までに600万回再生されている。彼はその後，電力会社テナガ・ナショナルのCM作成を担当，2021年のハリラヤ向けCM「Hikmah Raya Aida（アイダの賢い正月）」（https://youtu.be/VEvCplqeMvE）では何と2500万回再生を達成し，「本家」ペトロナスのお株を奪っている。

そのほか，ペトロナスはF1レースでメルセデス・チームを長くスポンサーとして支えるなど，国際的な知名度を持つ数少ないマレーシア企業となっている。クアラルンプール中心部に立つペトロナス・ツインタワーのように，ペトロナスはマレーシアの発展の象徴であり，ブミプトラ中心の企業が世界で十分に戦えることを示している。

＊本コラムはIDEスクエア・海外研究員レポート「ペトロナス——知られざる高収益企業」（2014年4月掲載）をもとに大幅な加筆・修正をおこなったものである。

第4章

産業高度化の実態と課題
生産性主導型経済成長への苦闘（1990年代から2010年代）

　アジア経済が高度成長を続けていた1994年，後にノーベル経済学賞を受賞するポール・クルーグマンは「まぼろしのアジア経済（Myth of Asia's Miracle）」[1]を発表した。クルーグマンは，多くのアジアの国々は労働や資本の投入を量的に拡大することによって高成長を達成してきたため，早晩成長の限界に直面すると主張した。下位中所得国期に資本や労働の投入を増やし，縫製業や電子製品の組み立てなどの労働集約型産業を中心に経済発展を達成した国も，労働や資本を増やしても生産量がそれほど増加しなくなる「収穫逓減」の法則によって，やがて経済成長率が低下する時期が来る。クルーグマンの指摘が東アジア各国について正しかったかどうかには議論があるが，一般的には，下位中所得国は資本や労働の投入の量的な拡大から質的拡大へ，つまりは生産性の向上に舵を切らなければ，上位中所得国期を抜けて高所得国入りすることが難しいのは確かである。

　本書では，労働の質の向上（第2章）と資本を効率的に利用する企業経営の質の向上（第3章）について分析してきたが，上位中所得国期に経済成長を続けるためにはこの二つがきちんと達成されているかが問われることになる。労働の質の向上については，

労働集約型産業への悪影響を懸念して賃金を低く抑え，安い外国人労働者に頼る政策は労働者の質の向上を遅らせ，それが労働生産性の上昇を遅らせる。労働者に対する訓練や新たに労働市場に参入してくる若者に対する教育のレベルアップも重要になる。

　企業経営の質については，地場企業も含めてその向上が課題となるが，とくに国有企業や外資系企業には生産性を向上させる経営をおこなううえで特有の難しさがある。国有企業については，適切な経営によって赤字を出さずに運営を続けていくことすら簡単ではない。

　経済発展や工業化を外資系企業に頼ることは，発展途上国の現地法人や下請けの地場企業がグローバル・バリューチェーン（GVC）に参入することを容易にする面がある。一方で，外資系企業を通じてGVCに参入した場合，途上国の現地法人や下請けの地場企業がより付加価値の高い部分を担うことを難しくする側面もある。

　さらに，権威主義的な政治体制は，労働や資本などの投入を強権的な政策で量的に増加させることができるため，下位中所得国段階では経済成長に有利に働くこともあるが，経済発展が生産性の向上，とくに研究開発が必要な段階に入るとマイナス面が大きくなる。人々や企業に幅広く投資やイノベーション，生産性向上のための活動をおこなうインセンティブを与えるような制度は「包摂的経済制度」と呼ばれ，一国の経済が長期的な成長を実現するためには不可欠とされる[2]。

　また，包摂的な経済制度を長期にわたって安定的なものにするためには包摂的な政治制度が必要とされる。既得権益層が権力を牛耳り多数の国民を抑圧するような収奪的な政治制度のもとでは，既得権益層を脅かす創造的破壊を引き起こすようなイノベーションの実現は難しく，生産性主導の経済成長が長期的に続くことは

期待できない。

　では，1990年代前半に上位中所得国入りを果たした後，マレーシアは生産要素の量的拡大による成長から生産性の向上による成長へとシフトチェンジできたのだろうか。本章ではまず，マレーシアにおける生産性の変化と産業高度化の実態を分析し，改善にむけた課題を指摘する。次いで，マレーシアの政治体制には抑圧的な側面がある一方で政府は選挙を意識して政策を策定・実施しており，社会的要請に応じて開発政策の軌道修正を図ってきたことを示す。

1　マレーシア経済の高度化

鈍い全要素生産性の上昇率

　ある国の経済成長を主導している要因が何であるかを分析する際によく用いられるのが，「成長会計（growth accounting）」とよばれる手法である。成長会計では，経済成長率を資本ストックの増加率，労働投入の増加率，全要素生産性（total factor productivity: TFP）の上昇の3つに分解する。この経済成長の3要素のうち，資本ストックと労働投入の統計は入手できる一方，TFPを直接把握することは難しいため，多くの場合，ほかの2要素の量的増加では説明できない経済成長の「残差」としてTFPが推計される。一般的にはTFPは資本・労働の量的増加以外の技術進歩や経営効率の改善などの貢献分とみなされ，その伸び率が高ければ，その国の経済成長は生産性の向上が主導しているとみなされる。実際，先進国の経済成長率の3割から半分程度はTFPの上昇によるものであることがわかっている[3]。

　世界各国の1人当たり所得の成長率を労働者1人当たりの資本

の増加率とTFPの成長率に分解すると，所得水準が高まるにつれて1人当たり所得の成長率に占めるTFPの成長率の比率が高まることが示される[4]。また，途上国の経済成長率を成長会計の手法で分析すると，ラテンアメリカ諸国の所得が1980年代に停滞した主な要因はTFPのマイナス成長であり，逆に東アジアの高成長国ではTFPの伸びが経済成長率に大きく貢献したことがわかっている[5]。

　世界銀行は，1990～2014年のマレーシアのTFP上昇率は平均年率1.8％で，韓国やシンガポールの平均年率2.2％に比べて低いことを指摘した[6]。時代別にマレーシアの経済成長率を分解すると，労働投入の貢献は徐々に低下する一方，資本ストックの貢献は1997～98年のアジア通貨危機後に大きく落ち込んだあとは，徐々に高まっていることがわかる。TFPの貢献については，アジア通貨危機前がもっとも高く，アジア通貨危機でマイナスとなったあと回復するが，その後も伸びは鈍いままである（図4-1）。

　このように，マレーシアの経済成長に占めるTFP上昇率の比率は所得水準とともに高まっているとは言いがたく，平均的にもシ

図4-1　マレーシアの経済成長率の要因分解

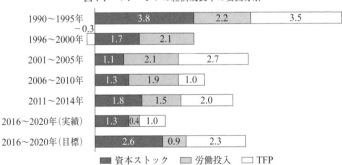

出所：World Bank (2016), Figure 27およびMalaysia (2016, 2021) より筆者作成。

ンガポールや韓国などの高所得国入りを果たしたアジアの国には及ばない。第11次マレーシア計画（2016〜2020年）ではマレーシア政府はTFP上昇率の目標を2.3％としていたが[7]，実際にはコロナ禍もあって1.0％と低いものにとどまった[8]。マレーシア経済は，労働や資本の量的拡大に頼った経済成長から，生産性主導の経済成長に依然として転換できていないようにみえる[9]。

輸出構造にみる産業高度化の停滞

東アジアでは，「中所得国の罠」が議論になるずっと前から，中所得国がさらなる経済成長を続けるためには「産業高度化」が必要であるとして長く議論されてきた。産業高度化とは，一国の産業が労働集約的・天然資源集約的なものから，資本集約的・技術集約的なものに移行していくことを意味する[10]。中所得国の罠は，中所得国が「低所得・低賃金経済と競争することができず，ハイスキルのイノベーションでは先進国と競争できない」状態と定義されることがあるが[11]，これを端的にいえば「産業高度化の失敗」にほかならない。

マレーシア経済は，外資導入を原動力として1980年代から1990年代にかけて，ごく短期間のうちに一次産品輸出国から工業製品輸出国へと変貌を遂げた。図4-2はマレーシアの輸出を①五大一次産品（原油，天然ガス，パームオイル，ゴム，木材），②その他一次産品，③一次産品関連製品[12]，④電子・電機製品，⑤その他製造業品，に分類して時系列で変化をみたものである。

1980年時点で，マレーシアの輸出に占める一次産品・同関連製品の割合は70％を超えていた。1989年には，それがはじめて50％を割り込み，1993年には約30％にまで低下した。ごく短期間に，輸出に占める一次産品・同関連製品の比率と，それ以外の製造業品の比率が完全に逆転したことになる。

図4-2　マレーシアの輸出に占める各財の比率（1978～2020年）

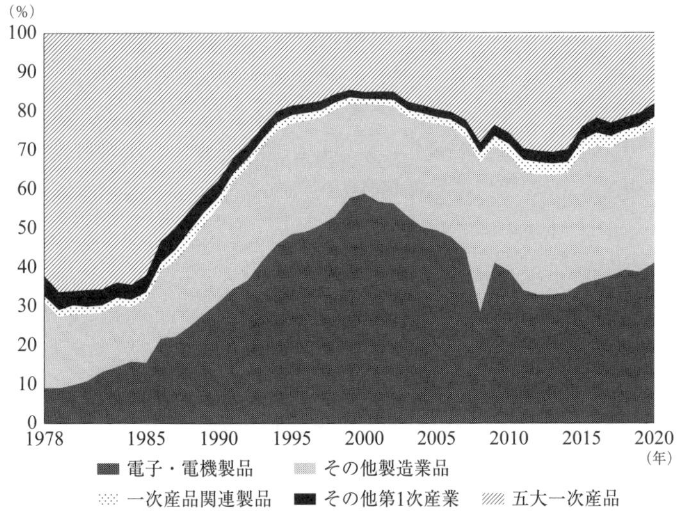

出所：UN COMTRADE (https://comtradeplus.un.org/) より筆者作成。

　アジア通貨危機期には，マレーシアの輸出に占める製造業品の
割合は80％を超えた。これは，通貨危機による大幅なリンギ安に
よって，製造業の価格競争力が高まったためである。マレーシ
アの製造業品の輸出を牽引してきたのは電子・電機製品であり，
2000年にはマレーシアの輸出の過半を占めていた。しかし，
2001年にアメリカのITバブルが崩壊すると，その影響を受けて
電子・電機製品の輸出に占めるシェアは低下しはじめ，あわせて
製造業品全体のシェアも低下をはじめる。

　2000年代中盤に入ると世界的な資源価格の上昇が顕著になる。
1998年には原油価格（ブレント）は年平均で1バレル＝13米ドル
前後だったが，2005年には50米ドルを超え，2008年には100米
ドル近くにまで高騰した。1998年には五大一次産品が輸出に占

める割合は1割を切っていたが，2013年にはほぼ輸出の4分の1にまで回復，一次産品関連製品と合わせると輸出の3分の1を上回った。これは，電子・電機製品の輸出シェアをわずかながら上回っている。ただし，この傾向は2014年後半からの原油価格の下落によってふたたび変化している。2014年前半までは1バレル＝100米ドル台を超えて推移していた原油価格は，2016年1月には一時30米ドル台を割り込んだ。輸出に占める五大一次産品の割合は，2020年には12.0％にまで低下し，ふたたび製造業品の割合が高まりつつある。

　このように，マレーシアの輸出は1980年以前には一次産品に依存し，アジア通貨危機期前後には電子・電機製品に強く依存していた。2000年代後半からは世界的な一次産品ブームで一次産品・加工品の輸出が大幅に伸び，一次産品ブームが落ち着いた2010年代には一次産品・同関連製品，電子・電機製品，その他の製造業品の輸出についてバランスの取れた構造に変容を遂げた。

　ある国が輸出する財がどの程度高度なものであるのかを示す指標としてPRODYやEXPYと呼ばれる指標がある。PRODYは「所得水準が高い国々が輸出している財ほど高度な財である」という発想にもとづく指標である。PRODYは特定の財について，その財を輸出している国の1人当たり所得を当該国の輸出に占めるその財のシェアで加重平均したもので，その値が高いほど高度な財とみなされる。PRODYはある意味「輸出単価」に近い概念である。これに対し，EXPYは特定の国について，その国が輸出している各財のPRODYを輸出に占めるシェアで加重平均したものである。EXPYはその国の輸出財が全体としてどれだけ高度であるかを示す指標であるといえ，各財の輸出単価を輸出に占めるシェアで加重平均したものとイメージ的には近い。

　図4-3は1990〜2015年の東アジア各国のEXPYの推移を示し

図4-3 アジア各国のEXPYの推移（1990〜2015年）

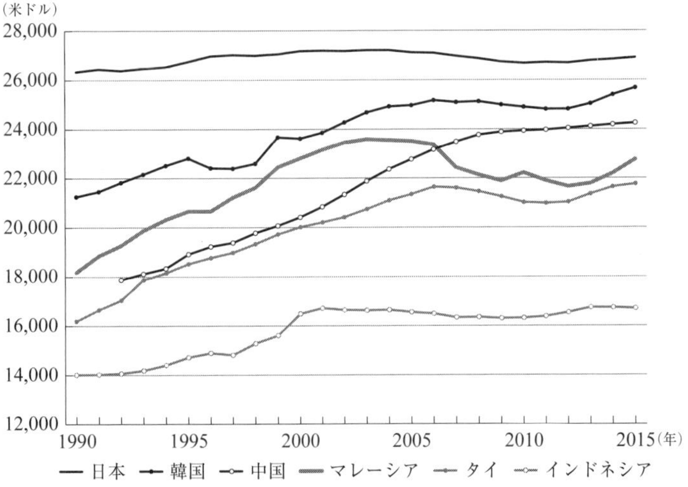

出所：熊谷・黒岩（2020），図3。

たものである。2015年の東アジア6カ国のEXPYの順序をみると，高い順に日本，韓国，中国，マレーシア，タイ，インドネシアとなっており，中国とマレーシアが逆転している以外は各国の1人当たり所得の順序と一致する。

　1990年代に日本を除く5カ国のEXPYが大きく上昇していることは，この時期に東アジアで製造業品の国際的な生産ネットワークが発展し，各国が高度な財を輸出するようになったことに対応している。また，2000年代に入って，日本やASEAN3カ国のEXPYが頭打ちになる一方で，韓国と中国のEXPYが順調に伸びていることも，この時期，サムスンやハイアールに代表される中国や韓国のブランドが世界市場でのプレゼンスを高めたことに合致しており直感的に理解できる。このように，EXPYは輸出高度化の指標として，東アジアの現実とかなり整合的であるといえる。

さらに，EXPYを「資本財」「部品」「消費財」「一次産品」「加工品」5つの生産段階（ステージ）別に求めることで，各国の産業高度化について，より詳細な分析をおこなうことが可能になる[13]。「資本財」には産業機械や建設機械のような生産に利用される財が含まれる。「部品」には半導体や自動車部品など，工業製品の部品が含まれる。「消費財」には食品や家電，衣類や乗用車など，消費者が購入する財が含まれる。「一次産品」には原油や天然ガス，ゴムや穀物などの天然資源や農産品が含まれる。「加工品」には，パーム油や化学製品，鉄鋼やセメントなど，天然資源を加工した素材が含まれる。

　EXPYをまず5つのステージ別に集計し，続いてそれを合計するという2段階で集計することで，各国のEXPYの変化を「ステージ内」の変化と「ステージ間」の変化に分解することが可能になる。

　ステージ内のEXPYの上昇は，同じ消費財に分類されるもののなかでも，衣料品のようなシンプルな消費財から，家電製品や乗用車のようなより洗練された財に輸出の中心がシフトするケースで起きる。ステージ内でのEXPYの上昇は，漸進的な輸出高度化と捉えられる。

　ステージ間のEXPYの上昇は，たとえば，一次産品を中心に輸出していた国が工業化し，消費財を中心に輸出するようになるケースで起きる。ステージ間のEXPYの上昇は，構造的な輸出高度化と捉えることができる。

　表4-1は，マレーシアのEXPYの変化を，ステージ間の変化を示す各ステージの輸出シェアの変化と，各ステージ内のEXPYの変化に分けて示したものである。上段は1990〜2000年，下段は2000〜2015年の変化を示している[14]。左の輸出シェアはマレーシアの全輸出に占める各ステージのシェアを指す。このシェアが

表4-1　マレーシアの生産ステージ内・ステージ間のEXPYの変化

	輸出シェア			
	1990年	2000年	変化	寄与度（ステージ間）
資本財	9.0%	26.5%	＋17.5%	＋1,124
消費財	16.0%	11.3%	－4.7%	－1
加工品	28.7%	22.4%	－6.4%	＋407
一次産品	24.2%	6.1%	－18.1%	＋1,064
部品	22.1%	33.8%	＋11.7%	＋1,264
				＋3,858
	輸出シェア			
	2000年	2015年	変化	寄与度（ステージ間）
資本財	19.0%	12.9%	－6.1%	－470
消費財	12.5%	13.1%	＋0.6%	－10
加工品	22.1%	39.6%	＋17.4%	－1,485
一次産品	6.0%	5.9%	－0.1%	－116
部品	40.3%	28.5%	－11.8%	－876
				－2,955

変化することによる全体のEXPYの変化がステージ間のEXPYの
変化である。

　右のステージ別EXPYはステージ別に集計したEXPYで一次産
品や加工品のEXPYは低く，資本財や部品のEXPYが高いことが
わかる。各ステージのEXPYの変化がステージ内のEXPYの変化
となる。1990年から2000年にかけて，マレーシアのEXPYはス
テージ間で3858米ドル，ステージ内で1741米ドル上昇している。
輸出品が一次産品から部品や資本財に急速にシフトしたことで，
ステージ間の高度化の寄与度が非常に大きくなっている。同時に，
各ステージ内のEXPYについても，部品を除いて総じて大きく上
昇している。

　一方，2000年から2015年については，マレーシアのEXPYは

EXPY			
1990年	2000年	変化	寄与度（ステージ内）
24,991	27,997	＋3,006	＋271
19,147	20,231	＋1,084	＋173
14,590	17,637	＋3,047	＋876
14,684	16,229	＋1,544	＋374
27,520	27,737	＋217	＋48
			＋1,741

EXPY			
2000年	2015年	変化	寄与度（ステージ内）
26,815	28,801	＋1,986	＋362
18,664	19,840	＋1,176	＋167
17,716	17,686	－30	＋139
16,415	15,803	－612	－37
25,974	30,257	＋4,283	＋1,163
			＋1,794

出所：熊谷・黒岩（2020），表4a。

ステージ間で2955ドル低下し，ステージ内では1794ドル上昇している。ステージ内の高度化は引き続き進んでおり，とくに部品の寄与度が高くなっている。一方で，ステージ間の高度化の寄与度は大幅なマイナスとなっている。とくに，ステージ別EXPYが相対的に低い加工品の輸出シェアが2000年以降大幅に高まり，逆にEXPYが高い資本財や部品のシェアが減少したことがEXPYを低下させる大きな要因になっている。

　この分析は，製造業分野を多国籍企業に依存したマレーシアの産業高度化の実状をよくあらわしているように思われる。すなわち，マレーシアの製造業品輸出の中心を担っている多国籍企業は常に生産性の向上に努めており，それが消費財や部品といった各生産ステージ内のEXPYが過去25年にわたって継続的に高まっ

ていることに対応している。

　一方で，製造業品の輸出を多国籍企業に依存することで，GVCにおいてマレーシアが担当する役割が固定されているため，消費財から部品へ，部品から資本財へ，というようなステージを超えた構造的な産業高度化が起こりにくくなっている。逆に，資源が豊富なマレーシアでは，2000年代の一次産品ブームによってEXPYが低いパーム油や石油製品などの加工品の輸出が伸びたために，産業構造が「低級化」していることがわかる。表4-1でマレーシアの一次産品と加工品のEXPYをみると，ほかのステージと比較すると両方とも低く，一次産品を加工品として輸出するようになっても，産業高度化への寄与は限られることがわかる。

雁行形態論にもとづく分析

　各国で産業高度化が順調に進んでいるかどうかをみるためには，雁行形態論を応用した分析が役にたつ。東アジア各国の経済発展は，各国が時間差をもって高度成長へ「離陸」することで特徴づけられ，しばしば雁行形態的経済発展と呼ばれる。東アジアの経済発展の先頭を飛ぶ「雁」は日本であり，それに遅れてシンガポール・韓国・台湾・香港のアジアNIEsが続き，その後，先進ASEAN4か国が，さらには中国，後発ASEANのCLMV各国が続く。

　この雁行形態論は，地域内で各国が時間差をもって順番に発展していく姿を描くときによく用いられるが，国内で異なる業種が時間差をもって発展する場合にもよく当てはまり，実はこちらのバージョンがオリジナルの雁行形態論であることはあまり知られていない。オリジナルの雁行形態論では，一国の輸出は通常，消費財からはじまり，資本財などのより洗練された財が遅れて続くと想定されている[15]。提唱者の赤松要は，雁行形態論の基本パタ

ーンを次の4段階として説明した。

第1段階：海外で製造された消費財の輸入がはじまる。
第2段階：国内産業が，以前は輸入されていた消費財の生産を
　　　　　開始し，その消費財を製造するための資本財を輸入
　　　　　する。
第3段階：国内産業が製造した消費財の輸出を開始する。
第4段階：消費財産業が，先進国の同種の産業に追いつく。消
　　　　　費財の輸出は減少しはじめ，消費財の生産に使われ
　　　　　た資本財が輸出される。

　ここでは，雁行形態論をデータにもとづいて図に表すために純
輸出比率を利用する。純輸出比率＝（輸出－輸入）／（輸出＋輸入）
で，ある国が，ある財を輸出する一方でその財を全く輸入してい
ない場合は純輸出比率は1，ある財を輸入する一方でその財の輸
出を全くしていなければ純輸出比率は－1，輸出入が同額でバラ
ンスしていれば純輸出比率は0となる。純輸出比率が大きいほど，
ある国にとってその財の国際競争力が高いと理解することができ
る。
　赤松の4段階の雁行形態論に沿った貿易構造の変化を純輸出比
率で示すと，図4-4のようになる。縦軸は純輸出比率で，消費財
は実線，資本財は点線で示されている。2種類の財の純輸出比率
を利用することで，雁行形態論の4段階を視覚的に表現すること
ができる。第1段階では消費財がもっぱら輸入されているため，
消費財の純輸出比率は大幅なマイナスである。第2段階では，消
費財の国内での輸入代替生産がはじまるため，純輸出比率は改善
する。一方で，消費財の国内生産に用いる資本財はほぼすべて輸
入しているため，資本財の純輸出比率はマイナス1に近くなる。

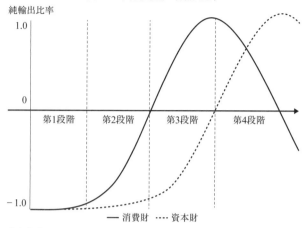

図4-4　雁行形態論と純輸出比率

純輸出比率

1.0

0

−1.0

第1段階　　第2段階　　第3段階　　第4段階

── 消費財　…… 資本財

出所：筆者作成。

　第3段階では国内で生産された消費財の輸出がはじまり，消費財の純輸出比率はプラスの領域を上昇していく。一方で，資本財の国内での輸入代替生産もはじまるため，資本財の純輸出比率も改善する。第4段階では消費財産業の国際競争力がピークを超えて他国からの輸入がふたたび増えるため純輸出比率は低下していく。一方で，資本財が競争力を獲得して輸出が開始されるために，資本財の純輸出比率はプラスの領域を上昇し，やがては消費財を上回る。

　図4-5と図4-6は，韓国とマレーシアについて，1960年代から2010年代までの純輸出比率の推移を前述の5つのステージ別（資本財，部品，加工品，消費財，一次産品）に示したものである。図4-5は韓国のステージ別純輸出比率の変化である。韓国は常に消費財の純輸出国であったが，そのピークは1970〜80年代であることがわかる。資本財と部品の純輸出比率は，1970年代までは

大幅なマイナスであるが，1990年代以降，両財ともプラスに転換している。韓国は，1970年代までは，輸入部品の組み立てや輸入資本財の活用によって輸出用の消費財を生産しており，雁行形態論の第1〜第2段階にあった。1990年代以降は，消費財に代わって部品や資本財などのより高度な財の輸出にアップグレードし，雁行形態論の第3〜第4段階の輸出構造に順調に進んでいることがわかる。

　図4-6は，マレーシアの純輸出比率の変化を示したものである。1960年代，マレーシアは一次産品と加工品の純輸出国である一方，資本財と部品の純輸入国であった。1960年代のマレーシアの輸出構造は，典型的な一次産品輸出国のものであったといえる。1970年代には，純輸出比率の構造はあまり変化していないが，部品の純輸出比率だけが大幅に上昇している。これは，ペナンにおける自由貿易地域の初期の成功に対応しており，主にアメリカの

図4-5　韓国の生産ステージ別純輸出比率の推移（1966〜2018年）

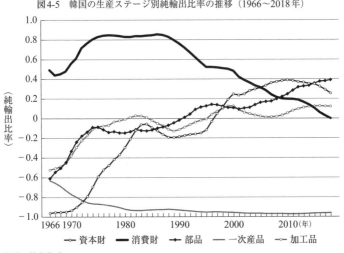

出所：筆者作成。

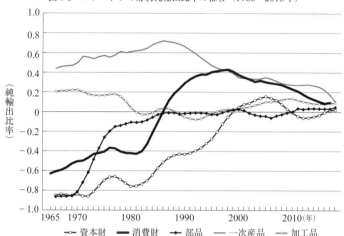

図4-6　マレーシアの財別純輸出比率の推移（1966～2018年）

出所：筆者作成。

半導体メーカーが，自由貿易地域で組み立てた半導体をアメリカ
に輸出するようになったためである。

　1980年代には，わずか10年でマレーシアの輸出構造が一変し
た。家電やAV機器などの輸出が増加したことで消費財の純輸出
比率はプラスに転じ，商用車の輸入代替や業務用電機製品の輸出
増加によって資本財の純輸出比率も増加しはじめた。1990年代
は，消費財の純輸出比率が高まり，資本財の純輸出比率も1990
年代末には輸出入均衡の状態に近づいている。雁行形態論でいえ
ば，第2～第3段階である。

　このように1990年代までは急速にマレーシアの輸出構造の高
度化が進んでいたのに対し，2000年代以降は輸出構造の高度化
が明らかに停滞している。消費財の純輸出比率は1990年代後半
にピークアウトしたが，資本財についても部品についても純輸出
比率はゼロ近辺で推移し，輸出入が均衡した状態から改善してい

ない。資本財や部品が一方的な輸入超過にはなっていないことから，マレーシアが輸出構造の高度化に失敗したとはいえない。しかし，少なくとも2000年代に入ってからは高度化の動きが停滞し，韓国のように雁行形態論の第4段階には至っていないことがわかる。

2　産業高度化に向けた課題

資源の呪い

　マレーシアの産業高度化が韓国と比較して遅れている一因は，第3章でも述べたように，「資源の呪い」であるといえる。図4-7は，世界198カ国，1960〜2000年のデータを元に4種類の財（資本財と部品を統合）の純輸出比率の相関係数を示したものである。資本財・部品，消費財，加工品の純輸出比率は互いに正の相関を持つ。資本財・部品は消費財よりも高度であるため，経済発展が進むと消費財から資本財・部品への後方連関を通じた産業高度化

図4-7　財別純輸出比率の相関関係

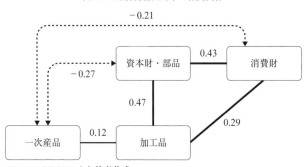

出所：Kumagai (2015) より筆者作成。

が起こりやすいと考えられる。

　一方，一次産品と消費財，一次産品と資本財・部品の純輸出比率の相関関係は，いずれも負の値である。このことは，一次産品と消費財の両方，あるいは一次産品と資本財・部品の両方の純輸出国になることが難しいことを示している。一次産品の純輸出国は，消費財の純輸出国になる可能性が低く，消費財から資本財への後方連関を利用して工業化を進めることが難しいことがわかる。一次産品輸出国の工業化は，前方連関によって一次産品を原材料にした加工品を生産・輸出する段階にまでは進めるが，その後がつながらないことが多いといえる。

　このように，一次産品の輸出国から出発したマレーシアは，天然資源に恵まれなかった韓国と比べて，その後の工業化は実は困難であったことがわかる。ただ，輸出の安定性の観点からは，製造業品と一次産品・加工品をともに輸出するマレーシアの輸出構造は必ずしもマイナスではない。マレーシアは2010年代後半には4種類の財のすべてについて輸出入がほぼ均衡するという，かなり珍しい貿易構造になっており，これは世界経済の変動に対して輸出を安定させる効果をもっている。この点については，第5章で議論する。

多国籍企業への依存

　マレーシアの産業高度化を停滞させている別の要因として考えられるのは，製造業における自国発の多国籍企業の不足である。これは，自動車産業，電子・電機産業，鉄鋼業，造船業などさまざまな製造業分野で複数の自国発の多国籍企業を抱える日本，韓国，中国と比較すると明らかである。マレーシアにも自国発の多国籍企業があり，最近では積極的に海外投資を進めているが，それらは主に金融・通信業などのサービス業か一次産品関連の産業

である。世界の巨大多国籍企業のランキングである2018年のフォーチュン・グローバル500の国別リストでは，日本から52社（製造業は27社），韓国から16社（同9社），中国から119社（同44社）がランクインしている。一方，マレーシアからのランクインはわずか1社（ペトロナス）で，製造業企業はランクインしていない。

　一国の産業高度化にとって，なぜ自国の多国籍企業，それも製造業企業が重要なのだろうか。その理由は，消費財と部品・資本財の違いにある。資本財や部品の輸出には企業間の生産ネットワークが重要である。自国内で部品や部材を調達している製造業企業が海外に投資し，現地で生産を開始する場合，とくに海外での操業の初期段階においては，本国から部品や資本財を調達することが一般的である。したがって，自国の製造業多国籍企業の海外直接投資（FDI）は，その国を部品や資本財の輸出国にする。一方で，消費財の輸出をおこなうためには，海外市場における自国の小売業者の存在は必ずしも必須ではない。

　もちろん，海外の小売業者に製品を取り扱ってもらうことも簡単ではないが，世界的にブランドが確立されている多国籍企業を誘致すれば，この問題は解決できる。一方で，多国籍企業に依存することで，その後の部品・資本財輸出国への道は厳しくなる。

　別のやり方としては，台湾の例があげられる。台湾の電子・電機産業は多国籍企業から受託生産（OEM/ODM）をおこなうことで，相手先のブランドを利用して世界市場で販売をおこなうことでこの問題を乗り越え，競争力を高めていった[16]。

　1980年代前半，マハティール政権は，自前の技術を持つ自国の自動車会社を育成するために，国民車メーカーとしてプロトン社を設立することを選択した。これは，自国企業を育成した韓国の自動車産業と同じ戦略であった。しかし，自動車産業を輸出産

業として確立した韓国とは異なり，プロトンはマレーシア国内では大きなシェアを獲得することに成功したが，輸出市場では残念ながら成功できなかった。

　台湾の電子・電機産業や韓国の自動車産業のように，独自の技術を持つ自国企業を育成する政策は，成功すれば当該産業において長期的な国際競争力を獲得できる。しかし，そうした政策は必ずしも成功するとは限らず，一度失敗すると，その国は多国籍企業によるGVCから孤立するため，その代償は非常に大きくなる。

　プロトンが失敗した原因は，市場での競争力不足に尽きる。プロトンは，競合他社より約3割も安く販売できる税制上の優遇措置によって，国内の他社から市場シェアを「譲って」もらった。台湾の電子・電機企業や韓国の自動車企業が海外市場に製品を輸出し，他国の多国籍企業との競争に勝ち抜いたのとは状況が大きく異なる。

　途上国が産業を発展させるためのもうひとつの戦略は，輸出指向のFDIを誘致することである。これは多くの途上国にとって，自国企業育成よりもリスクの低い選択であるように思われる。FDIは資本だけでなく，進んだ技術や海外市場へのアクセスもセットで途上国にもたらし，GVCへの参加を可能にする。タイの自動車産業は，マレーシアのような国産車プロジェクトは実施せず，1990年代前半に外資に国内市場を開放することで，多国籍自動車企業の地域生産拠点となることに成功し，いまでは世界の自動車産業のGVCの一翼を担っている。

　この戦略は，途上国が工業化するための近道であるように思われるが，外資系企業や外国技術に依存することによる代償を払うことになる。海外の多国籍企業にとって，投資先の途上国は投資先の多くの国のひとつにすぎないため，組立から部品・資本財の生産・輸出への産業高度化への貢献は限定的になる。タイも多国

籍企業のGVCを構成する多くの国のひとつにすぎず，完成車の輸出は多いが，自動車部品については大幅な純輸出国にはなっていない。

　したがって，自国の技術を持つ自国企業による「深い」工業化とFDIの誘致による「浅い」工業化のどちらを選択するかは，途上国の工業化と経済高度化の道筋を決定するうえで非常に重要である。2つの戦略のうちどちらが適しているのかは国によって異なり，政府はそれぞれの戦略のメリット・デメリットを知ったうえで，適切な選択をおこなう必要があるだろう。

高齢化と世襲が目立つ地場民間大企業

　マレーシアの地場民間大企業をみると，政府系企業の民営化政策によってブミプトラ系の大企業が創出された1980年代後半からそれらが再国有化される1990年代末までの一時期を除いて，華人系企業が支配的な地位を保ってきた。マレーシアのビジネス誌『Malaysian Business』では，毎年，クアラルンプール証券取引所の上場企業の株価と株主構成のデータから「マレーシアのもっともリッチな40人」を発表している。その2015年版をみると，40名のうち30名が華人，ブミプトラが8名，インド系が2名となっており，依然として華人系企業がマレーシアの地場民間企業の中心であることがわかる。また，2003年版について確認すると，40名の民族構成は2015年版とまったく同じで，こうした傾向が長期にわたって続いていることがわかる。

　産業高度化の観点からみるとき，マレーシアの地場民間企業，とくに大企業はいくつかの構造的な問題を抱えている。第1に，その多くが不動産，プランテーション，ホテルやカジノなどを中心とした，非製造業のコングロマリットである点である。2015年の「マレーシアのもっともリッチな40人」が保有している企業の

なかで，製造業中心の企業といえるのはプロトンの株主でもあり自動車の製造などを手がけるDRB-HICOMグループ[17]と世界最大のゴム手袋製造企業であるトップグローブぐらいで，いまや石油・ガス事業が主力となったサプラ・グループやプランテーション企業であるIOIグループが資源関連の製造業を手がけている程度である。技術進歩による生産性改善の余地が大きい製造業を手がける企業が少ないことは，産業高度化の点からはマレーシアの地場民間大企業の大きな弱点であるといえる。

　第2の問題点は，経営層の高齢化である。2003年時点で「マレーシアのもっともリッチな40人」のうち26名は50代以下，平均年齢は55.7歳であった。2015年になると，40名のうち50代以下は16名にまで減少し，平均年齢は64.8歳にまで上昇している。一般的に，経営層が高齢化することで，新しい技術にもとづくイノベーションをおこなうことは難しくなると考えられる。

　第3の問題点は，創業者オーナーが減少し，企業を相続した第2世代，第3世代が増加している点である。60歳未満の経営者について比較してみると，2003年には30名中18名，約3分の2が創業世代であった。2015年になると，60歳未満の経営者16名のうち，創業世代は6名にまで減少し，創業世代から事業を継承した第2世代以降が約3分の2を占めている。

　2015年時点で，60歳未満の創業世代は格安航空会社（LCC）のエア・アジアを創業したトニー・フェルナンデスとカマルディン・メラヌン，マハティール元首相の次男で石油・ガス企業サプラ・クンチャナのモクザニ・マハティール，世界最大のゴム手袋会社トップグローブのリム・ウィーチャイ，不動産企業のマーシン・グループのレオン・ホイクン，不動産RIETを運営するパビリオンREITのリム・シューチョーンの6名となっている。やはり，サービス業や資源関連の企業が目立つ。

しかし，2020年になるとこうした傾向に変化が現れはじめている。2020年版の「マレーシアのもっともリッチな40人」[18]には，5社の製造業関連企業の創業者が新たにランクインした。工場自動化機器のグレーテック・テクノロジー社，半導体自動検査装置のビトロックス・コープ社，金属精密加工のUWC社，自動車向けLED生産のD&Oグリーン・テクノロジー社，半導体製造装置のミー・テクノベーション社の5社である。これらの経営者の多くは40代から50代と若い。とくに，電子・電機産業の集積地であるペナン州の企業が5社中4社を占め，新世代の地場ハイテク企業が育ちつつあることがわかる。

　また，タクシー配車アプリを運営するグラブ（Grab）社は，現在はシンガポールに本社を移しているため創業者のアンソニー・タンはランキングに入っていない。しかし，同社は2012年にマレーシアで「myTeksi」として創業したマレーシア発の企業である。グラブ社は現在ではASEAN各国に展開する多国籍企業へと成長を遂げており，もっとも成功した新しい世代の地場ハイテク企業である。

無視できない頭脳流出

　マレーシアの産業高度化について考えるとき，無視できない問題として頭脳流出がある。マレーシアはもともと高等教育機関がきわめて少なく（第2章参照），海外への留学が非常に多い国であった。1985年の国内大学在籍者は約2万7000人であったのに対し[19]，同時期の海外への留学生数は4万人を超えていた。主な留学先はオーストラリアとイギリスであった[20]。また，そうした留学生がマレーシアに帰国せず，そのまま海外で就職することも多かった。さらに，マレーシア人は国内で教育を受けたとしても，就職の機会を海外に求めて国を出ることも珍しくない。高等教育

を受けた人材が海外で就職することは，マレーシア国内に残った
人材の質の平均を下げる方向で働く。世界銀行は，2010年時点
で，海外に居住しているマレーシア出身者は約100万人で，その
3割は「頭脳流出」と定義される25歳以上の学位を持つ技能労働
者であると推計している[21]。

　2021年第2四半期の時点で，マレーシアの雇用をスキル別にみ
ると，熟練労働が24.7%，62%が半熟練労働，13.1%が非熟練労
働となっている。一方，シンガポールの場合は，熟練労働が
54.7%に達する[22]。その一定部分をマレーシア人が担っていると
考えると，頭脳流出はマレーシア経済の高度化にとって大きな問
題であるといえる。

ガバナンス改革の仕上げとしての新経済モデル（NEM）

　マレーシア政府は通貨危機以降，とくに政府系企業のガバナン
ス改革を進め，一定の成功を収めてきた。このガバナンスの改革
の動きは政府系企業のみにとどまらない。たとえばマレーシアの
中央銀行であるバンク・ネガラは1958年マレーシア中央銀行法に
もとづいて運営されていたが，2009年マレーシア中央銀行法によ
って約50年ぶりに中央銀行法を新しく定め直し，中央銀行の人
事権や意思決定の政府からの独立性がより高まった[23]。

　そうした流れのなかで，ナジブ・ラザク首相が就任した直後の
2010年に発表された，「新経済モデル（NEM）」は新経済政策の
改革を予感させるものであった。NEMはマハティール政権下で
1991年に提唱された「2020年構想」の目標である，2020年の先
進国入り実現に向けた最後の10年間に必要な改革を示すものと
位置づけられた。NEMはその目標として，「高所得」の実現に加
え，「包摂性」と「持続可能性」の3つを掲げた[24]。

　NEMでは次のように新経済政策に対して踏み込んだ批判を加

えている。

> 新経済政策は貧困を削減し，民族間の経済不均衡に実質的に
> 対処してきた。しかし，その実施に際して，レントシーキン
> グや縁故主義，不透明な政府調達によって，気付かないうち
> にますますビジネスコストを増加させ，真剣に対処すること
> が必要な広範な汚職を発生させてきた。[25]

　NEMでは，民族を問わず所得階層下位40％（B40）をターゲットとした支援をおこなうことなど，市場整合的な方向に新経済政策を改革することが提唱された。後述するように，NEMはブミプトラ政策について急進的な改革を掲げすぎた面もあり，政治的に受け入れられなかった。逆に，2013年の第13回総選挙後は華人の与党連合離れに対する信賞必罰としてブミプトラ政策が再強化されることになった（後述）。しかし，NEMで掲げられた3つの目標は2010年代以降のマレーシア政府の政策に大きな影響を与えた。第12次マレーシア計画（2021～25年）は，その目標を「繁栄し，包摂的で，持続可能なマレーシア」としているが，これは，NEMで掲げられた3つの目標そのものであった。

3　政治制度の産業高度化への影響

持続的な経済成長には民主的な政治制度が必要

　ある国が産業の高度化を実現できるか否かという問題は，純粋な経済問題ではなく，政治の問題でもある。要素投入型の成長から生産性向上による成長へシフトチェンジするために必要な政策がわかっていたとしても，政府がそうした政策を実施するとは限

らないからである。とるべき政策はわかっているのに実施されないという問題を重視するなら，中所得国の罠から脱するためのカギは政治にあるとさえいえる。

　生産性の向上を促すには，企業が安心して投資をおこない，良いアイディアをもつ者が事業をはじめたり，労働者がスキル改善のための訓練を受けたりすることを可能にする環境が必要である。こうした環境は，財産権の保障や公正な法体系，良質な公共サービスなどの経済制度があってこそ成り立つ。アセモグルとロビンソンは，誰もが自由に安心して経済活動をおこなえるようにするこれらの制度を「包摂的な経済制度」と呼び，それは「包摂的な政治制度」に支えられていると論じた[26]。彼らのいう包摂的政治制度とは，安定した国家と民主的な政治制度を意味する。民主的な政治過程を通じて政策を決め，質の高い政府が着実に政策を実施する仕組みがあってこそ，イノベーションにもとづく持続的な経済成長が可能になるという考えである。反対に「収奪的な政治制度」，すなわち独裁的な政治体制のもとでは，権力者とつながるエリートがビジネスチャンスを独占する収奪的な経済制度が形成されやすい。こうした環境の国では経済発展は望めないと彼らは主張する。

　東アジアにおいて中所得国の罠に嵌まることなく成長を遂げた優等生，すなわち韓国と台湾は，一見，この説には当てはまらないようにみえる。韓国で高度経済成長がはじまったのはクーデターによって成立した朴正熙政権の時代であったし，台湾は国民党の一党支配のもとで発展を遂げたからだ。実際，韓国と台湾の高度成長期にあたる1960年代から80年代には，性急な民主化は経済成長の足かせになるとする説が有力であった。急激な政治参加の拡大は政治秩序を損ねると考えられたのである[27]。そうなれば，経済開発に必要な政策も実行できなくなる。また，国家が社会か

らの自律性を確保し，既得権益に縛られずに合理的な政策を決定・実施できる仕組みのほうが経済開発には有利だともいわれた[28]。さらには，労働運動を抑圧して賃金上昇を抑制したことが韓国の成功の要因とみなされ，低所得国が短期間のうちに経済開発を実現するには権威主義的な政治制度が不可欠であるとさえいわれた[29]。

しかし，中所得国の罠を回避する術を探るならば，韓国と台湾のどちらも中所得国の段階で民主化を果たし，その後も順調に経済成長を続けていることにこそ注目すべきであろう。

先に紹介したアセモグルとロビンソンは，収奪的な政治制度が一時的な経済成長をもたらすことはあっても，持続的な経済成長を生み出すことはないと述べている。持続的成長の原動力であるイノベーションには「創造的破壊」の側面があり，社会における成功者の交代を促すからである。技術革新によって新たに栄える産業があれば，それによって廃れる産業もある。新たな経済エリートとして台頭する者がいる一方，変化に対応できない古いエリートは没落する。

独裁的な政治制度のもとでは，こうした創造的破壊は起こりにくい。権力を握る者には，たとえ全体のパイが縮むとしても経済活動を規制して自分の地位を守ろうとするインセンティブが働くためである。ゆえに，政治的勝者の交代を可能にする制度にシフトチェンジしなければ，イノベーション主導の経済へシフトチェンジするのは難しいと考えられるのである。共産党支配のもとで産業高度化を進めてきた中国は例外のようにもみえたが，近年，政府が電子商取引最大手の阿里巴巴（アリババ）集団や配車アプリ最大手の滴滴出行（ディディ）の活動に干渉したり，オンライン・ゲームの運営会社や学習塾に圧力をかけたりするなど，企業活動に対する統制が強まっている。

146カ国を対象に，1990年から2010年の間の経済成長と市民的自由の関係を分析したダラーによれば，所得水準が低い段階では市民的自由の度合いが低い，すなわち権威主義的な国のほうが高い経済成長率を記録したが，この関係性は1人当たりGDPが8000米ドル（アメリカの4分の1）を超えると逆転し，市民的自由の度合いが高い国のほうがより高い経済成長を達成したという[30]。8000米ドルといえば，上位中所得国にあたる水準である。この研究が示唆するのは，権威主義的な政治体制のもとでは要素投入型の開発戦略を進めやすく，低所得段階では経済成長が促されるが，イノベーション主導の成長へシフトチェンジして高所得国入りを果たすには民主化が必要だということである。

マレーシアの競争的権威主義

　マレーシアの場合，経済発展がゆるやかだが堅実だったのと同様に，政治面でも前進と後退を繰り返しながら少しずつ民主的な体制の方向へ進んでいる。図4-8は，マレーシアと韓国，台湾について，政治体制の民主主義度の指標であるPOLITYの数値の変遷を示したものである。この指標は，もっとも民主的な体制を10，もっとも抑圧的な体制を−10とするもので，これを用いた文献では6以上を民主主義とするものが多い。

　マレーシアは，独立当初は民主主義であったが（POLITYのスコアは7），1969年の暴動後，一時的に議会が閉鎖され，その後は言論統制や集会の制限，結社の規制などが強化された。そのため，1969年の暴動から2018年の政権交代までの期間の政治体制は民主主義とは呼べない。ただし，図4-6からわかるとおり，民主化前の韓国や台湾に比べれば抑圧の程度は低く，競争性の高い選挙が定期的に実施されてきた。こうした政治体制は「競争的権威主義」と呼ばれており，マレーシアはその典型例とされる[31]。

図4-8 マレーシア，韓国，台湾のPOLTY5スコアの変遷

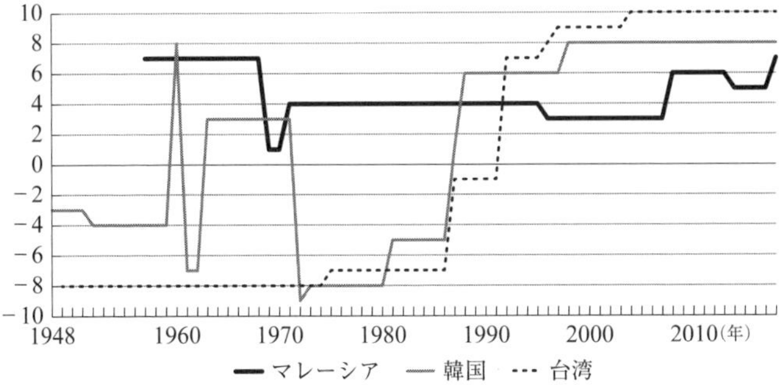

出所：POLITY5データセット（Marshall and Gurr 2020）より筆者作成。

　1970年代から2000年代の半ばまでの選挙では，統一マレー人国民組織（UMNO）を中心とする与党連合の国民戦線（BN）が圧倒的な強さをみせ，常に連邦議会下院の3分の2以上の議席を確保してきた。これにより，政府は野党の協力がなくても憲法を改正することができた。

　選挙における与党の強さの背景には，著しい一票の格差があった。ブミプトラ住民が多い農村部に多くの議席が割り当てられる一方，華人やインド系の有権者が多く，野党の民主行動党（DAP）が強い都市部の選挙区は少ないままに据え置かれていたのである。また，野党側はマレー人野党と非マレー人野党が両極端の主張を掲げて激しく対立しており，「一強多弱」の政党システムになっていた。そのため政権交代の現実味は薄く，野党側は下院の3分の1以上の議席を確保して与党が単独で憲法を改正できない状況に持ち込むことを目標に掲げていた。

　ただし，政権交代の可能性が皆無であっても，政府・与党の指導者にとって選挙でより多くの議席を確保することは常に重要な課題であった。議席を減らせば党内に不満を生み，ライバルの台

頭を招くからである。したがって政府は，ときに社会からの要求を抑圧することがあるとしても，一定程度はそれに応える政策を実施してきた。こうした政治体制は，「抑圧的だが反応の良い体制」（a repressive-responsive regime）とも評された[32]。マレーシアにおいても選挙は市民が政府に要求を伝える絶好の機会であり，政府は選挙を意識して政策を策定・実施してきたのである。

4　野党躍進がもたらした開発政策の転換

選挙と開発政策

　では，選挙は政府の開発政策にどのような影響を与えたのだろうか。あらためて10年ごとに簡潔に振り返ってみると，1970年代の選挙はブミプトラ政策を強化する方向に働いた。第1章でみたとおり，1969年選挙におけるノン・マレー野党の台頭は直後の民族暴動につながり，政府が新経済政策を実施する契機になった。その後，マレー系野党の汎マレーシア・イスラーム党（PAS）とのマレー人票をめぐる競合は，1980年の米価補助金導入など農村偏重政策をもたらした。

　1980年代には，第2章でみたように，1990年に終了する新経済政策の後継政策が重要争点になった。マレーシア華人協会（MCA）などのノン・マレー与党がブミプトラ政策の縮小・停止を求める一方，UMNOからは逆に継続・強化を求める声があがり，与党連合内の合意形成は難航した。1986年選挙は結論を先延ばしする戦術で乗り切ったものの，ブミプトラ政策の撤廃を求めたDAPが支持を伸ばし，華人与党は苦戦した。選挙後，1990年以降の開発政策をめぐりUMNOとノン・マレー政党のあいだで激しい舌戦が生じた。そこへ華語小学校の運営をめぐる論争が

重なり，1987年には暴動の再発が懸念されるほど社会的緊張が高まってしまう。政府は与野党政治家らを一斉に検挙して事態を沈静化させたものの，この行為は国内外から強い批判を浴びた。

　その後，新たな開発政策を協議するために組織された国家経済諮問評議会（NECC）においても，企業の株式や大学の入学枠の一定割合をブミプトラに割り当てる民族別割当制をめぐり，継続を求めるマレー人委員とメリトクラシー（能力主義）への転換を求めるノン・マレー委員の折り合いがつかず，合意形成ができなかった。政府は，この問題を棚上げしたまま1990年10月に解散総選挙に踏み切り，苦戦しつつも下院の3分の2を維持した。

　選挙を乗り切った後，マハティール首相は1991年2月に「2020年構想」を発表し，2020年までの先進国入りを新たな国家目標に掲げた。この方針の下，1980年代半ばに不況対策としてはじまった外資や華人企業に対する規制の緩和が加速した。外資系企業，とくに日本の製造業企業の進出がいちだんと進んだことにより，1987年から10年にわたり，マレーシアは高度経済成長を経験する。そのさなかにおこなわれた1995年選挙において，BNは過去最高の得票率を記録し完勝した。これが政府への後押しとなり，ノン・マレーの子弟に高等教育への門戸を開く教育制度改革につながった。

メリトクラシーとガバナンスの重視へ

　このように1970年代から90年代までの選挙では，ブミプトラ政策の是非など民族的利害に関わる問題が主要争点だったのに対し，2000年代と2010年代の選挙ではガバナンスに関わる問題も重要な争点と認識されるようになり，争点が多元化した。そのきっかけとなったのが1997年に発生したアジア通貨危機とその後の政争である。

アジア通貨危機では民営化によって利益を得たブミプトラ企業家が危機に陥ったため，政府は公的資金を投入して彼らを救済した。この行為は縁故主義とみなされ，海外メディアや有識者のみならず，与党UMNOの一部からも批判を浴びた。第3章でみたとおり，通貨危機への対応をめぐる政府内の対立は権力闘争に発展し，アンワル副首相の解任・逮捕に至った。マレー人大衆は，彼らのあいだで人気の高かったアンワルが投獄され，取調中に暴行されたことに強い衝撃を受けた。1999年選挙ではマハティール政権の独裁的体質を批判し政治改革を訴えた野党がマレー人有権者の支持を受けて勢力を伸ばした。

　マハティール首相退任の4カ月後，2004年3月に実施された第11回総選挙では，政治改革を方針に掲げたアブドラ新首相への期待から与党支持が回復し，BNが下院議席の9割を獲得した。第3章でみたように，アブドラはUMNOとマレー人企業家との癒着を認めて「レントシーキング中毒」からの脱却をめざし，GLC改革に取り組んだ。

　だがその一方で，政府調達の60％をブミプトラ企業に割り当てるという新たなマレー人優遇策を導入するなど，アブドラ政権の改革は中途半端なものにとどまった。有権者の期待は失望に変わり，2008年の第12回総選挙では前回から一転して野党が躍進を遂げ，BNの議席が初めて下院の3分の2を割った（野党躍進の原因については次章で言及する）。選挙後，アブドラ首相は党内の支持を失い，退任に追い込まれた。

　アブドラに替わって首相に就任したナジブの政策は，2013年の第13回選挙の前と後でまったく異なるものとなった。第1次ナジブ内閣は，急進的な改革プログラムであるNEM（前述）を掲げるなど，少なくとも表向きには，それまでの政権に比べ段違いにリベラルな政権であった。この時期の政府は，従来のブミプト

ラ政策を見直し，民族別割当制を撤廃して産業政策ではメリトクラシーを採用し，社会政策では民族を問わず低所得層や都市中間層，学生，高齢者といったグループをターゲットとする方針を示した。また，抑圧的な悪法として知られた国内治安法を廃止し，平和的集会法を制定して街頭デモを合法化するなど，政治的自由化を進めた。2008年選挙で失った都市住民からの支持を取り戻すべく，野党の要求を率先して実施したのである。

　ところが，2013年選挙で都市部の与党離れがいちだんと進むと，ナジブ政権の政策はマレー民族主義と権威主義の方向へ大きく転換する。ブミプトラ政策については，同年9月に「ブミプトラ経済活性化アジェンダ」を発表して再強化の方針を打ち出した。また，扇動法を撤廃する方針を覆してこれを乱用し，野党指導者や有識者，ジャーナリストらをつぎつぎと逮捕した。2013年選挙でMCAなどノン・マレー与党が惨敗したため，第2次ナジブ内閣の顔ぶれはブミプトラばかりになっていた。2013年選挙によって，BNが都市中間層とくに華人有権者の票を取り戻すのは困難なことが明白になったことから，ナジブ首相は守りの姿勢へ転じ，党内基盤と農村部の票を固めるためにブミプトラ政策の再強化と言論統制の強化へと方向転換したものとみられる[33]。

　ところがその後，ナジブは党内支持と農村票の双方を失い，2018年の第14回総選挙で政権を失った。その原因となったのは，ナジブが2009年に自らのイニシアティブで設立した政府系ファンドであるワン・マレーシア開発公社（1MDB）の乱脈経営問題と，ナジブ自身の汚職疑惑である。後の捜査によって，1MDBからは45億米ドルを超える資金が不正に流出したことがわかっている。1MDBの疑惑は，2014年9月にマハティール元首相が告発したことによって広く知られるようになった。2015年7月にはナジブ首相の個人口座に7億ドル近い資金が送金されていたことが

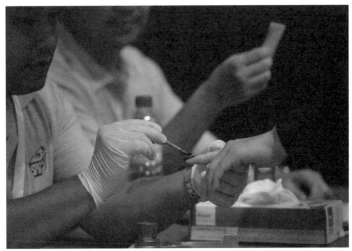

二重投票を防ぐため，投票する人の指に消えないインクを塗る選挙管理委員会職員
（©Wikimedia Commons）。

発覚し，1MDBから，つまりは国庫から不正に抜き取られた資金
の一部をナジブが取得したのではないかという疑惑が浮上した。

　ナジブは，疑惑を追及したマハティール元首相とムヒディン・
ヤシン副首相，シャフィ・アブダル村落・地方開発相を与党から
放逐することで一時は難を免れたが，最終的にはこの措置が自ら
の首を絞めることになった。マハティールとムヒディンが新たに
マレーシア統一プリブミ党（PPBM）を，シャフィがサバ伝統党
（Warisan）をそれぞれ結成したことにより，2018年選挙において
BNは都市票に加えて農村票をも失い，政権交代が実現したので
ある。

　以上のように，マレーシアの政治体制は長らく民主主義の基準
を満たさないものであったものの，選挙は政府の政策を強く規定
してきた。1970年代の選挙はブミプトラ政策を強化する方向に働

き，開発政策の調整期にあたる80年代後半の選挙は新経済政策の後継政策に関する論争を惹起した。1990年代の選挙は規制緩和によって経済成長を加速させる路線を後押しし，通貨危機以降の選挙は縁故主義に対する反省とメリトクラシーの重視，民族を問わない福祉政策，ならびに市民的自由・政治的権利の拡充を促進した。2013年選挙はナジブ政権がマレー民族主義と権威主義に回帰するきっかけになったものの，2018年の第14回総選挙では政権交代が実現し，内閣の顔ぶれが刷新された。紆余曲折はあったものの，マレーシアの選挙は，縁故主義を生みがちな民族別割当制にもとづく政策からより効率的なメリトクラシーにもとづく政策への転換を促してきたといえよう。

　マレーシアにおける生産性の向上，産業の高度化のペースは，たしかに「優等生」の韓国に比べれば劣るものの，完全に停滞しているわけではない。資源の呪い，多国籍企業への依存，製造業の地場企業の不在，頭脳流出といった問題を抱えつつも，近年ではハイテク分野の地場企業も育ちはじめている。その背景には，抑圧的であった政治体制がゆるやかに包摂的なものに転換していることがある。選挙が開発政策の行方に強く影響を及ぼす政治体制のもとで，紆余曲折を経ながらもガバナンスとメリトクラシーを重視する政策が策定・実施されるようになってきている。

マレーシアのアジア通貨危機への対応は「邪道」だったのか

　1997〜98年のアジア通貨危機は，マレーシア経済にとっても大きな転換点となった。このとき，通貨危機で大きな痛手を被った国のうち，韓国，タイ，インドネシアはIMFの支援を受けて危機からの脱出を図ったのに対し，マレーシアはIMFには支援を求めず，独自のやりかたで通貨危機を乗り切った。国際金融界から「邪道（unorthodox）」と呼ばれたマレーシアのやりかたとは，具体的にはどのようなものだったのか。

　その前に，まず，通貨危機について説明しよう。通貨危機とは一国の通貨の価値が短期間に大幅に下落して外貨準備が減少し，対外債務の支払いに支障を来すような状況を指す。こうした状況への対応策を考える際に頭に入れる必要があるのが，「国際金融のトリレンマ」である。これは国際金融論の命題で，「自由な資本移動」「独立した金融政策」「為替レートの安定性」の3つをすべて実現することはできず，少なくともどれかひとつは諦める必要がある，というものだ。

　通貨危機とは自由な資本移動と独立した金融政策のもとで為替レートの安定性が損なわれている状況なので，為替レートの安定性を回復させようとすると，自由な資本移動か独立した金融政策のどちらかを放棄する必要がある。通常，自由な資本移動はグローバル化が進むなかで守るべき価値とされているので，独立した金融政策が放棄される。IMFによる支援国へ処方箋は，各国の経済情勢にかかわらず，金利を大幅に引き上げることで為替レートの下落を止めるというものであった。

　マレーシアも通貨危機の当初は，当時のアンワル副首相・財務相のもとで「バーチュアルIMF」政策と呼ばれた自主的なIMF型の緊縮政策が採用され，金利の引き上げと政府支出の削減がおこなわれた。こうした緊縮政策のもとでは，当然景気は悪化する。マレーシアの場合も景気は悪化したが，期待されたほどリンギの下落を止めることはできなかった。これは，国際金融界からマレーシア政府に対する「信認」

が低かったためで，その背景には，当時のマハティール首相とアンワル副首相・財務相の対立があった。

マハティール首相は国内経済を犠牲にするIMF型の緊縮政策に反対であっただけでなく，通貨危機の原因は国際的なヘッジファンドによる投機的取引であるとして，国際会議の場などで激烈な批判をおこない国際金融界の反発を買っていた。為替取引の規制を求めるマハティールの主張はまともには相手にされず，高度な国際金融システムを理解しない一途上国の独裁的な老政治家が，自らの保身のために経済運営の失敗の責任を投機家に転嫁している，というのが一般的な当時の雰囲気であった。

マハティール首相とアンワル副首相・財務相の対立はその後政争に発展し，1998年9月にアンワル副首相・財務相は辞任に追い込まれたばかりか与党UMNOからも追放，さらには大規模な反マハティール集会を主催したアンワル氏は国内治安法によって逮捕された。同時にマハティール首相が打ち出した通貨危機対策が，①リンギの非国際化，②短期資本取引規制，③固定為替レート導入であった。これは，為替レートの安定性を回復させるために，自由な資本移動を犠牲にして金融政策の独立性を回復させるという，IMFの政策とはまったく異なるものであった。

リンギの非国際化とは，マレーシア国外でのリンギの取引を無効化するもので，これをおこなわなければ，マレーシア国内での為替政策は海外での自由なリンギ取引によって容易に覆されてしまう。そのうえで，マハティール政権は国内から資金が逃避しないように短期資本の海外への送金を禁止し，1ドル＝3.8リンギの固定為替相場を導入した。さらに，金融政策を明確な緩和策へと転換した。

こうした一連の措置への金融界・メディアの反応は依然として批判的ではあったものの，通貨危機発生当初ほど一方的なものではなかった。1998年に半ばになると，J. バグワティやP. クルーグマンなどの著名な経済学者が自由な資本取引に対する疑問を呈するようになっていた。とくに，クルーグマンは1998年8月末に発売になった『Fortune』誌で通貨危機に見舞われたアジア諸国の緊急避難策として為替管理制

度の導入を提唱していた。

　このとき，マハティール首相はアンワル副首相との政争に勝利し，為替管理制度を導入したことで自らの意思で退任する2003年まで5年間の時間を手にした。それは，マレーシア経済に必要な施策をおこない，その順調な回復を確認するのに十分な時間であった。マレーシア政府が実施した経済再建策のなかでも，不良債権の買い取り，銀行への資本注入，企業再建への調整を三位一体で実施した迅速な不良債権処理については評価が高い。固定為替制度についても，産業界からはむしろそれを歓迎する声が多く聞かれ，日常業務の妨げになっているという意見は皆無であった。

　その後，短期資本規制については2001年5月までに完全に撤廃，固定為替制度の撤廃についても，2005年7月21日，世界の注目が中国・人民元の管理変動相場制移行に集まる陰で，マレーシアも7年近く続いた固定為替制度を廃止した。当初「邪道」と呼ばれたマレーシアの為替管理政策は，現在では通貨危機に対するひとつの処方箋として認知されるようになっている。

第5章

外需から内需へ
民間消費が経済を牽引（2000年代から2010年代）

　東アジアの多くの国は，輸出指向型工業化によって急速な経済発展を遂げてきた[1]。輸出指向型工業化は，発展途上国にとっていくつかのメリットを持つ。まず，途上国は所得が低いため，中国やインドのような人口大国は例外として内需の規模は小さくなる。そこで市場を海外に求めることで，自国の市場規模の制約を受けずに大量生産をおこなうことが可能になる。多くの場合，海外市場での競争は国内市場での競争よりも厳しく，参入に成功すればその国が産業の競争力を継続的に高めるのに役に立つ。

　一方で，輸出指向型工業化は多くの国が一斉にそれを採用した場合，問題に直面する。各国が多国籍企業を自国に誘致するために労働条件や環境規制を切り下げるなどして「底辺に向かう競争（race to the bottom）」と呼ばれる状況が生まれれば，社会的・経済的な状況が悪化することになる。

　また，これまで，東アジア諸国は主にアメリカへの輸出を頼りに成長してきた。しかし，東アジア諸国が巨額の対米貿易黒字を蓄積していく構造を長期間持続することは難しく，金融面でグローバルな不均衡を生み出した。具体的には，とくに2000年代前半から2008年の世界金融危機にかけて顕著であったように，ア

メリカでは過剰消費から家計部門の債務水準が高まり，それを東アジア諸国や産油国からの資金流入がファイナンスする構造である。さらに，古くは日米貿易摩擦，近年では米中貿易戦争にみられるように，貿易収支の極端な偏りは政治的な対立を生み出すことになる。

　したがって，中所得国が高所得国入りに向けて安定成長を続けるには，外需のみに頼るのではなく，内需をある程度拡大する必要がある。そのためには賃金上昇を抑制したり為替レートを切り下げたりして輸出財の価格競争力を維持する政策からの転換が必要であり，消費性向の高い中・低所得層への所得の分配率を高めることも重要である。

　東アジア各国は，これまでは内需より外需を重視し，消費よりも投資を重視することで，高度成長を達成してきた実績がある。こうした外需主導の高度成長体制から内需・消費を重視した安定成長体制に移行することは容易ではない。たとえば，日本は1990年代に「生活大国」を掲げて内需・消費重視への転換を試みたが[2]，過去30年間で可処分所得はほぼ横ばいで，現在においても転換が成功しているとはいえない。また，中国は近年，習近平体制で国民が幅広く豊かさを実感する「共同富裕」を掲げて鄧小平以来の富めるものから先に富むべきという「先富論」からの転換を図っているが，それが成功するかどうかは予断を許さない。

　人口規模の小さいマレーシアの場合，必然的に経済発展の初期段階から外需に頼ることになった。高所得国入りをうかがう水準に達したいま，マレーシアは内需・消費の比重を上げて安定成長を継続する軌道に乗ることができているのだろうか。

1 経済発展のドライバーは輸出から内需へ

経済成長に対する需要項目別寄与度

マレーシアは，イギリス領植民地時代から一次産品の輸出国であり，独立以降は一次産品輸出国から工業製品輸出国への転換を果たしたが，一貫して輸出が経済成長に大きな役割を果たしてきた。

輸出主導の経済成長がとくに顕著だったのは，1980年代後半から1997年のアジア通貨危機までの時期である。1985年のプラザ合意にともなう円高・ドル安以降，日系企業をはじめとした輸出指向の多国籍企業がマレーシアに進出して輸出拡大に貢献した。マレーシアの輸出依存度（輸出額／GDP）は，1981年の47.1％から1997年には77.5％にまで高まり，通貨危機直後の1999年には106.0％に達した。2005年以降は輸出の伸びは鈍化傾向にあり，2020年の輸出依存度は1980年代末と同水準の55.0％にまで低下していた。

ある国の経済成長をどの需要項目が牽引したのかをみるためには，需要項目別の寄与度が用いられる。消費・投資・輸出の経済成長率への寄与度を示すことで，マレーシアの経済成長を牽引してきた要因がわかる。しかし，特にマレーシアのような輸出依存度が高い小国では，通常どおり寄与度を計算しても直感的な認識とは乖離することが多い。マレーシアの場合，1981年から2019年までの純輸出（輸出 − 輸入）の寄与度はわずか0.2％となり，外需は数字上ほとんど経済成長に貢献していないことになる[3]。

通常の需要項目別の寄与度分析が直感的な認識と一致しない原因は，純輸出の計算方法にある。純輸出は全輸出額から全輸入額

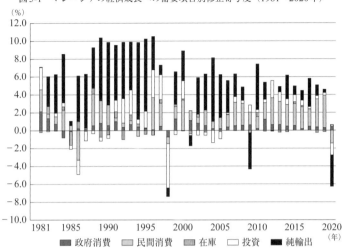

図5-1　マレーシアの経済成長への需要項目別修正寄与度（1981〜2020年）

出所：中村・熊谷編（2018），図6-4をもとに筆者作成。

を差し引いたものであるが，寄与度の計算においては，これは，輸入を誘発するのは輸出だけであると仮定していることになる。もし，輸入財のすべてが輸出財の生産に投入されている場合には，純輸出は輸出（外需）の成長への貢献を正しく算出できる。しかし，実際には消費や投資も輸入を誘発するため，本来は，消費や投資からも，それぞれが誘発した輸入額を差し引き，どれだけ国内の付加価値を押し上げたかのかを計算する必要がある。輸入額を消費・投資・輸出に正しく按分するためには，それぞれがどの程度輸入を誘発するかを知る必要があるが，ここでは，産業連関表を用いて需要項目別の輸入誘発係数を計算し，寄与度に修正を加えた。

　図5-1はこのようにして修正した需要項目別の寄与度を示したものである。

2000年代から構造的変化

　修正寄与度でみると，1980年代は多くの年で輸出が最大の寄与度を示しており，1990年代に入るとクアラルンプール国際空港やペトロナス・ツインタワーに代表される「メガプロジェクト」と呼ばれる巨大なインフラ建設などに後押しされ投資の寄与度も大きくなる。1980年代からアジア通貨危機前の修正寄与度の平均は，輸出が4.9％，民間消費が1.1％，投資が0.8％，政府消費が0.5％となる（表5-1）。

　アジア通貨危機期（1998～2004年）には，投資の寄与度はおおむねマイナスで推移する。1998年に投資の寄与度がマイナス5.0％となったのをはじめ，通貨危機時の落ち込みの反動が現れている2000年を除いて投資の寄与度はマイナスで推移している。投資の寄与度がプラスに転じるのは2006年であり，通貨危機の影響が2000年中盤まで残っていたことが読み取れる。これは，マレーシアにおける不良債権処理の進捗状況とおおむね合致する。通貨危機期の修正寄与度の平均は，輸出が2.9％，民間消費が1.2％，政府消費が0.5％，投資がマイナス0.8％となる。

　2005年以降は，輸出の寄与度が急速に低下する一方で，民間消費の寄与度が高まっていく。投資についてもアジア通貨危機の影響を脱し，寄与度はプラスで推移している。2005～2019年の

表5-1　各需要項目の期間別平均修正寄与度（1981～2019年）（％）

期間	政府消費	民間消費	在庫	投資	輸出	実質GDP成長率
1981～2019年	0.5	1.6	0.0	0.4	3.3	5.7
1981～1997年	0.5	1.1	0.0	0.8	4.9	7.3
1998～2004年	0.5	1.2	0.0	− 0.8	2.9	3.7
2005～2019年	0.5	2.3	0.0	0.5	1.7	4.9

出所：中村・熊谷編（2018），表6-3をもとに筆者作成。

修正寄与度の平均は，民間消費が2.3％，輸出が1.7％，投資が0.5％，政府消費が0.5％となり，民間消費が輸出を逆転する。

このように，修正寄与度による分析では，マレーシア経済の成長のエンジンが時代によって変わっていることがわかる。通貨危機以前は輸出が経済を牽引し，1990年代には投資が成長のエンジンに加わったことが読み取れる。2005年以降は徐々に民間消費が経済成長を牽引する構造に変化していることがわかる。

2　外需を拡大するための政策

ここまでの分析で，マレーシアは2000年代中盤以降，内需主導の経済成長に転換していることを示したが，それは外需が重要でなくなったことを意味しない。マレーシアの輸出依存度（輸出額／GDP）は2020年時点で55.0％となっており，ASEANではシンガポール（121.1％），ベトナム（104.2％），カンボジア（71.8％）に次ぐ高さである[4]。

外資誘致政策の変遷

マレーシアは1960年代から創始産業法を制定するなどして，主に輸入代替部門への外資誘致をおこなっていた。マレーシアの日系企業のなかでも大きな存在感を持つパナソニックも，当初は輸出拠点としてではなく，輸入代替政策に協力するかたちで，マレーシア国内向けに乾電池や白黒テレビを生産するために1960年代半ばに進出している。しかしそれらの企業の多くにとって，当時人口1000万人に満たなかったマレーシアの市場規模が発展の足かせになっていた。

輸入代替型工業化の限界が明らかになってくると，マレーシア

政府は1968年に投資奨励法を制定して，工業化戦略を輸出指向へと転換する。その後，いくつかの関連法制の整備により，1970年代にはマレーシアへの輸出関連企業の進出が活発化する。

その象徴となったのがペナン州バヤン・ルパスに建設されたマレーシア初の自由貿易地域（FTZ）である。ペナン島は1969年に関税が免除される自由港の地位を失った後，15％という高い失業率に見舞われていた。ペナン州政府は雇用を増やすためにFTZを設置して工業化の推進をはじめた。それに対応するかたちでマレーシア政府は1971年に自由貿易地域法を制定し，FTZに進出した企業は完成品を輸出する場合に限り，生産に利用する中間財を無関税で輸入できるようになった。

バヤン・ルパスのFTZには主にアメリカの半導体メーカーが進出し，半導体産業の急速な発展をリードした。インテル，HP，ナショナル・セミコンダクター，AMD，日立半導体，ロバート・ボッシュなどが初期の進出企業に名を連ね，これらの企業は今日に至るまでマレーシアの半導体産業の発展を牽引している。IC（集積回路）の製造・検査は労働集約的であり，賃金が高いアメリカでおこなうには適さないため，アメリカ企業は賃金の安いアジアに投資先を求めていた。また，アメリカの半導体メーカーが海外で製造した製品を無関税で持ち帰ることができるアメリカ側の制度もFTZへの投資を後押しした[5]。1970年代初頭にアメリカ系を中心とした半導体企業がマレーシアを立地先として選択した要因としては，①英語を話す豊富で良質な労働力，②マレーシア政府の投資奨励措置，③工業団地等の優れたインフラ，④政治的安定，があったとされている[6]。

1981年のマハティール首相の就任と前後して，マレーシアの工業化戦略は，「第二次輸入代替工業化」あるいは「複線型工業化」と呼ばれる時期に突入する。これは，半導体産業などの輸出

指向産業を引き続き重視する一方で，自動車・鉄鋼・セメントなど，重工業については，輸入代替政策で振興をめざす戦略である。具体的には，第3章で述べたようにマレーシア重工業公社が設立され，その傘下に，重工業を営む企業が設立された。しかし，1980年代中盤の不況によって，その真価を試される前に苦境に陥り，その後もさまざまな要因が重なって，結果的に成功を収めることはできなかった。

　一方，1985年9月の「プラザ合意」によって，世界的に米ドル安の流れが強まる。たとえば，円は1985年初の1米ドル＝260円から，1988年末には120円にまで対米ドルで円高が進んだ。アメリカを主要な輸出先としていた多くの日本企業，とくに電子・電機産業はコスト削減のための海外進出を模索しはじめる。

　重工業化政策が行き詰まりつつあったマレーシアでは，この機会を利用して海外直接投資の誘致をはかった。1986年には投資促進法が制定され，一定の貢献のもと，所得税減免などの優遇措置が受けられるようになった。また，同年9月にマハティール首相が発表したガイドラインにより，100％外資の企業の進出が認められるための輸出比率に関する条件などが緩和された。

経済統合の促進

　外資系企業の誘致と並んで外需を拡大する政策としては，経済統合の促進がある。経済統合には民間企業の投資などを通じて地域内での経済関係が緊密化する「事実上の経済統合（de facto integration）」と自由貿易協定（FTA）や地域貿易協定（RTA）などの正式な国際的な制度構築を通じた「制度的経済統合（de jure integration）」がある。

　マレーシアはFTZの設置などを通じて事実上の経済統合に積極的であったが，同時に，制度的経済統合にも積極的であった。

ASEANにおいては，マレーシアは経済統合に積極的な主要なメンバー国であり，マハティール時代の1990年にはASEANに日中韓を加えた東アジア経済グループ（EAEG，後に東アジア経済会議［EAEC］）を提案している。そのほか，途上国どうしの南南協力や，中央アジアや中東のイスラーム教が主流の国との外交も重視してきた。2010年代には環太平洋経済連携協定（TPP）の交渉に加わり，また，地域的な包括的経済連携（RCEP）にも参加している[7]。

輸出品目・輸出先の多角化

マレーシアは2018年以降の米中貿易戦争のなかでも上手く立ち回り，両国と良好な貿易関係を維持している。マレーシアにとって，2020年時点で中国は最大の輸出先で，アメリカもシンガポールに次ぐ第3位の輸出先である。2020年前半はコロナ禍で輸出が大きな影響を受けたものの，通年では中国向け，アメリカ向けともに前年比13％増となった。

図5-2はマレーシアの米中向けの輸出を，第4章でも示した

図5-2　マレーシアのアメリカ・中国向けの財別輸出シェア（2020年）

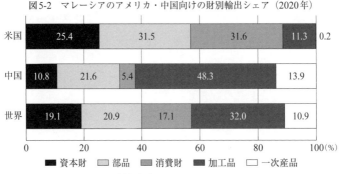

出所：UN COMTRADEより筆者作成。

「資本財」「部品」「消費財」「加工品」「一次産品」の5つに分けて示したものである。アメリカ向け輸出については，消費財が31.6％を占め，部品（31.5％），資本財（25.4％）と製造業品が続く。一方で，中国向け輸出については加工品が48.3％を占め，一次産品（13.9％）とあわせて輸出の6割を超える。

全輸出の比率をみると，資本財・部品・消費財がほぼ同シェアで合計57.1％，一次産品と加工品があわせて42.9％を占めている。第4章では，2000年代以降，一次産品と加工品のシェアが上昇したことが，マレーシアの貿易構造の高度化を遅らせていると述べた。しかし一方で，輸出品が特定の品目に偏っていないことは，世界経済の変動に対して安定性をもたらしている。実際，世界1，2位の経済大国であるアメリカと中国に対して，それぞれ異なる品目を輸出することで，米中貿易戦争やコロナ禍においてもマレーシアは両国向けの輸出をともに伸ばすことに成功している。

3　内需拡大のための政策

マハティール退任後に政策転換

基本的には輸出が牽引する開放的な経済でありながら，2000年代中盤以降のマレーシア経済を内需が牽引するようになった要因のひとつに，マレーシア政府が成長を重視する政策から分配を重視する政策へ転換したことがある。マレーシアの経済政策は伝統的に成長と分配のバランスを取るかたちでおこなわれてきたが，そのどちらを重視するかは時代によって変わってきた。マハティールが首相を務めた1980年代からアジア通貨危機前までは経済成長が重視され，経済のパイが拡大することを前提として，ブミプトラ政策によって格差是正をおこなってきた。

風向きが変わったのは2003年にマハティールが退任し，後継のアブドラ政権が誕生してからである。2006年にアブドラ政権下で発表された第9次マレーシア計画（2006〜2010年）のなかでは「建設的・生産的な方法で長引く社会経済的な格差に対処すること」が打ち出された[8]。このなかでは，民族間の格差のみならず，民族内の格差や都市と農村の格差に対処する必要性が示されている。また，第9次計画では地理的な経済格差への対応として，ジョホール州イスカンダル地域や地方中核都市の開発が打ち出された[9]。

　2009年にナジブ政権が発足すると，翌2010年に発表された新経済モデル（NEM）における経済成長の3つの目標として「高成長（High Growth）」「持続性（Sustainability）」に加えて，所得格差の縮小をめざす「包摂性（Inclusiveness）」が掲げられた[10]。具体的には所得下位40％（B40）に対する支援を強化する方向性が「市場適合的なアファーマティブ・アクション」として打ち出され，第10次マレーシア計画（2011〜2015年）に引き継がれた[11]。

　第11次マレーシア計画（2016-2020）では「成長を人々の手に（Anchoring Growth on People）」という副題が掲げられ，分配重視の方針がより明確にされた。序文のなかで，ナジブ首相は第11次計画が「不釣り合いなまでに人民（Rakyat）に焦点をあてたものである」[12]と宣言する。これまでの5カ年計画でも，所得の再分配や社会福祉などは重要なテーマではあったが，第11次計画の章立ては，マレーシア政府が，経済成長よりも分配を優先する姿勢に転換したかのような印象を与えるものとなっている。たとえば，5カ年計画はまずマクロ経済状況の分析と目標設定からはじまるのが通例であるが，第11次計画では第1章は「成長を人々のもとに」と題され，人々の暮らしをどのように改善するかが述べられている。

第11次計画の分配重視は所得階層と地理的な側面の両面にわたる。第11次計画内では所得階層下位40％（B40）に関連して注目される数値目標が2つ設定された。ひとつは，B40世帯の平均所得を2014年の月額2537リンギから2020年に月額5270リンギへと倍増させること，もうひとつは労働分配率（資本・労働間での利益の分配比率）を2013年の33.6％から2020年に40％まで引き上げることである。

　第11次計画では地理的な側面として，「地域社会の福祉向上のための地方改革」と「よりよい地理的バランスをめざした地方の成長の加速」が掲げられている。前者はインフラ整備が遅れている農村部にまで，電力，水道，道路，インターネットなどを整備することをめざし，後者はすでにスタートしている5つの経済回廊の開発促進を中心とする。そこに，「さらなる繁栄に向けた経済成長の再設計」として掲げられた，クアラルンプール，ジョホールバル，クチン，コタキナバルの4都市の開発が加わる。第11次の計画における地域開発は，それ以前と比べてより重層的なものになっている。

　マレーシア政府のこうした分配重視の姿勢は，2つの具体的な政策として2010年代に結実した。ひとつは長く議論されてきた最低賃金制度の導入であり，もうひとつは所得に応じた個別家計への給付金の導入である。最低賃金制度については，2013年1月（従業員5名以下の企業については2013年7月1日）から最低賃金法が施行され，マレー半島部については900リンギ／月，サバ・サラワク両州とラブアンについては800リンギ／月となった。その後，最低賃金は2016年7月から半島部が1000リンギ／月，サバ・サラワク両州とラブアンが920リンギ／月に改定された。その後も最低賃金は引き上げられ，2020年時からは56の自治体については1200リンギ／月，その他の地域については1100リン

ギ/月となった。さらに，2022年5月1日からは，すべての地域について原則1500リンギ/月にまで最低賃金が大幅に引き上げられた。

　世帯への給付金であるBR1M（Bantuan Rakyat 1 Malaysia）は2012年に導入され，月収3000リンギ未満の世帯に年500リンギの現金が給付されるもので，全世帯の53％にあたる340万世帯に受給資格があると発表された。BR1Mは毎年拡充され，政権交代によってその名称は変更されているものの，給付金は継続して配布されている。2022年はBKM（Bantuan Keluarga Malaysia）として，世帯内の子どもや老人の人数に応じて，月収2500リンギ以下の世帯には最高2500リンギ，月収5000リンギ以下の世帯には最高1300リンギが配布されている。

2045年まで続く人口ボーナス期

　マレーシア政府の分配重視の姿勢は，好調な民間消費というかたちで数字に表れている。これは，隣国のタイと対照的である。マレーシアとタイの過去15年の民間消費の伸び率を四半期別に比較してみると（図5-3），常にマレーシアのほうが3〜4％高い水準にあることがわかる。これは，ほとんどそのまま，2010年代の両国のGDP成長率の差に対応しているといえ，2010年代に外需が頭打ちになるなかでも，マレーシア経済が4〜6％の「中成長」を維持できた大きな要因であるといえるだろう（図5-4）。

　マレーシアの民間消費が2010年代に入って好調なもうひとつの要因として，マレーシアが「人口ボーナス期」に入ったことをあげておく必要があるだろう。人口ボーナス期とは，労働力人口（15〜64歳の人口）が子ども（0〜14歳）や老人（65歳以上）の人口の合計の2倍を超える時期で，経済成長にとってプラスに働くとされている。

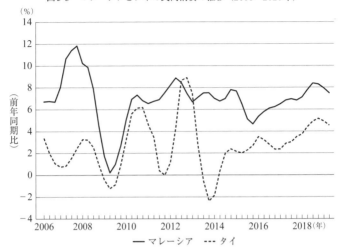

図5-3　マレーシアとタイの民間消費の推移（2006〜2020年）

（％）

（前年同期比）

── マレーシア　---- タイ

出所：NESDB, Thailand および DOS, Malaysia データより筆者作成。

図5-4　マレーシアとタイの GDP の推移（2006〜2020年）

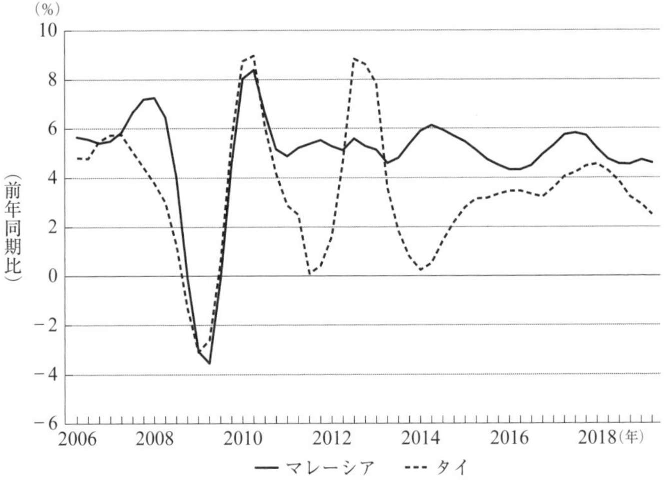

（％）

（前年同期比）

── マレーシア　---- タイ

出所：NESDB, Thailand および DOS, Malaysia データより筆者作成。

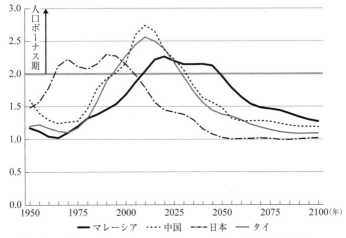

図5-5 アジア各国の人口ボーナス期

出所：国連人口部の予測値（https://population.un.org/wpp/）から筆者作成。

　図5-5は国連の統計にもとづいて，マレーシア，日本，中国，タイについて上記の比率の推移を5年ごとに計算して示したものである。この値が「2」を上回る時期が各国の人口ボーナス期である。もっとも早く人口ボーナス期を迎えたのは日本で，1965年にはじまり2000年までで終了している。この期間は，日本の経済成長が順調であった時期とほぼ一致する。中国とタイはグラフの形が類似しており，ともに1995年から人口ボーナス期に入り，中国は2030年まで，タイは2025年までで人口ボーナス期が終了する。タイについては，所得水準が比較的低い段階で早期に人口ボーナス期が終了することで，その後の経済成長が難しくなる可能性がある。

　これに対し，マレーシアが人口ボーナス期に入ったのは遅く，2010年である。マレーシアの人口ボーナス期は4カ国で圧倒的に遅く，2045年まで続くと予想されている。つまりマレーシアの内

需の好調さは21世紀半ば頃まで続く可能性がある。

4　切り下がるマレーシア・リンギの為替レート

現在は通貨危機時より割安

マレーシアの内需と外需のバランスについて考えるとき，マレーシア・リンギが継続的に「リンギ安」の方向に切り下がり続けていることに留意する必要がある。長期的なリンギ安が続くと，輸出については価格競争力が高まることでプラスになる一方で，消費者の購買力は高まらず，内需にとってはマイナスとなる。

図5-6はマレーシア・リンギとシンガポール・ドルの対米ドル名目為替レートの推移を1970〜2020年について示したものである。マレーシア・リンギとシンガポール・ドルは1973年半ばまではリンクしており，交換比率は1対1で固定されていた。その後，両者はそれぞれに変動するようになるが，1970年代は米ドルに対して緩やかに切り上がる方向で似たような動きをしていた。

しかし，1980年代以降，シンガポール・ドルは対米ドルで着実に切り上がっていくのに対し，マレーシア・リンギはじりじりと減価した後，1997〜98年のアジア通貨危機で大きく切り下がり，2010年代半ばの1MDB問題の前後にふたたび大きく切り下がっている。その結果，マレーシア・リンギとシンガポール・ドルの名目価値の差は2020年には約1対3にまで広がった。

より正確に通貨の価値を評価するためには，貿易相手との物価上昇率の差について考慮した為替レートである実質実効為替レートが用いられる。図5-7はマレーシア・リンギとシンガポール・ドルの実質実効為替レートの推移について1994年1月を1.0として示したものである。シンガポール・ドルが上下しながらも2010

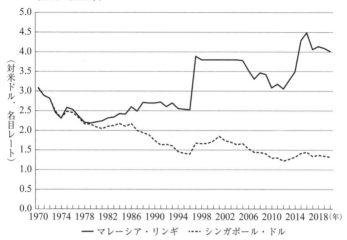

図5-6 マレーシア・リンギとシンガポール・ドルの対米ドル名目為替レートの推移
（1970〜2020年）

出所：Bank Negara Malaysia ウェブページ（https://www.bnm.gov.my/）掲載データ
より筆者作成。

年代以降はやや自国通貨高の状態にある。これに対し，マレーシア・リンギはアジア通貨危機で大きく下落した後，いったんは持ち直したものの，2010年代半ばの1MDB問題前後に一段安となり，2021年11月時点ではアジア通貨危機時よりも割安，1994年時点と比較すると3割程度自国通貨安になっている。

為替レートの適正化が必要
　自国の為替レートを割安に保つことは，経済成長にとってプラスになることが知られている。20％の通貨安は経済成長率を年率0.4％上昇させるという研究がある。しかし，この効果は国が発展するにつれて小さくなり，1人当たり所得が2万米ドル前後で消失するとされている[13]。

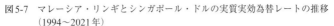

図5-7 マレーシア・リンギとシンガポール・ドルの実質実効為替レートの推移
（1994～2021年）

出所：Federal Reserve Bank of St. Louis ウェブページ（https://www.stlouisfed.org/）
掲載データより筆者作成。

　マレーシアの場合，通貨安はアジア通貨危機と1MDB問題によ
るところが大きく，政策的に通貨安に誘導しているようにはみえ
ない。結果的に，通貨安が経済成長にプラスになった可能性はあ
るが，現在の所得水準からすれば，マレーシア・リンギは過小評
価されているように思われる。名目為替レートと一物一価の法則
を前提に適切な為替レートと実際の為替レートの乖離を示すビッ
グマック指数（2019年7月版）によれば，マレーシア・リンギは
マイナス62.8％で，指数が算出されている56カ国中でロシア・ル
ーブルに次いで2番目に過小評価されていることになる。

　マレーシア政府が目標にしている世界銀行の基準での高所得国
入りが遅れている一因には，マレーシア・リンギが対米ドルで減
価し続けていることがある。シンガポールなどへの頭脳流出につ

いても，リンギの過小評価で両国の賃金差が広がっていることも
影響していると考えられ，為替レートの適正化はマレーシアの高
所得国入りに向けての課題のひとつであるといえるだろう。

5　二大政党連合制下の再分配政策再編

「民族にこだわらない格差是正」の要求

先にみたように，2000年代半ばから2010年代にかけて，政府
の開発政策がかつての成長最優先から分配重視の方向へシフトし
たことが内需の拡大につながった。この政策転換の背景には，同
時期に勢力を拡大した野党からの圧力があった。アンワル元副首
相率いる人民公正党（PKR）が，「民族を問わないアファーマテ
ィブ・アクション」への転換を公約に掲げ，2008年選挙で躍進し
たのである。

内需を拡大するには，格差を是正し，消費性向の高い中低所得
層の所得水準を引き上げる必要がある。1970年代以降，政府は
ブミプトラ政策によって格差是正に取り組んできたが，第2章で
みたように，民族間格差を縮小することがマレーシア社会全体の
格差是正につながったのは1980年代末までである。その後は，
民族間格差は引き続き縮小傾向にあったにもかかわらず，全体の
格差は高止まりの状態が続いた。各民族の内部における格差の是
正が進まなかったためである。マレー人の商工業部門への進出は，
マレー人全体の所得水準の向上をもたらしたが，ブミプトラ政策
の恩恵をより多く享受して成功した者とそうでない者との格差が
残った。

ブミプトラ政策の恩恵をより多く享受できたのは，政府・与党
とのコネを持つ者であった。縁故主義の問題は，通貨危機の際の

企業救済をめぐる論争をきっかけにマレー人社会において広く認識され，重要な政治的争点になっていった。第3章でみたように，2003年にマハティールの後を継いだアブドラ首相はこの悪弊を問題視し，「レントシーキング中毒」を一掃しなければならないと訴えたが，改革は不十分なものに終わった。

　対して野党側では，2008年選挙に際し，PKRがブミプトラ政策の撤廃を明言し，ニーズにもとづく政策への転換を公約に掲げて注目を集めた。

　PKRは結党当初から民族にこだわらない（non-communal）政党を標榜していた。だが1999年選挙と2004年選挙では華人有権者の理解を得られず，わずかな議席しか獲得できなかった。2004年選挙の後，アンワル元副首相が釈放され，党顧問として政治活動を再開すると，PKRの存在感は徐々に高まっていく。2006年に入るとアンワルが先頭に立ってガソリンや電気料金の値上げに反対する街頭デモを組織したほか，同年11月には汎マレーシア・イスラーム党（PAS），民主行動党（DAP）ならびにNGOとともに選挙改革を求める運動組織「清廉で公正な選挙を求める連帯」（ブルシ）を結成した。翌年，ブルシは首都中心部で街頭デモを組織し，1万人を動員した。

　他方，2000年代前半には反目していたPASとDAPの姿勢にも，2004年選挙での惨敗を経て変化が生じた。PASは1999年選挙での躍進の後，ウラマー（宗教指導者）の影響力が増してイスラーム主義路線を強めた。その結果，野党連合のオルタナティブ戦線（第3章参照）は瓦解し，2004年選挙では多数の議席を失った。選挙後，こんどは非ウラマーの幹部が台頭し，次の選挙でイスラーム教徒でない者を公認候補として擁立する方針を2006年の党大会で採択するなど，穏健路線へと軌道が修正された。

　DAPもまた，2006年の結党40周年大会を機に党綱領を改正し，

結党以来のスローガンである「マレーシア人のマレーシア」を取り下げた。第1章でみたように，この標語はシンガポールがマレーシアの一部だった当時にリー・クアンユーが唱えたもので，マレーシアは「マレー人の国」ではないというメッセージが込められていた。2006年に党綱領の改正を主導したリム・グアンエン書記長は，改正の目的は同党が中道政党であることを示すことにあると述べている。

2008年選挙にあたり，PKRとPAS，DAPの主要3野党は共闘の道を探った。選挙前の時点では政党連合の結成や統一公約の策定には至らなかったものの，候補者を調整し，ほぼすべての選挙区で3党間の相打ちを回避できた。この選挙では野党に票が流れ，連邦議会下院における国民戦線（BN）の議席占有率が初めて3分の2を割り込んだ。

この選挙でとくに目覚ましい躍進を遂げたのが，民族を問わない格差是正策を公約に掲げたPKRである。同党は，2004年選挙では1議席しか得ていなかったが，2008年選挙では31議席を獲得して野党第1党の座を得た。

2008年選挙で野党が躍進した理由のひとつとして，インターネットの普及があげられる。マレーシアの新聞とテレビは，政府の許認可権と与党関係者による資本所有を通じて統制されており，野党が自らの主張を広げる手段は限られていた。ところが1990年代末以降，インターネットが本格的に普及すると，野党側もウェブサイトの運営やYouTubeの利用を通じて自党の政策を広く知らしめることができるようになった。また，独立系のネットメディアに加え，個人が運営する政治ブログなどもつぎつぎに生まれ，人々が政府に批判的な言説に触れる機会が増えた。

こうした環境は2004年選挙のころにはすでに整っていたが，この時点ではPASとDAPが宗教政策などをめぐって反目しており，

一強多弱の与野党関係を覆すのに不可欠な協調体制を組むことができなかった。そこで2008年選挙では，主要3野党はいずれもエスニシティに関わる争点を棚上げし，経済問題や汚職，民主主義の欠如といった争点への取り組みを公約で訴えた。選挙前に実施された世論調査の分析から，インターネット・ニュースの影響を受けている人ほどこれらの争点に対する関心が高かったことがわかっている[14]。

選挙が促した再分配政策の変容

2008年選挙の後まもなく，3党は政党連合「人民連盟（PR）」を結成した。その直接的な動機は，州政権の獲得であった。下院選挙と同じ日に12の州で実施された州議会選挙では，クランタン，クダ，ペナン，ペラ，スランゴールの5州でBNの議席が過半数を割った。1990年からPASが政権党の座にあるクランタンでは同党が単独で過半数議席を得たが，クダではPASとPKRが連立すれば過半数，ペナンではDAPとPKRが連立すれば過半数，ペラとスランゴールでは3党が連立すれば過半数に達するという状況であった。選挙の直後から3党は連立のための協議を開始し，上記の5州で政権を樹立した。

2008年選挙でのPKR，DAP，PASの躍進とPRの結成により，マレーシアの政党システムはBNの一党優位制から二大政党制へと変化した。ただし，BNもPRも単一の政党ではなく政党連合であるため，正確には「一政党連合優位制」から「二大政党連合制」への移行である。

2004年選挙までの時期は，主要政党はいずれも特定の民族の利益を代表する政党であったことから，有権者の多くは民族や宗教に関わる争点を政党間の主な対立軸として認識していたと考えられる。単純に図式化すると，1977年にPASがBNを離脱した後

図5-8　1977年から2004年総選挙までの政党間関係

国民戦線
DAP
MCA
MIC
UMNO
PAS
ノン・マレー，ノン・ムスリムの権利擁護
マレー・ムスリム重視

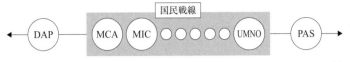

注：国民戦線は13党前後で構成されていた。
出所：筆者作成。

図5-9　2008年総選挙以降の政党間関係

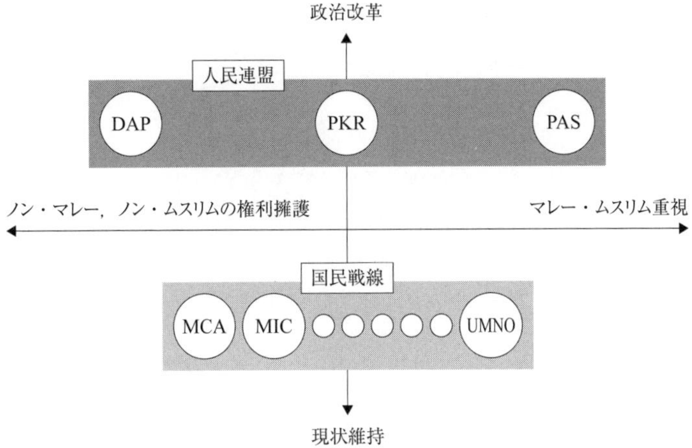
政治改革
人民連盟
DAP
PKR
PAS
ノン・マレー，ノン・ムスリムの権利擁護
マレー・ムスリム重視
国民戦線
MCA
MIC
UMNO
現状維持

出所：筆者作成。

の政党間関係は図5-8のようなものだった。

2008年選挙を経てPRが結成された後，政党間関係は図5-9のようなかたちに変化したと考えられる。

民族・宗教をめぐる立場の相違という対立軸の重要性は失われてはいなかったが，もうひとつ，2つの政党連合の差異を示す対立軸が加わった。もっとも顕著な争点は政治改革であろう。PRは2009年12月に第1回大会を開催し，共同政策綱領を発表した。

これは，①透明性のある真の民主主義，②高度で持続可能かつ公平な経済の推進，③社会的公正と人間開発，④連邦・州関係と外交政策，の4項目のもとに，具体策を列記した包括的な政策パッケージである。その冒頭に置かれたのが政治改革に関わる項目であった。翌年の大会で採択された政策文書「いま変革を，マレーシアを救え！」（通称「オレンジ本」）においても，共同政策綱領を実行に移すうえでとくに重視する領域の筆頭に透明性のある政権運営があげられた。

このような与野党関係のもと，前章でも触れたように，2009年に発足した第1次ナジブ内閣は街頭デモの合法化などの政治的自由化を実行した。その背景には，野党の公約を先取りして実施することで，2008年選挙で失った都市中間層，とくに華人有権者の票の奪還を図ろうという意図があったと考えられる。同じ動機から，ナジブ政権は「ワン・マレーシア」なる標語を掲げて，民族を問わず下位40％世帯を対象とする格差是正策を導入した。そのひとつが，先にみた給付金制度BR1Mである。

前章でみたように，2013年選挙で都市部の与党離れがいちだんと進むと，ナジブ政権の政策はマレー民族主義と権威主義の方向へ大きく転換した。野党側でもPASがハッド刑実施のための法整備に動くなどふたたびイスラーム主義路線に転じた。ハッド刑とは，「クルアーンまたはハディースに言及され，その量刑を変えることができないイスラーム刑法上の身体刑」[15]であり，既婚者の姦通罪なら石打ちの刑，窃盗罪なら手足の切断などと処罰が決められている。ハッド刑の実施にはDAPが強く反対したために両党の対立が激化し，2015年6月にPASが党大会でDAPとの断交を決議してPRは瓦解してしまった。

その後，PAS内で進歩派と呼ばれたモハマド・サブ元副総裁らが離党して新たに国家信託党（アマナ）を立ち上げ，DAP，PKR

と組んで政党連合「希望連盟」（PH）を結成した。同じころ，与党側ではナジブ首相とマハティール元首相らの対立が激化しており，マハティールらは2016年8月にマレーシア統一プリブミ党（PPBM）を結党した。翌年，PPBMがPHに加わり，2018年選挙前の政党間関係は図5-10のようなものになっていた。2018年選挙ではPHが勝利し，ブミプトラ政策の再強化と政府批判勢力の抑圧によって権力を維持しようとしたナジブの企ては挫かれた。

　前章でみたメリトクラシー（能力主義）の重視と同様に，民族別割当制から民族を問わない再分配政策へのシフトもまた，選挙によって促されたものといえる。1970年代・80年代においてはブミプトラ政策が格差を縮小し経済の包摂性を高めるのに寄与したが，90年代になるとその効果は薄れた。野党がこれを感知してニーズにもとづく再分配政策への転換を訴え，多数の有権者がそれを支持したために，政府は票の回復を図るべく野党の要求を自主

図5-10　2018年総選挙時点の政党間関係

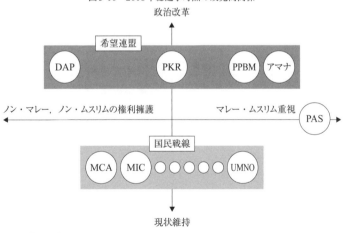

出所：筆者作成。

的に実行した。次の選挙で与党が票の奪還に失敗し，政府がブミプトラ政策の再強化に向かうと，その次の選挙では政権交代が実現し，軌道修正が図られた。マレーシアでは，選挙が政策を社会のニーズに沿ったものへと変化させてきたのである。

【 コラム⑥ 】

消費税廃止はいかにして実現されたか

　2018年5月9日に投票がおこなわれた第14回総選挙ではマハティール元首相が率いる野党連合・希望連盟（PH）が議席の過半数を占め，マレーシア史上初の政権交代が現実となった。これにともない，PHの選挙公約のひとつであった「消費税の廃止」が2018年6月1日に実現した。

　政権交代の約3年前，2015年4月1日より，それまでの売上・サービス税（SST）に代わって消費税（Goods and Services Tax: GST）が導入された。その背景には，石油関連収入に頼っていた財政を安定させ，財政赤字を抑制したいというマレーシア政府の意向があった。一方で，当時マレーシアでは「生活費の高騰」が政治的にも大きな問題になっていた。SSTから消費税への移行はまさにこうした時期におこなわれたため，国民の不満が高まっていた。

　PH新政権発足後，消費税廃止は速やかにおこなわれた。選挙からわずか2日後の5月16日には財務省が2018年6月1日から当面のあいだ，消費税率を0％とすることを発表した。これは，法制度の変更を待たずに事実上の消費税廃止を実施するための方策である。その後，6月1日から予定どおり消費税率は0％となり，8月8日に消費税廃止法が議会を通過した。

　ただ，消費税が廃止されたといっても，代替の財源がなければ財政に穴が開くわけで，これも新政権の公約どおり，8月20日までにSST関連法が議会を通過したことを受けて，9月1日から（SST）が再導入された。政権発足からわずか3カ月，驚くべき手際の良さである。

　消費税の税率は6％で，食品などの約500品目については0％の税率となっていた。一方で，SSTの税率は，モノに対する売上税は10％が基本で，生活必需品を中心に約5,000品目が非課税となっている。サービス税はホテルの宿泊料や外食などを中心に6％の税率となる。税率だけ比較すれば，SSTは消費税よりも高いが，非課税品目が非常に多いため，消費者の負担感は小さくなっている。

物価の推移を見ると，6月の消費税廃止にともなって，消費税がかかっていた衣服や娯楽については大幅に物価が下落した。一方で，そもそも消費税の対象外だった食品・飲料については下落幅は小さかった。また，9月のSST再導入にともなって，SSTの対象となる娯楽の物価は大きく上昇したが，対象外の衣服にはほとんど変化がなかった。物価指数全体で見ると，2018年6月の消費者物価指数は前年同期比で＋0.8％となり，前月の＋1.8％から1.0％ポイント下落した。また，SSTが再導入された9月の消費者物価指数の伸びは＋0.3％と低く，その後も消費者物価指数は＋1％以下で推移した。消費税の廃止は，一時的ではあるが消費者物価の上昇を沈静化させる効果があったといえる。

　消費税導入前後の民間消費の推移を見ると，2018年1～3月期の6.6％増から4～6月期には7.9％増，7～9月期には8.9％増と大きく伸びている。また，SST導入後の10～12月期も7.6％増と好調を維持した。税制変更の影響を受けやすい自動車販売については，消費税率が0％となった3カ月間については，6月が28％増，7月が41％増，8月が27％増と，いずれも前年同月の販売台数を大幅に上回った。

　一方で，消費税を廃止してより課税対象品目の少ないSSTで置き換えたことにより，政府の歳入は220億リンギ（歳入の8.4％分に相当）もの減収見込みとなった。PH新政権はこれに対し，各種徴税の強化と，2019年に限って国有石油会社ペトロナスからの300億リンギの「特別配当」に頼ることになった。

　消費税導入前の2013年の時点で，連邦政府の歳入に占める所得税の割合はわずか10％，所得税の納税者は就業者数のわずか12％にとどまっていた。日本の場合，就業者に占める納税者の比率は約70％だから，マレーシアの所得税の課税ベースがいかに狭いかがわかる。同時に，当時のマレーシア政府は歳入の3割近くを石油関連収入に依存していた。マレーシア政府は財政の石油関連収入への依存脱却をめざしており，消費税導入はその柱であった。実際，2015年の消費税導入とほぼ時を同じくして原油価格が大幅に下落し，政府の石油関連収入は大幅に減少した。しかし，ほぼ同額を消費税の導入で賄うことがで

きたため，財政赤字を抑制することができた。

　消費税の廃止は，その後のマレーシア政府の財政を制約する大きな要因になっている。2018年11月，格付機関ムーディーズはペトロナスの債券発行に関する格付けをA1（安定的）からA1（ネガティブ）に引き下げ，政府による高配当の要求が同社の財務に悪影響を与える可能性をその理由としてあげた。2020年12月8日には，格付け機関フィッチがペトロナスの格付けをA－からBBB＋に引き下げた。これは，フィッチの基準により，国有企業の格付けは保有者である国の格付けを超えられないことが定められているためである。マレーシア政府の信用力低下が超優良企業であるペトロナスの足を引っ張っている。

　マレーシアの消費税廃止は物価上昇を抑え，消費を刺激する一方で，マレーシア政府の財政は苦しくなった。2022年時点で，学者や政治家から消費税の再導入を支持する発言が続いている。マレーシア政府の消費税導入，廃止，再導入への機運の高まりは政策の一貫性からは問題かもしれない。一方で，民意を受けて税制がダイナミックに変更され，その結果によっては再度政策を変更することも厭わないという柔軟な姿勢は，マレーシア政府の「プラグマティズム」を示す好例ともいえるだろう。

＊本コラムはIDEスクエア・世界を見る眼「『消費税を廃止した国，マレーシア』は本当か」（2019年9月掲載）をもとに大幅な加筆・修正をおこなったものである。

終　章

「中所得国の罠」脱出のヒントと課題

　本章ではこれまでの議論を総括し，そこから導き出される「中所得国の罠」を脱するためのヒントを掲げ，最後に，マレーシアが高所得国入りした後も継続的な経済発展を続けるための課題を指摘する。

工業化と農村開発の両立
　マレーシア政府は経済発展の初期段階において，工業化を進めると同時に農村開発にも力を入れた。他国の例にあるように農村を放置したり搾取したりすることなく工業化を進め，都市と農村のバランスの取れた発展をめざした。マレーシア政府が農村の問題に真剣に取り組んだのは，人口，あるいは有権者の多数を占めるマレー人の大多数が農村で農業を営んでいたためである。

　また，マレーシア特有の難しい事情として，農村のマレー人と都市の華人という民族による労働市場の分断があった。そのため，農村から都市へ，農業部門から商工業部門への労働力の自然な移動が妨げられており，多くの途上国のように，都市と農村の賃金格差によって自然に（ときに無秩序に）都市化が進むということがなかった。結果として，マレーシア政府は農業と商工業のあい

だの労働や資本の移動を政策的に後押しする必要に迫られた。

1969年に発生した民族暴動を受けて1971年に開始された新経済政策は，別名「ブミプトラ政策」とも呼ばれるようにブミプトラへの民族的な優遇政策であった。しかし，新経済政策はブミプトラが多数を占める農民を支援し，都市への移住と商工業部門への就業を支援する都市化・工業化政策でもあった。さらに，政府はブミプトラが人口の多数を占める農村開発も，工業化と同様に重視したため，都市と農村の格差が一定程度是正されることになった。

この時期のマレーシアの政策から学ぶことができるのは，工業化・都市化を進めながら，同時に農村開発も進めた点である。多くの国で工業化を進める一方で農村開発はおざなりとなり，農村開発に注力すれば都市部へは手が回らない，といった二者一択になりがちである。農村は，商工業のための労働力と経済的な余剰の供給源となる。しかし，これは農村を工業化のための余剰を搾取する対象としたり，労働者が農村から都市へ「逃げ出す」ような状況を農村に作り出すことを正当化しない。

農村を豊かにしたからといって，工業化・都市化政策を同時に進める以上，都市への人口移動が止まる，あるいは都市から農村に逆流する恐れは基本的にはない。既述のように，途上国の農村では「偽装失業」が生じているため，農村開発を進めてもすぐに農業労働者の賃金が上がることにはならない。また，農業には農地の制約があるために，豊かになった農村が都市の労働者を逆に吸収してしまうことはない。

農村を豊かにし，後に商工業部門で就業できるような基礎的な教育を農村の若年層に与えることは，長期的な経済発展を支えることになる。さらに，農村開発によって都市と農村の経済格差を縮小することは，後に都市部と農村部で有権者の利害が相反し，

深刻な政治的な対立が生まれるのを防ぐことにもなる。

　マレーシアの場合，人口の多数を占める民族であるマレー人が農村に居住していたため，政治において農村が軽視されたり搾取されることはなかった。また，選挙区割りが農村の過大代表となっていたことも，政治の農村重視の一因となった。民族の問題については他国に当てはめることはできないが，経済発展のある時期まで選挙区割りを農村部の過大代表気味に調整することには一定の意味があるかもしれない。

　一方で，マレーシアを反面教師として学ぶ必要があるのは，政府の強力な政策介入は政治的に分配される大きな利益（レント）を生み出し，それが既得権益化して後に政策変更が難しくなるという点である。具体的には，新経済政策について，明確なフェーズアウトが計画されていなかったことが，当初の計画最終年であった1990年を超えてもさまざまなかたちでブミプトラ優遇政策が継続され，経済発展の障害となる問題を生み出すことになった。

都市化，所得格差への対応と教育の拡充

　1970年代から80年代にかけて，マレーシア政府は新経済政策によって，伝統的農村部門に滞留していたマレー人を都市・近代部門に政策的に誘導した。これが，マレーシア経済の工業化と都市化を後押しした。新経済政策はブミプトラへの優遇という側面が強調され，マレーシア経済の発展を阻害していると捉えられることが多いが，少なくとも，当初の計画期間である1971〜90年については，新経済政策が実施されなければマレー人は低所得のまま農村に滞留し，この時期の経済発展を支えた商工業部門での労働力需要の増大を賄うことはできなかっただろう。

　通常，途上国の都市化は農村と都市の大きな賃金格差によって，労働者が自然に都市へと流入することで起こる。その際，労働者

の多くはスラムなどに流入するため都市インフォーマル部門が形成される。しかし，新経済政策以前のマレーシアでは都市化は民族の壁に阻まれていた。マレーシアの都市化は政府主導で政策的に進められたため，無秩序な都市への労働力の流入はおこらず，大都市圏でのインフォーマル部門の拡大を防いだ。だが一方で，農村の余剰労働力が早期に枯渇したため，1990年代から外国人労働者を大量に導入せざるを得なくなり，労働力不足の緩和と引き替えに，外国人が従事するインフォーマル部門が拡大することになった。

　マレーシアの外国人労働者問題の特徴は，数の多さに加えて不法滞在労働者が多いことである。こうした大量の外国人労働者は，主にマレーシア人が働きたがらない3D（Dangerous, Dirty and Demanding）労働を担っており，その点ではマレーシア人労働者を補完している。一方で，生産性向上の余地が大きい製造業部門でも多くの外国人労働者が雇用されていることは，企業経営者を安い労働力に依存させ，機械化・省人化や高付加価値化のインセンティブを削ぐ恐れがある。さらに，外国人労働者の従事するインフォーマル部門の大きさは，後に人権問題として先進国から非難されて政府調達から排除されたり[1]，劣悪な居住環境が新型コロナウイルス感染症の温床になったりした[2]。

　ある程度経済発展が進んだ発展途上国では，高い確率で所得格差が問題となってくる。工業化・都市化によって経済発展の恩恵をうける国民と，そうでない国民のあいだで格差が広がるのである。マレーシアで民族暴動が起きた1969年は，輸入代替工業化によって順調に経済発展が進んでいた60年代の末であったのは示唆的である。

　マレーシアにおける所得格差の問題の特異性は，貧困層が政治的なマジョリティであるマレー人であり，さらに所得階層と民族

が結びつくかたちで1969年の暴動につながったことで，以降，所得格差の解消が政治的アジェンダの最上位に置かれた点である。1971年にはじまった新経済政策による強力な政府の介入と順調な経済成長によって，貧困率は民族を問わず急速に低下し，現在のマレーシアでは絶対的な貧困は問題ではなくなっている。民族間および都市・農村間の所得格差も1980年代までは縮小していった。

　しかし，1990年代以降は都市・農村の格差が再度拡大し，同じ民族内の所得格差が注目されるようになる。とくに，人口的にマジョリティを占めるブミプトラどうしでも，新経済政策の恩恵を受けている層とそうでない層の格差が広がり，政治的な問題になっていった。

　途上国が工業化によって経済成長するためには，農村から都市への移住を促すだけでなく，教育制度を整備して労働者の質を高める必要がある。多民族国家であるマレーシアは，国語であるマレー語を教授言語とする学校に加え，英語学校，華語学校，タミル語学校を公立の小学校として認め，1961年から政府が運営費を全額負担してきた。下位中所得国入り直後の1970年における初等教育純就学率は87％を超え，当時の先進国並みの水準に達していた。

　ところが新経済政策がはじまると，政府は英語学校をマレー語学校に転換し，大学入学者数に民族別割当制を導入したうえ，華人社会が求める私立大学の設置を拒むなど，中等・高等教育の拡充よりもマレー人の相対的な地位の引き上げを優先した。その結果，1985年時点での高等教育総就学率は5.7％にとどまり，OECD加盟国（32.7％）はおろか，フィリピン（27.8％），タイ（20.7％）にも大きく後れを取った。

　この状況に変化が訪れたのは1990年代半ばである。2020年ま

での先進国入りを新たな国家目標に据えたマハティール政権が人材育成を重視して高等教育の自由化に着手すると，これを歓迎した華人有権者の政府支持が高まり，1995年選挙で与党が圧勝した。これはちょうど，マレーシアが上位中所得国入りを果たした時期にあたる。その後，私立大学設置を認可するなど高等教育自由化がいちだんと進み，高等教育進学率は急速に上昇した。

この時期のマレーシアの政策から学ぶことができるのは，農村から都市への労働力の移動や都市圏の拡大を政府が積極的に支援した点である。マレーシアの場合，都市と農村の労働市場が民族によって分断されているという特有の事情があったため，政府の介入なしには都市化は大きく遅れただろう。さらに，都市から農村への労働力の移動に政策的な支援がなければ，首都を中心とした大都市圏に巨大なスラムが形成され，インフォーマル経済が広がることになりかねなかった。

多くの国では，都市化は農村部と都市部の賃金格差によって自然に引き起こされる。そのため，都市化の速度をコントロールすることが難しく，都市のインフラ整備や住宅整備が後手に回り，巨大なスラムが形成され，インフォーマル経済が拡大する傾向がある。この点で，民族の壁が自然な都市化を阻んでいたマレーシアの例を真似ることは難しいが，先をみて都市部のインフラ整備や住宅開発を国が積極的におこなう姿勢は他国でも見習うことができるだろう。

教育制度の拡充も経済発展にとってプラスになった。独立まもない時期には初等教育の普及に力をいれ，先進国並みの就学率を誇ったことは，低所得国から中所得国へのステップアップを促した。新経済政策がはじまるとマレー人優遇に重点が置かれた結果，高等教育の拡充が遅れたが，上位中所得国入りを果たすころには政策転換が実現し，以後，高等教育への進学率は急速に上昇した。

一方で，マレーシアを反面教師として学ぶ必要があるのは外国人労働者の導入の仕方である。労働力不足への対応として外国人労働者を一定規模で導入することは，どの国でもありうる政策である。しかし，マレーシアの場合は国内の労働力人口に比して外国人労働者の比率がかなり高い。さらに，製造業部門での外国人労働者の雇用も経済発展のかなり早い段階で解禁されており，経営者が機械化・高付加価値化するインセンティブを削ぎ，産業高度化を阻害した面があることは否めないだろう。

「鼎構造」の適切なマネージメント

　発展途上国では一般的に，地場民間企業が未発達であることが多く，経済発展の担い手として外資系企業や政府系企業の役割が大きくなる傾向がある。外資系企業，政府系企業，地場民間大企業の3者（途上国経済を支える「鼎構造」と呼ばれる）がどのような比率で経済活動を担うかによって，途上国の経済発展のかたちは変わってくる。

　マレーシアでは経済発展の担い手として，新経済政策以前は旧宗主国であるイギリス系企業と華人系企業が大きなプレゼンスを持っていた。しかし，新経済政策でブミプトラの資本保有比率について1990年までに30％とする目標が設定されたことで，イギリス系企業や一部の華人系企業は国営投資ファンドによる買収の対象になり，新規に設立された政府系企業とあわせてマレーシア経済に占める政府系企業のプレゼンスが拡大した。

　1980年代から通貨危機前にかけてはこうした政府系企業は民営化され，政権に近いブミプトラ企業家へと払いさげられた。そうした企業グループは1990年代には好景気の波に乗って一定の成功を収めたが，過度に拡張的な経営姿勢があだとなり，アジア通貨危機をきっかけに経営が悪化し，その多くが再国有化された。

これらの企業群については，2000年代中盤から実施されたGLC改革を通じてガバナンス改革が進められた。

　マレーシア政府は外資系企業についても積極的な誘致政策を実施した。1970年代には自由貿易地域を設置して輸出指向の外資の誘致を開始していたが，1985年のプラザ合意後の円高の機をとらえた1986年の投資促進法の制定や100％外資企業を認めるガイドラインの緩和によって輸出指向の外資が大量に流入し，その後の経済発展と工業化の原動力となった。一方で，マレーシア政府は外資を無条件に受け入れていたわけではない。マレーシア政府が積極的に外資を導入したのは主に製造業分野であり，一次産品部門や金融部門などでは外資系企業のプレゼンスは限定的で，地場民間企業や政府系企業のプレゼンスが大きい。

　マレーシアの場合，新経済政策の民族別資本保有比率の目標が制約となり，企業育成策は一筋縄ではいかなかった。結果として，マレーシアの政府系企業の経営形態は二転三転したものの，2000年代以降はGLC改革を経てASEAN諸国を中心に海外事業を展開する政府系多国籍企業へと発展した。新経済政策のために，十分な支援を受けられなかった華人系企業もマレーシア経済におけるプレゼンスを落とすことなく成長を続けている。外資系企業についても，一般的には簡単に他国へ移転するといわれるが，マレーシアではとくにペナンを中心に半世紀にわたって投資を続け，ゆっくりとではあるが企業活動の高度化が続いている。新経済政策は政府系企業・外資系企業・地場民間企業のありかたに大きな影響を与え，ときに発展の制約となったことは否めないが，時宜に応じた適切な政策転換を繰り返すことで，その制約が経済発展にとって致命的なものになることを避けてきたともいえる。

　この時期のマレーシアの政策から学べることは，第1に，政府系企業のガバナンス改革を強力に進めた点である。途上国では政

府系企業のプレゼンスが大きくなることが多いため，それが適切に経営されるかどうかは経済発展に大きな影響を与える。マレーシアではアジア通貨危機というショックもあり，その後のGLC改革プログラムでかなり大胆な政府系企業のガバナンス改革をおこなうことができた。皮肉にも，2010年代にはナジブ政権下で1MDB問題という政府系ファンドを舞台にした巨額汚職事件が発覚するが，これは逆に，GLC改革によって多くの政府系大企業のガバナンスが強化され，首相といえども自由に動かせる資金が限定されていたことを示している。もし，GLC改革が進んでいなければ，より巨大な資金力を持つ政府系企業（たとえば，カザナ・ナショナルやペトロナス）が汚職の舞台となり，国家財政を破たんさせる可能性すらあった。

第2に，外資の導入にあたって，業種によってメリハリを付けた点である。マレーシアの外資導入は基本的に製造業部門に主眼をおいている。輸出指向の外資系製造業には多くのインセンティブを与えて積極的な誘致を進めてきた。一方で，一次産品部門やサービス業については性急な外資への開放はおこなわず，逆に1970年代にはイギリス系企業を買収してマレーシア化を進めた。これは，一次産品部門で穀物メジャーのプレゼンスが大きい南米の国々などと対照的である。マレーシア国内での付加価値比率が高い第1次産業や第3次産業については外資への依存度を低く保った政策は，付加価値の海外への漏出を防ぎ，マレーシアの経済成長にプラスに働いた可能性が高い。

「資源の呪い」に注意。多国籍企業は諸刃の剣

「中所得国の罠」は端的にいえば「産業高度化の失敗」である。マレーシアの産業高度化は，2000年代以前は順調であったが，それ以降は停滞している。ひとつの理由は「資源の呪い」ともい

える状況で，消費財・資本財・部品といった高度な財の生産から，一次産品・加工品といった低級な財の生産に経営資源がシフトすることで，全体として産業構造の「低級化」が起きてしまっている。

　マレーシア経済を支えている多国籍企業，政府系企業，地場民間企業はそれぞれに，高所得国に相応しい企業になるための課題を抱えている。マレーシアは輸出指向の多国籍企業を誘致することでグローバル・バリューチェーン（GVC）に参入し，工業化を達成してきた。しかし，こうした多国籍企業のマレーシア法人にはGVCのどの部分を担当するかについて決定権がないことが多く，結果として低付加価値部分に企業活動が固定化される状況を生んでいる。政府系企業については，2000年代にGLC改革プログラムによってガバナンスを改善することに成功したが，2013年の第13回総選挙以降，そうしたガバナンス改革への政治家の抵抗が強まり，ブミプトラ政策への協力要請もふたたび強まっている。政府系企業の経営陣に政治家を任命するように求める声が政権与党から高まるなど，GLC改革への逆行がみられた。地場民間企業については，業種が一次産品関連産業や不動産業に偏っていること，創業世代が引退する一方で，新しい世代の経営者が出てきていないなどの問題がある。

　この時期のマレーシアの政策から学べることは，輸出全体としては産業の高度化が停滞していた2000年代以降も，データを分析すれば企業レベルでの生産性向上の取り組みは広くおこなわれていたと解釈できる点である。その背景には安定したビジネス環境と生産性改善に必要な中程度の人材は供給できていたことがあると考えられる。これは，インテルに代表される多国籍企業が，進出から50年を経てもなおマレーシアへの投資を続けていることにも表れている。

さらに，2000年代以降マレーシアは軽度の資源の呪いにかかっているようにみえるが，それが経済成長を大きく妨げない程度にとどまっている最大の理由は，国有石油会社ペトロナスが適切に経営されていることである。多くの途上国で国有石油会社の経営への政府の干渉はほとんど避けられないものとなっているなかで，ペトロナスの政府からの独立性と高い経営能力には特筆すべきものがある。

　一方で，日本や韓国が経験した消費財から部品や資本財の輸出への移行という構造的な産業の高度化は起こらず，逆に一次産品ブームによって一次産品や加工品の輸出シェアが高まったことについては，資源が豊富な国特有の問題として考える必要があるだろう。商品の価格が上がった産業に企業が惹きつけられるのは自然なことではあるが，一次産品や加工品については，ほかの製造業と比較して生産性改善やイノベーションの余地が限られるほか，資源の呪いにかかるリスクがある。

　さらに，工業化を進める際に大きな力となった外国系企業もホスト国であるマレーシアの経済発展にとっては諸刃の剣であり，GVCへの参入を容易にする功績と同時に，GVC内でマレーシアが担当する部分を固定化する副作用があった。現状，マレーシアの企業は多国籍企業のR&Dに深く関与することはできず，指定された仕様の部品を供給したり，組み立てなどの付加価値の低い作業を担当することになっている。一部の多国籍企業については，「企業内高度化」が起きており，マレーシア法人が特定の製品ラインについてはR&Dから生産までを一貫しておこなうようになってきている。しかし，こうした動きは，その企業がマレーシア資本であった場合に比べてゆっくりしたものである。外資系企業とどう向き合うかは，現代の発展途上国にとって非常に大きな課題である。

外需に加えて内需を重視

　途上国にとって輸出指向型工業化政策は，輸入代替型工業化政策に比べて，自国市場の小ささを克服できるなどのメリットがある。実際，東アジアの多くの国は輸出指向型工業化を通じて経済発展を遂げてきた。しかし，輸出指向型工業化は国際的な貿易・金融の不均衡や貿易摩擦を生み出す傾向がある。したがって，長期にわたって安定的に経済成長を続けるためには輸出だけに頼るのではなく，内需の拡大も重要である。ただ，輸出主導の経済から内需中心の経済への転換は容易ではない。たとえば，輸出競争力を維持するためには労働者の賃金を抑圧するほうが良いかもしれないが，労働者の所得が増加しなければ内需は拡大しない。

　マレーシアの場合も，ほかのアジア諸国と同様に輸出指向型工業化によって経済成長を達成してきた。しかし，2000年代中盤には成長重視から分配重視の政策への転換が図られ，同時に人口ボーナス期に入ったこともあり，2010年代以降は内需中心の経済への転換が進んでいる。隣国のタイと比較すると，2010年代の経済成長率はマレーシアのほうが常に1〜2％高く，これには，マレーシアの民間消費の伸び率が常にタイを2〜3％上回っていることが大きく影響している。内需主導の経済に転換したことが，輸出が以前ほど急速に拡大しないなかでもマレーシア経済を下支えし，4〜6％の安定期な経済成長を可能にしている。

　一方で，とくに1980年代中盤以降，マレーシアは外資誘致政策を積極的におこなってきたほか，自由貿易協定にも積極的に関与して輸出の拡大を図ってきた。マレーシアの輸出は1980年ごろまでは一次産品が7割を占めていたが，1997年の通貨危機直後には一次産品以外の製造業品が8割を占めるに至った。2000年代には一次産品価格の急騰で一次産品の輸出シェアがふたたび高まったが，一次産品価格が落ち着いた現在では，マレーシアの輸出

品は工業製品と一次産品・加工品に分散し，バランスがとれたかたちとなっている。

　この時期のマレーシアの政策から学べることは，内需拡大の重要性である。2010年代に入り，マレーシアの輸出は一時期ほど伸びていないが，民間消費の高い伸びによって経済成長率は上位中所得国としては高い水準に保たれている。内需を拡大するためには所得格差に留意した政策が必要で，マレーシアでは所得下位40％世帯をターゲットにした給付金制度や最低賃金制度などが2010年代に導入され，所得格差の改善に貢献している。

　一方で，マレーシア政府は輸出についても軽視しているわけではない。ASEAN経済共同体を中心に，RCEPやCPTPPなどの地域的な貿易協定にマレーシア政府は積極的に関与している。産業高度化の点ではマイナス面もある一次産品や加工品の輸出伸張も，輸出品目や輸出先の多角化につながることで経済の安定化に貢献しており，米中貿易戦争やコロナ禍のさなかでも，世界1位，2位の経済規模を持つ米中両国への輸出を伸ばしている。

　マレーシアを反面教師として学ぶ必要があるのは，通貨安の放置である。マレーシア・リンギは政府が意図的に通貨安に誘導してきたわけではないが，アジア通貨危機や1MDB問題をトリガーに長期にわたって切り下がってきており，マレーシアの米ドル建てでの所得額を低くし，高所得国入りを遅らせる一因となっている。自国通貨については割高に保つよりは割安に保つほうが経済成長にとってもプラスであるとの研究がある。ただし，そうした効果は所得が上昇するにつれて消失するとされており，マレーシアが高所得国入りした後には内需拡大との整合性からも，通貨価値を適正に保つ努力が必要だろう。

中所得国の罠に陥ってからでは遅い

　ここまでマレーシアの発展過程をみてきて気づくのは，経済にはいわゆる「経路依存性（path dependency）」があり，前の所得段階のときにおこなわれた政策の影響が，次の所得段階になってから現れてくることがしばしばある点である。つまり，中所得国の罠に陥った国が，そのときになって脱出策を講じようとしても手遅れになっている，ということがありうる。

　マレーシアの場合，経済発展の初期の段階で，工業化と並行して農村開発に力を入れたことが，その後の農村と都市の所得格差の拡大を一定程度抑制し，農村住民と都市住民が政治的に対立して経済発展に有効な政策が実施できなくなる状況を防いだ。さらに，都市化に政府が深く関与したことが都市インフォーマル部門の拡大を抑制し，後に労働者に対する教育のアップグレードを可能にした。

　上位中所得国段階になって，経済成長率を下支えしている民間消費の好調さについても，経済発展の初期段階から経済格差是正に気を配って，所得階層による国民の分断を防いできたことが，最低賃金制度やB40世帯への給付金の導入といった明らかな下位所得層優遇策を政治的に実行可能にした面がある。

　もちろん，後述するように，マレーシアにも負の経路依存性はあり，前の所得水準のときにおこなわれた有効な政策が，次の所得段階になってから悪影響として現れてくることもある。そうした場合，速やかに政策を変更して新しい所得段階に対応した政策を実施する必要がある。しかし，そうした政策転換は既得権益層の抵抗や国民の分断などさまざまな政治的要因によって実行が難しいケースも多い。マレーシアの場合も政策転換を阻む政治的要因はもちろん存在するが，全般的には大胆な政策転換が成功してきたと評価できる。マレーシアでは，なぜそうした政策転換が可

能だったのだろうか。

適切な政策変更には選挙が必要

　経済発展が進むにつれ，さらにステップアップするためには政策を変更する必要が出てくる。マレーシアの場合，①自由放任型から新経済政策へ（1970年代から80年代前半），②マレー人支援策最優先から経済成長重視へ（1980年代後半から90年代），③経済成長最優先から分配重視へ（2000年代後半から），という，大きく分けて3度の政策転換を実行してきた。いずれについても，その時代に経済開発をいちだんと進めるために必要な措置であったと評価できる。

　3度にわたる経済政策の転換を促したのは政治の動きである。自由放任型から新経済政策への転換の契機となったのは，1969年選挙後の暴動であった。その後は選挙でのマレー人票をめぐる競合が，米価補助金の導入を促すなどマレー人支援策の強化につながった。

　マレー人支援策最優先から成長重視への転換は，1980年代半ばの不況を機にはじまり，与野党間および与党連合内部の論争を経て，2020年までの先進国入りを国家目標に据えるというかたちに落ち着いた。この成長重視路線は，与党が1995年選挙に圧勝したことによって定着・加速した。

　通貨危機とその後の政争を経て，都市部の有権者の関心がガバナンスや民族内の格差に向かうと，政治改革の推進と民族を問わない格差是正策を公約に掲げた野党が2008年選挙で躍進する。失った都市中間層の支持を奪還すべく，政府は率先して政治的自由化とブミプトラ政策の緩和，民族を問わず下位40％世帯をターゲットとする再分配政策などを開始した。この政策転換が支持回復につながらなかったことから，政府は一時マレー民族主義と権

威主義に回帰する傾向をみせるが，ナジブ首相の汚職疑惑の発覚と与党分裂によって支持を失い，2018年選挙で政権交代が実現した。

　このような政治的展開と政策転換を方向づけた根源的な要素は，選挙の働きである。2018年選挙まで政権交代は生じなかったものの，選挙における票の動きはその後の政策のあり方を強く規定してきた。

　ただし，最初の政策転換は選挙のイレギュラーな働きによってもたらされたものであることに留意する必要がある。1969年選挙は，平和裡の政策転換にはつながらず，自由放任型経済政策のもとで放置された民族間格差への不満を暴動というかたちで表出する機会として機能してしまった。その後，言論の自由などの市民的自由に対する制限が強められ，マレーシアの政治体制は完全な民主主義とは呼べないものに変貌した。

　その一方で，競争性の高い選挙が維持されたことは，社会的要請に対する政府の応答性を高めるのに寄与した。競争的権威主義と呼ばれる仕組みのなかで，ときに政府は社会の要求を抑圧しつつも，一方ではそれを敏感に感じ取って対策を取り，政治的支持の獲得につなげていった。

　こうした政治の仕組みを通じて経済政策が必要に応じて転換されていくとともに，有権者のガバナンスへの関心が高まった2000年代以降，政治体制自体も紆余曲折を経ながらより民主的なものへと発展してきた。そのピークが2018年選挙における政権交代である。この選挙の時点では，長年政権与党の座を占めてきた国民戦線（BN）に有利な制度が残存していたが，マハティール率いる希望連盟（PH）は不利を覆して勝利を収めた。この政権交代によって，マレーシアは「選挙による民主化」を果たしたと評価できる。

残された課題① 新経済政策の負の遺産

マレーシアのここまでの経済発展の軌跡とそれを実現するために導入されたさまざまな政策には，「おおむね成功した」という評価を与えて良いだろう。北東アジアの超高成長国には劣るものの，マレーシアがゆっくりであるが着実に所得水準の向上を実現して高所得国入りの一歩手前までたどり着いたことは評価できる。また，ここまでたどり着くために実施してきたさまざまな政策についても時宜を得たものが多く，持続的な経済発展の実現に大きく貢献してきたといえる。

一方で，経済発展のある段階で問題を解決するために導入された政策が，後にさらなる経済発展をめざす段階になって足かせとなる場合がある。マレーシアの場合，非常に強力な新経済政策の実施は，工業化・都市化と貧困撲滅，民族間の格差縮小に大きな成果をあげたが，次の4つの構造的な問題を生み出した。すなわち，①公的部門の肥大化，②労働集約型産業偏重，③製造業の外資依存，④ブミプトラに対する（過度の）優遇，である（図6-1）。

この4つの構造的問題は相互に関連しており，ある問題の解決

図6-1 新経済政策が生み出したマレーシア経済の構造的問題

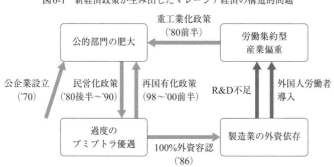

出所：筆者作成。

を図ると別の問題が深刻化するなどして，現在に至るまで根本的には解決されていない。たとえば，公的部門の肥大化への対応としては，1980年代半ばからマハティール政権によって民営化政策が実施された。しかし，この民営化政策は，1990年代にはブミプトラ企業家育成の手段となり，ブミプトラに対する優遇を強める結果になった。その後，アジア通貨危機を契機に民営化された企業の経営が悪化し，その多くが再国有化されたことで，公的部門の肥大化の問題は振り出しに戻ることになった。

労働集約型産業偏重については，マハティール政権は1980年代初頭にマレーシア重工業公社（HICOM）を設立して資本集約的な重工業の振興を図ったが，これは公的部門の肥大化の一因となり，重工業の技術を得るためのパートナーとして主に日系企業を選定したことで，製造業の外資依存を一面では強めることになった。

さらに，マハティール政権は1980年代中盤の不況から脱するために1986年投資促進法や投資ガイドラインの緩和によって一定条件で輸出企業については外資100％を認めたが，これはブミプトラに対する優遇を是正することになった一方で製造業の外資依存を決定的にした。さらに，1990年代に入って労働力不足が顕在化した際に外国人労働者を大規模に受け入れたことが労働集約型産業偏重の一因となっているが，安い労働力を求める外資系企業からの強い要望もその背景にある。

製造業の外資依存については，GVCへの参加を容易にする一方で，マレーシアがGVCのどの部分を担うかについての決定権が弱まり，結果としてGVCの低付加価値部分への固定を余儀なくされている。結果，マレーシア政府は産業の高付加価値化のためにさまざまな政策を打ち出しているものの，1人当たり国民所得が1万米ドルを超える国としては，依然として労働集約型産業

偏重といえる構造が温存されている。

　この4つの問題は，今後，マレーシアが高所得国入りした後に，さらなる経済発展をめざすうえで引き続き障害となってくるだろう。公的部門の肥大化と過度のブミプトラ優遇について，マレーシア政府は2000年代半ばからのGLC改革プログラムを通じて解決を図ってきた。しかし，この流れが変わったのが，2013年5月の第13回総選挙である。マレーシア政府は与党を支持したブミプトラへの優遇政策を再強化する方向にシフトした。2013年9月には「ブミプトラ経済活性化アジェンダ」をナジブ首相が発表し，ブミプトラへの支援を拡大する意向を示した。ナジブ政権下ではまた，財政赤字に対応するために，GLCに対する雇用や調達面でのブミプトラ政策への協力や，インフラ投資などへの協力要請が強まった。

　マレーシアのGLCについては，今後も政府が相当程度資本を保有した状態が続くとみられ，政府持ち分を大幅に減らす「再民営化」の方向での改革は考えにくい。その最大の理由は，これまでに実施された他の方式と比較して，GLCを中核としたブミプトラ政策の実施が，商業的な成功をおさめているためである。一方で，GLC改革プログラムは2015年で終了し，後継のプログラムは発表されていない。また，GLCについては，2018年，2020年の政権交代を経ても，一貫して政治家をGLCの経営者として任命することを求める政治家側の圧力は強い。もし，GLCの経営層に多くの政治家が任命される事になれば，GLC改革で実現された効率的な経営は危機に瀕することになる。2021年，ムヒディン政権下で「国民投資強化（Perkukuh Pelaburan Rakyat）」と題する政府系投資会社（GLIC）の改革が開始された[3]。個別のGLCではなく，その株主となるGLICの改革を先行させる方針で，GLICには2004年からのGLC改革計画の対象外となっていた財務大臣

持株会社（MoF Inc.）も含まれる。この改革がどの程度の実効性と広がりをみせるか注目したい。

　一方で，労働集約型産業偏重と製造業の外資依存についても相互に強め合って強固に存在している。しかし，世界経済で第三次アンバンドリングが進み[4]，対面コミュニケーションのコストがさらに低下するなかで，中所得国が多国籍企業のグローバルな研究開発拠点を誘致するチャンスは増えている。多国籍企業の研究開発活動のすべてが最先端であり，多数の一流研究者を必要とするわけではない。中所得国で実施したほうが費用対効果が高い「中程度」の研究開発もある。たとえば，既存製品の設計変更や派生製品の開発などである。このような活動は，マレーシアの高等教育修了者に仕事を提供し，マレーシアがグローバルな研究開発の階段を上る重要な第一歩となりうる。

　海外の多国籍企業への依存は，中所得国の罠を引き起こす要因にもなるが，多国籍企業がその脱出の鍵を握っている可能性もある。一国が成長し続けるためには，より高度な製品を生産するための知識を蓄積することが不可欠であることが明らかになっており[5]，マレーシアは，さらなる産業高度化に向けて，海外の多国籍企業に依存する利点と欠点の両方を考慮しながら有効な政策を打ち出す必要があるだろう。

残された課題②　民主主義の定着とリーダーシップ

　政治面では，現在のマレーシアは民主主義体制をいかにして持続可能なものにしていくかという難問に直面している。

　2018年選挙での政権交代後，マレーシアでは民主政治を活性化するための制度改革が実現した。具体的には，有権者年齢の引き下げ（21歳から18歳へ）や有権者登録制度の変更（任意登録から自動登録へ），議会制度改革（省別特別委員会の設置）など

である。首相任期を2期10年に制限する案も検討されている。また，第2次ナジブ内閣期に頻発した，扇動法を用いた言論抑圧はおこなわれなくなり，情報統制の道具として悪用される懸念のあった反フェイクニュース法が廃止されるなど，市民的自由の保障が進んだ。世界的に「民主主義の後退」が問題視される時代にあって，マレーシアは競争的権威主義から民主主義へと進化した比較的珍しいケースといえる。

　その一方で，2018年選挙後は政治的安定の面で問題が生じた。マハティール首相が率いていたPH政権は，2年ももたずに瓦解してしまった。マレーシア統一プリブミ党（PPBM）と人民公正党（PKR）の反主流派が2020年2月にPHからの離脱を宣言し，野党だったBNと汎マレーシア・イスラーム党（PAS），ならびにサラワクの地方政党などと結託して新たな連立政権を樹立したのである。与党の構成員が大幅に入れ替わったことから，この連立の組み替えは政権交代に等しい。この政変を主導したのは，新たに首相に就任したPPBMのムヒディン・ヤシンと，PKRの副総裁だったアズミン・アリらである。

　だがムヒディン率いる新政権も長続きせず，2021年8月には退陣に追い込まれた。連立パートナーであるBNのアフマド・ザヒド・ハミディUMNO総裁らの離反により，過半数の支持を維持できなくなったのである。ムヒディンが退任するとUMNO副総裁補のイスマイル・サブリ・ヤアコブが首相に就任したが，この政権もやはり1年あまりしかもたなかった。総選挙の早期実施を求めるザヒド党総裁らからの圧力により，イスマイル首相は2022年10月に議会を解散し，翌月におこなわれた第15回総選挙でBNが多数の議席を失うという帰結を招いたのである。この選挙では単独で下院の過半数を制する党派が現れず，選挙後に連立交渉がおこなわれた結果，選挙前まで与野党に分かれて敵対してい

たBNとPHとの連立が成立し，PH代表のアンワル・イブラヒム
PKR総裁が第10代首相に就任した[6]。

　このように極端な短命政権が続くなかでは，民主主義は適切に
機能しない。選挙公約を実行するには相応の年月が必要であるし，
政権が1年あまりしかもたないのであれば自分たちが組んだ予算
案の事業を実施することすらできない。これでは政府が十分に説
明責任を果たすことはできず，社会のニーズに応える政策の立
案・実施は期待できない。今後マレーシアの民主主義を適切に機
能させ，持続可能なものとするには，①政党間関係の流動化，②
ガバナンスの悪化，③社会的，政治的分断の深まり，という3つ
の問題に対処する必要がある。

　ひとつ目の政党間関係の流動化は，政権の不安定化をもたらし
た最大の要因である。2018年選挙後，政党の離合集散が繰り返
し発生し，その結果として首相の交代が生じた。図6-2は，2018
年選挙前からの政党間関係の変遷を示したものである。2018年選
挙まで与党の地位にあったBNは，13の政党から構成されていた。
選挙後，敗れたBNからサバ，サラワクの地方政党など9党が離
脱したため，政党システムはそれまでの二大政党連合制から多党
制へと変化した。BNを抜けたサラワクの4党は，新たに「サラワ
ク政党連合」（GPS）を結成した。2020年2月には，前述のとお
り連立組み替えによる奪権をもくろんだムヒディンらに導かれて
PPBMがPHを離脱し，多党化がいっそう進行する。この政変後，
PPBMとPAS，マレーシア人民運動党（グラカン）が新たな政党
連合「国民同盟（PN）」を結成したのに加え，サバでは同州の
PPBMとその他地方政党が「サバ人民連合（GRS）」を立ち上げ
た。

　多党化によって単独で下院の過半数を確保できる党派が存在し
なくなると，政党間関係の流動化が進行した。組み合わせ次第で

図6-2 政党・政党連合間連携関係の変遷

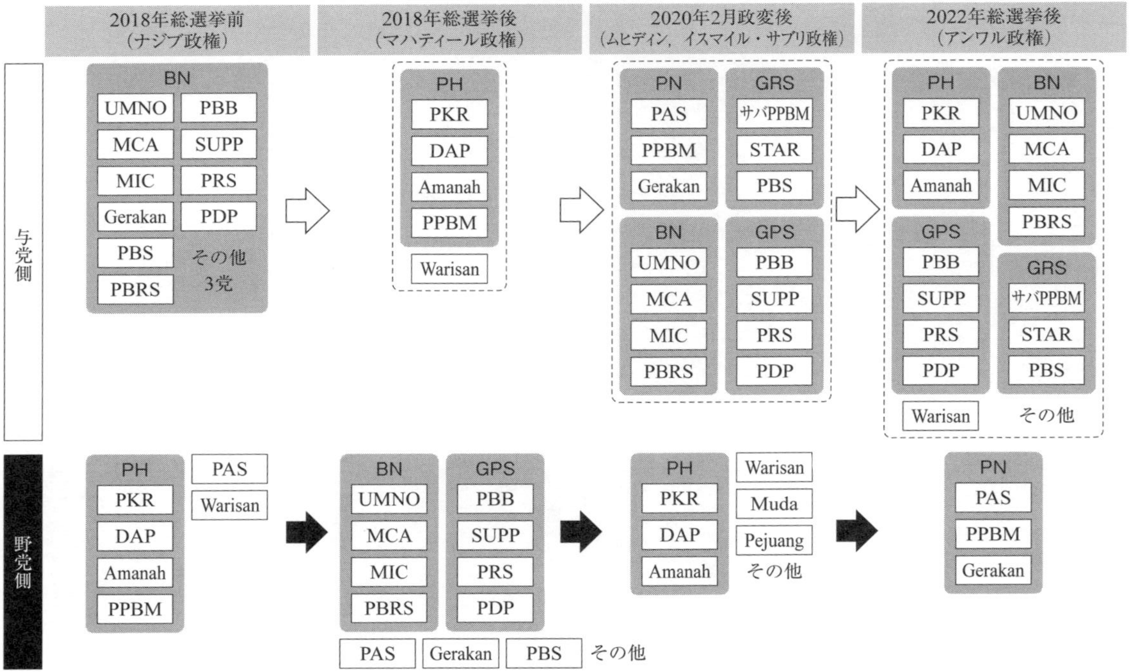

注：BN と PH、PN、GPS、GRS は政党連合。その他の組織は政党。点線の内側は連立与党の加盟組織。
出所：筆者作成。

どの党にも連立与党に加わるチャンスが生じたため，各党の指導者が自身の権力獲得・維持にもっとも有利な党派と組もうと画策するようになったのである。

　その最たる例がUMNOのザヒド総裁である。UMNOは2020年2月の政変においてPPBMと組んで与党への復帰を果たしたが，党首のザヒドに閣僚ポストは与えられなかった。ムヒディン政権下で冷遇されたザヒドは，政変からわずか半年あまり後，こんどは野党指導者のアンワルと組もうと画策する。この企ては党内の理解を得られず実現には至らなかったものの，前述のとおりザヒドらは2021年8月にムヒディン不信任を表明して退陣に追い込み，UMNOのイスマイル・サブリの首相就任を実現した。その後もザヒドらは連立パートナーのPNに対する批判を続け，2022年11月の総選挙後はPNと再度連立を組むのではなく，長年敵対してきたPHとの連立を選択する。PH-BN連立によって首相の座を得たアンワルPKR総裁は，見返りにザヒドを副首相に任命した。この選挙でUMNOは議席を大幅に減らしたにもかかわらず，ザヒドは多党乱立の状況を利用して要職を手にしたのである。

　極端な多党制が続く限り，こうした政治家の機会主義的な行動を抑制するのは難しい。一方で，マレーシアにこれほど多くの政党が存在する根本的な要因は民族的・地域的多様性にあるため，政党の数が大きく減ることは期待できない。よって，今後安定政権を形成できるか否かは，連立与党間で確かな協力関係を構築できるかどうかにかかっている。

　2022年11月に成立したアンワル政権を支える連立与党は，PHとBN，GPS，GRSの4つの政党連合を中心に構成されている。連立与党の結束を維持するうえで，アンワル政権には短命に終わったそれ以前の3政権に比べて有利な条件がある。それは，2022年7月に法制化された党籍変更規制である。新制度の導入により，

選挙の際に所属していた政党を当選後に離脱した議員は失職することになった。2020年2月政変ではPKR反主流派の離党が「選挙なき政権交代」の一因になったが，この法改正はこうした行動を抑制する効果をもつ。

　だが今後，アンワル政権が国民の支持を得ることができなければ，危機感をもった党派が連立から離脱し野党と連携するという展開もあり得る。現在のマレーシアは，これまで以上に首相の手腕が政権の寿命に直結する状況にあるといえる。

　2つ目の問題は，政権獲得・維持のための多数派工作にともなうガバナンスの悪化である。2020年2月の政変で首相になったムヒディンは，まもなく国営投資会社カザナ・ナショナルの会長に就任し，電力会社テナガ・ナショナル（TNB），首都圏の鉄道を運営するプラサラナ，連邦土地開発公社（FELDA），国民殖産公社（MARA），UDAホールディングスなどの会長ポストを連立与党の議員・幹部に与えた。当時の議会担当首相府相タキユディン・ハッサン（PAS幹事長）は，与党の非閣僚議員全員にGLCの会長職が与えられることになると述べており，実際，PPBM所属議員は皆2020年7月までに何らかの政治任用職を得た[7]。

　2022年選挙後，アンワル新首相は前政権のもとで政治任用されたGLC幹部を一斉に解雇したが，GLC経営幹部の政治任用がなくなったわけではない。改めてBNやPHの幹部がGLCの会長などに任命されており[8]，以前ほど露骨ではないとはいえ，首相の支持基盤固めの資源としてGLC経営幹部ポストが利用される状況はアンワル政権下でも続いている。

　またアンワル政権には，副首相のザヒドUMNO総裁が，収賄や背任，資金洗浄などの容疑で起訴された刑事裁判の被告だという問題がある。選挙前，PH幹部はザヒドらを「泥棒政治家（kleptocrat）」と呼び，彼らの復権を許してはならないと述べてい

たにもかかわらず，選挙後は彼らと手を結び，口をつぐんでしまった。ザヒドの公判や，すでに有罪が確定し収監されているナジブ元首相が抱える別件の裁判において，政治的圧力が働いたのではないかと疑われる事態が生じれば，アンワル政権の正統性は著しく毀損されることになる。

　3つ目の，政治的・社会的分断の深まりという問題は，政党間関係が流動化するなかで断続的に生じている。とくに顕著だったのは，2018年選挙後に下野したUMNOとPASが手を組みはじめた時期である。両党は，当時のPH政権が国連の人種差別撤廃条約（ICERD）への批准を検討しているとの報道があったことを受けて，ICERDはブミプトラの「特別な地位」を認めた憲法に反すると主張し，首都中心部に10万人近くを動員して抗議デモをおこなった。両党が民族問題を積極的に争点化した結果，PH政権はマレー人の支持を失い，2019年6月の世論調査ではマレー人の政権支持率は32％まで落ち込んだ。

　民族によって首相支持率，政権支持率が異なる状況はその後も続いた。ムヒディン政権発足の2カ月後，2020年5月の世論調査では，今度はマレー人の首相支持率が93％と非常に高かったのに対し，華人の首相支持率は26％にとどまった。

　民族によって支持政党が異なる傾向は2022年選挙でも顕著に表れた。PHとPN，BNの三つ巴の争いとなったマレー半島部では，マレー人が少ない選挙区，すなわち華人・インド系が多い選挙区をPHが独占し，逆にマレー人が大多数を占める選挙区の大半をPNが獲得するという結果になった（図6-3）。アンワル政権にとっては，マレー人の人口比が高いマレー半島北部・東部での支持獲得が重要な課題になっている。

　以上の3つの政治面での問題に対処しつつ，マレーシアを高所得国に導く政策を策定・実施できるのか。その成否は首相をはじ

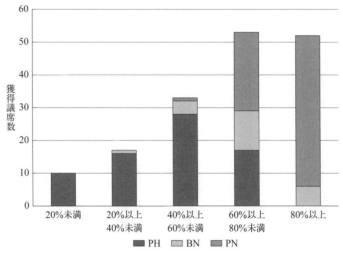

図6-3　半島部における選挙区のマレー人比率と
主要3党派の獲得議席数の関係（2022年下院選挙）

出所：マレーシア政府官報 P.U. (B) 605/2022～P.U. (B) 620/2022 ならびに各種報道を
もとに作成。

めとする政治指導者の手腕にかかっている。

　本書で扱った，経済開発に関わる3度の政策転換のいずれについ
ても，マハティール元首相が何らかのかたちで関わり，影響を
及ぼしている。1925年生まれのマハティールは，1960年代に急
進的マレー民族主義者の青年幹部としてUMNO内で頭角を現し，
最初の政策転換，すなわち新経済政策開始へと向かう流れをつく
った人物のひとりであった。

　その後，マレー人支援最優先から経済成長重視に向かった2度
目の政策転換は，マハティール政権下でおこなわれた。1981年に
首相に就任したマハティールは，経済成長とマレー人支援を両立
しうる政策を模索し，80年代半ばには党内の反発を抑えて投資規
制緩和を断行した。これが功を奏して外資誘致が進み高度成長が

はじまると，2020年までの先進国入りを目標に据えて成長重視路線を加速させた。1990年代末の通貨危機に際しては，厳しい資本取引規制の導入と固定相場制への移行という大胆な対策を打って世界を驚かせ，短期間でのV字回復を実現した。

　2003年に78歳で首相を退任した後のマハティールは，アブドラ内閣と第1次ナジブ内閣の政治的自由化，ブミプトラ政策緩和路線に異論を挟み，ふたたびマレー民族主義者の顔をみせた。ところが，2013年選挙を経て権威主義とマレー民族主義へ回帰したナジブに汚職疑惑が浮上すると，マハティールはこれを徹底的に追求し，仇敵と組んで「選挙による民主化」を実現したすえ，かつて投獄したこともある民主行動党（DAP）のリム・グアンエン書記長を財務相に抜擢した。華人が財務相に抜擢されるのは44年ぶりのことであった。3度目の政策転換，すなわち成長最優先から（民族を問わない）分配重視への転換は，マハティールが主導したものではなかったが，マハティールはナジブ政権を挫くことによってその継続に一役買うことになった。

　こうして振り返ってみると，マハティールという政治家は，BN体制下の政策的矛盾，政治的矛盾を体現し，止揚した人物であったことがわかる。マレー人支援と経済成長という両立が難しい政策目標を，ときには強権行使によって，また別のときには大衆からの支持を背景になんとか両立させ，双方を推進してきた。

　マレーシアがこの先も経済発展を続けていくためには，マハティール時代のような政治の仕組みが必ずしも望ましいわけではない。創造的破壊を許容し，イノベーションを促進する社会を築くには，圧倒的に優位な政治勢力はむしろ存在しないほうが望ましい。政治的勝者が入れ替わる可能性を担保しつつも，合理的な経済政策を実施しうるだけの政府の安定性を保てるような，新しいリーダーシップのかたちが求められている。マレーシアにとって

これからの数年間は，高所得国にふさわしい政治の仕組みを備えることができるか否かを左右する重要な時期となろう。

キーワードで振り返るマハティール元首相の足跡

　世界でもっとも名を知られたマレーシア人は誰かといえば，マハティール・モハマド元首相であるに違いない。1981年から2003年まで22年にわたり政権を率いて経済開発を主導したうえ，2018年に92歳で初の政権交代を実現して首相に返り咲いた。2022年の選挙では落選したものの，98歳となったいまもなお現役の政治家であり，しばしばその名が新聞の見出しに踊る。彼が1960年代に政界で頭角を現してから今に至るまでの足跡を，時代を写すキーワードとともに振り返ってみたい。

　マハティールは1925年7月10日にイギリス統治下のクダで生まれた。シンガポールの医科大学に学び医師として働く一方，UMNOのクダ州幹部として活動し，1964年の下院選挙で初当選を果たした。議場では，「マレーシア人のマレーシア」を唱えるリー・クアンユー（第1章参照）らと激しい論争を交わし，マレー人への経済的支援やマレー語教育の推進を強く唱えたことから，「マレー・ウルトラ」（極端なマレー民族主義者）と呼ばれた。5月13日事件後には，ラーマン首相の華人への対応が弱腰だとして首相退任を公然と要求し，党を除名された。

　党籍を失い意見表明の機会をなくしたマハティールは，『マレー・ジレンマ』を執筆・刊行する。マレー人は他の民族より経済的に遅れていると直言し，都市への移住と商業への進出の必要性などを説いた同書を，ラザク首相は新経済政策の策定チームに読ませたという。マハティールは1972年に復党すると，74年には教育相に登用され，76年のラザク死去にともない副首相に就任した。第3代首相のフセイン・オンも健康問題を抱えており，1981年に退任したことから，当時56歳のマハティールが首相に昇格した。

　これまでの首相が王族や貴族の生まれで，英統治下の現地エリートだったのに対し，マハティールは初の平民宰相であり，イギリスに強い反発心を抱いていた。彼が首相就任後まもなく，日韓を見習えと唱

92歳でふたたび首相となったころのマハティール・モハマド氏（©Wikimedia Commons）。

えて**ルックイースト政策**を始動したことはよく知られている。同時期にマハティールは，いくつかの係争案件があったイギリスに対し，**バイ・ブリティッシュ・ラスト（英国製品不買）政策**を発動して対抗した。欧米への従属を嫌うナショナリストのマハティールにとって，ルックイーストはバイ・ブリティッシュ・ラストと裏表の関係にあったといえる。この思想は，1990年に発表された**東アジア経済グループ（EAEG）**構想にもつながっている。当初EAEGは，当時の欧州共同体（EC）や，形成に動きはじめた北米自由貿易協定（NAFTA）に対抗するアジアの経済ブロックとして構想された。

　ルックイーストを唱えたマハティールは，日本株式会社論に倣った**マレーシア株式会社（Malaysia Inc.）**論を掲げ，官民一体による産業育成をめざした。それを象徴する企業が三菱自動車の資本参加と技術提携を受けた国民車メーカーの**プロトン社**である。しかし，マハティールが主導した重工業化路線は，財政難と1980年代半ばの不況によって行き詰まった。このときマレーシア経済の立て直しに貢献したのが，プラザ合意後の円高のため海外に生産拠点を求めた日本企業だっ

た。1988年から10年にわたり，マレーシアは電子・電機製品輸出を牽引役とする高度成長を経験する。

　急成長が始まった1991年，マハティールは2020年までの先進国入りを謳った**2020年構想（Wawasan 2020）**を発表した（第2章参照）。1990年代は，クアラルンプール新国際空港や行政都市プトラジャヤの建設などの**メガプロジェクト**が実施され，国土開発が進んだ。1996年にはICT産業の集積を狙った**マルチメディア・スーパー・コリドー構想**を発表し，「マレーシアのシリコンバレー」を実現すべくサイバージャヤの建設に着手するが，その矢先にアジア通貨危機に見舞われる。政府・与党幹部に近い企業家への支援策が**縁故資本主義**（crony capitalism）とみなされ，国際的な批判を招いた。また，これが火種となってマハティール首相とアンワル副首相兼財務相の対立が激化し，アンワルの解任・逮捕に至る。

　経済立て直しに目処が立った2003年10月，78歳となったマハティールは自らの意思で首相を退任する。ところが彼は，政界を離れたわけではなかった。自身が構想したシンガポールとのあいだのコーズウェイ（土手道）に替わる橋梁建設計画を後継者のアブドラ首相が撤回すると，マハティールはアブドラを公然と非難しはじめた。2008年選挙で野党が躍進すると，マハティールはアブドラ批判を強めてナジブの首相就任を後押しした。

　だがマハティールは，まもなくナジブとも対立する。ナジブ政権が2008年選挙で失った華人の支持を回復すべく，**新経済モデル（NEM）**を発表してブミプトラ政策の将来的な撤廃を見据えた緩和に踏み切ると，マハティールはこれを強く批判したのである。彼のこうした行動を，首相後症候群（post-prime-ministerial syndrome）と揶揄する向きもあった。

　ところが，2015年に**ワン・マレーシア開発公社（1MDB）**を通じたナジブの汚職疑惑が発覚したことにより，潮目が変わった。ナジブ批判の急先鋒だったマハティールは，ナジブ退任を求める市民組織の街頭デモに参加して大歓迎を受ける。さらに彼は，UMNOを離党してマレーシア統一プリブミ党（PPBM）を立ち上げ，野党連合の希望連

盟（PH）に加わってその首相候補として2018年選挙に臨んだ。92歳のマハティール率いるPHが史上初の政権交代を実現すると，政治の刷新を好感する世論を反映して「**新しいマレーシア**」ということばが流行した。

2020年2月，自党の分裂によりマハティールは首相退任を余儀なくされる。その後ふたたび新党を結成して2022年選挙に臨んだが，自身の議席を守ることはできなかった。しかし，マハティールはいまだ政界から退いてはいない。汚職疑惑のあるザヒドUMNO総裁と組んで首相の座を得たアンワルに対して，マレー民族主義者の立場から批判を浴びせ注目を集めている。稀代の政治家マハティールのキャリアは，まだ終わってはいない。

マレーシアは「親日国」か「親中国」か

　マレーシアは，親日家であるマハティール元首相の言動から「親日国」と言われることが多い。マハティールは公式・非公式をあわせて100回以上来日しており，とくに1980〜90年代にかけては「ルックイースト政策」との関連もあり，マレーシアが学ぶべき経済発展のモデルとして日本を引き合いに出して称賛することが多かった。

　一方で，近年，マレーシアは「親中国」であるとみられることもある。とくに2010年代のナジブ政権下では，経済面での中国との接近が目立った。マレー半島の両岸を結ぶ一大プロジェクトである東海岸鉄道（ECRL）は，中国輸出入銀行が融資をおこない，工事は中国交通建設が受注した。その後いったん中止となったクアラルンプール−シンガポール間の高速鉄道についても，中国企業の受注が確実とみられていた。

　たしかに，マレーシアにおける中国のプレゼンスは拡大しているように見える。マレーシアの貿易相手として，中国は2009年に日本を逆転して首位となっている。マレーシアへの直接投資でも，近年，国別流入額では中国が首位になることが増えてきている。マレーシアの街には，地方部に至るまで中国のスマホブランドであるOPPOやVivoの広告が其処此処に掲げられている。

　一方で，スリランカのハンバントタ港が中国の融資で建設され，債務を返済できずに，2017年から99年間の租借地になったことで注目を集めた「債務の罠」と呼ばれる状況は，中国とマレーシアのあいだには存在しない。前述のECRLは異例で，マレーシアではインフラ建設の資金は政府出資か自国で起債して賄うのが通例である。また，単年の直接投資額では中国が上位にくることが増えたものの，直接投資の残高でみると中国は7位にすぎず，3位の日本の4分の1程度に留まっている。

　マレーシアは，「全方位外交」を絵に描いたような国である。その時々に世界を分断している各陣営から距離を保ちながら，柔軟に国際

関係を構築してきた。冷戦期には国内でゲリラ活動を続けるマラヤ共産党の脅威が残るなか，米中の関係改善の動きを察知して1974年にASEANでもっとも早く中国との国交を樹立している。

　冷戦後の1993年には，マレーシアは旧ソ連製のMiG-29戦闘機とアメリカ製のFA-18D戦闘機を同時に調達しているし，直近ではマレーシア国内で最新の通信技術である5Gネットワークを構築するにあたり，西側各国が中国の通信機器メーカー・ファーウェイ排除を進めるなかで，ファーウェイを入札から排除しなかった（結果的にはスウェーデンのエリクソンが選ばれた）。

　マレーシアはイスラーム教徒が多数派の国であり，パレスチナ問題などをめぐって伝統的にアメリカに対する反感が強い。イスラーム圏のエジプトに留学する人たちも少なくない。一方で，経済的には多数のアメリカ系企業がマレーシアに進出しており，国民は英語を通じて世界の最新情勢を時差なく取り入れている。留学先としても，イギリス，アメリカ，オーストラリアなどの英語圏が人気で留学生の過半を占める。

　マレーシアはインドとの関係も良好で，国有石油会社のペトロナスがインドで大規模な太陽光発電事業をおこなっている。さらに，マレーシアは隣国のインドネシアとの関係も重視している。インドネシアとは労働者の待遇や離島の領有権，石油・ガスの採掘権などをめぐってしばしば軋轢が生じるが，両国政府はそのたびに協議による解決を図ってきた。テロ防止など安全保障面での協力体制構築も進んでいる。またマレーシアはASEANを軸とする経済統合にも積極的で，ASEAN経済共同体を推進してきた。

　マレーシアはRCEP，CPTPPに加え，米国が中心となって立ち上げたIPEF（インド太平洋経済枠組み），中国が中心となって設立したAIIB（アジアインフラ投資銀行）など，さまざまな自由貿易協定や国際的枠組みに参加している。

　マレーシアはMM2H（マレーシア・マイ・セカンドホーム）プログラムを通じて，外国人富裕層に対して長期ビザを提供する取り組みをおこなっているが，国別の応募者数のランキングが面白い。2018年現

在で，1位から，中国，日本，バングラデシュ，イギリス，韓国，シンガポール，イラン，台湾，香港，インド，と続く。マレーシアがさまざまなバックグラウンドを持つ国々の人にとって住みやすいことを示すとともに，こうした多様な国々と良好な関係を保っていることがわかる。

　マレーシアの巧みな外交姿勢を示す好例は，中国とのECRL事業の再交渉である。2018年の政権交代によって一時は事業の中止が検討されたが，結局，中国側との再交渉を経て，事業費を約3分の2に減額し，工事へのマレーシア企業の参画をより増やして再開されることになった。2018年8月に訪中して再交渉をおこなった際，マハティール首相はECRLの問題はマレーシア側の問題であり，中国側には理解を求めていく，と低姿勢を貫いた。ECRLをめぐるナジブ政権と中国との癒着を暴露して批判することは控えて中国側の面子を保つとともに，「手札」を温存することで交渉における立場は強化された。同時に，再交渉の直前，マハティール首相は訪日し，日本から多額の低利融資を取り付けている。財政難というマレーシア政府の弱点を補強するとともに，「ほかにも頼る先はある」ことを示して中国との交渉力を高めたといえるだろう。

　ECRLは中国が進める「一帯一路」の一環でもあり，日本では「親日家」のマハティール首相が「反中国」の姿勢をみせることを期待する向きもあった。しかし，マハティールは自国の国益のために，冷徹に日中間でバランスを取ってよりよい条件を勝ち取ったといえる。マレーシアの外交姿勢は多角的であり，親日国か親中国かといった議論にはあまり意味がない。マレーシアは自国の国益にもとづいて合理的に行動しているだけであり，これが「普通の国」の外交姿勢である。

あとがき

　2022年，マハティール首相が1982年に開始した「ルックイースト政策（Look East Policy）」は40周年を迎えた。「ルックイースト」には「ルックウエスト」との対比の意味もある。つまり，それまで旧宗主国のイギリスをはじめとする西洋の先進国を模範としていたのを改め，当時急速な経済発展を遂げていた日本や韓国に範を取ろうというものであった。

　日本側にとってのルックイースト政策のもっとも重要な点は，マレーシアが国を挙げて，日本を経済発展のロールモデルだと公式に宣言したことである。1970年代まで，第二次世界大戦の記憶から，ほとんどのASEAN諸国では反日感情が残っており，マレーシアも例外ではなかった。ルックイースト政策は日本にとって，「経済侵略」と非難される心配なしにマレーシアに協力したり投資したりできる，大きな安心材料となった。

　以降，ルックイースト政策のもと，約2万6000人のマレーシア人が日本に留学し，マレーシアの急速な工業化に少なからず影響を与えた。日本企業にとっても，日本で学び，日本の言語，文化，労働倫理，勤勉さを理解する人材が多いことは，マレーシアに進出する大きなメリットであった。

いま，世界は米中貿易戦争，新型コロナウイルス感染症，ロシアのウクライナ侵攻など，さまざまな壁によってふたたび分断されようとしている。この新しく分断された世界において，民主主義を尊重し，自由貿易を指向し，環境と人権を守る意志を持つマレーシアと日本は，お互いに必要不可欠なパートナーである。同時に，マレーシアと日本はまったく異なる国であるからこそ，最良のパートナーになりうる。国際経済学の基本理論では，貿易による利益は両国の「違い」から生まれる。マレーシアと日本は多くの点で補完性が高く，互いに学び合うことができるだろう。

　たとえば，最近，国有石油会社ペトロナスと日本企業のあいだのCO_2ゼロ・エミッションに向けた協業のニュースが目立つ。ペトロナスは石油会社に対する世界的な風当たりの強さを身をもって感じており，ゼロ・エミッションに向けて取り組む強い意欲を持っている。同時に，ペトロナスは年間4兆円の利益をあげる企業で資金力もある。一方で，日本にはゼロ・エミッションに向けて有効な技術を持つ企業が数多くある。強い意欲と資金力を持つペトロナスと技術力を持つ日本企業がこの分野で協力することは両者にとってプラスであり，新しい時代の両国の協力関係のかたちを垣間見ることができる。

　ルックイースト政策が開始された40年前，マレーシアは下位中所得国であり，日本は東アジアで唯一の先進国として台頭し，経済力ではアメリカに迫ろうかという勢いがあった。両国の関係が，マレーシアが日本から学ぶ，というかたちになったのは自然なことである。しかし，現在，マレーシアは高所得国・先進国入り直前の国となった。マレーシアが先進国入りすれば，一方の先進国が他方の先進国から一方的に学ぶプログラムというのは，奇異なものになる。

　日本とマレーシアの関係は，マレーシアが一方的に日本に学ぶ

「ルックイースト」の段階から，お互いに長所を学び合う「ルックイーチアザー」の段階にきているといえる。たとえば，日本の若い世代は，マレーシアに留学することで，多文化，多言語，多民族社会のあり方を学ぶことができるだろう。日本の失われた数十年のなかで育ったこの世代には，マレーシアの人たちから楽観的な考え方や異質なものを排除せずそのままにしておくおおらかさ，"Japan boleh"（日本もできる）の精神を学んでほしいと思う。

　本書は，世界的に見れば「普通の国」であるマレーシアが，どのようにして中所得国の罠を克服し，高所得国入りに近づいたかについて，さまざまな経済発展の理論や政治経済学の議論に照らしあわせながら，そのエッセンスを抽出し，中所得国の罠脱出のヒントとすることを目的として執筆された。一方で，そこから浮かび上がってきたいくつかの知見は，1990年代以降所得水準が伸び悩み，「高所得国の罠」に陥っているように見える日本にとっても役立つ可能性がある。

　たとえば，マレーシアは経済格差に配慮し，最低賃金を大きく引き上げたり所得下位の世帯に給付金を配布するなどして，内需が経済成長を下支えする構造を生み出した。その結果，近年は輸出が多少不調でも4％台の経済成長を確保できるようになっている。マレーシアよりも格段に貿易依存度が低い日本にとって内需はなおさら重要であり，経済の停滞から脱するには内需の立て直しが不可欠である。マレーシアの内需を重視した施策はそのヒントになるだろう。

　さらに，長らく開発独裁の国とみなされてきたマレーシアが，実際には選挙を契機として大きな政策転換を何度もおこなっていることは注目に値する。2018年に政権交代が実現するまで，マレーシアではUMNOが長期にわたって政権を維持してきたが，議席の増減は首相の求心力に直結するため，政治家は世論に対して

否応なく敏感にならざるをえなかったのである。1980年代末，中村が20歳のときにマラッカの屋台で出会った中年男性は，選挙の際に彼らがいかによく考えて投票するかを力説してくれた。「政権交代なんて起きっこないのにな」とそのときは思ったが，振り返ってみれば，選挙はたしかに政策に影響を与えていた。

マレーシア史上初の政権交代が起こった第14回総選挙では，投票率は実に82.3％に達した。長く民主的な選挙がおこなわれているにもかかわらず，国政選挙でも投票率が50％台に低迷する日本では，「選挙で政治は変わらない」というような諦観が蔓延しているように思われる。マレーシアの例は，国民が選挙において政権の評価をきちんとおこなうならば，政治家もそれを尊重せざるをえず，選挙を通じて政治は変わることを示している。

本書は，マレーシアの過去半世紀にわたる経済発展に着目し，基本的には「成功例」として描いている。客観的な事実やデータにもとづいた分析をおこなっているが，網羅的にすべてのトピックを掘り下げているわけではない。マレーシアは多民族国家であり，深い部分で難しい対立を今も抱えている。このところの経済の安定性や，なんとか維持されている民族間の融和も，何かのきっかけで失われる可能性は常にある。マレーシアをよく知る読者のなかには，本書を読んで「そんなに良いところばかりじゃない」という感想を抱く方もいるかもしれない。

ただ，他国の欠点に目を向けるよりも，他国の長所に目を向けてそこから学ぼうとする姿勢こそが，社会を発展させる原動力になると筆者らは考える。他国のすべてを否定することが不健全であるのと同様に，他国のすべてを礼賛する必要はない。明治維新以降，日本は貪欲に西洋に学ぶことで現在の先進国の地位を手に入れたが，西洋とはずいぶん違う国になった。マレーシアのルックイースト政策も，日本の良いところに学ぶものであって，マレ

ーシアを日本にしようという政策ではない。

　日本は日本であり，マレーシアはマレーシアであり，それぞれの国の性質はそう簡単には変わらない。だからこそ，隣の芝生は青くてよいのだ。自分たちとは違う他者から，自分たちからは出てこないアイデアを学ぶ。そうしてお互いに学び合った先に，よりよい未来がある。そうしたスタンスで，本書を読んで頂ければ幸いである。

＊

　本書は，日本貿易振興機構アジア経済研究所2019～2021年度研究会「マレーシアにおける政権交代の背景と展望」の成果である。上記研究会のタイトルと本書の内容に齟齬があるのは，研究会実施期間中にマレーシアの政治情勢が大きく揺れ動いたためである。政局の急展開を受けて研究計画の大幅な変更を余儀なくされたが，これは結果的に良い方向に作用したのではないかと考えている。短期の情勢を追うのが難しくなったことで，長期にわたるマレーシアの政治経済を総括する機会を得たのである。また本研究をおこなうにあたり，日本学術振興会科学研究費の助成を受けた（「競争的権威主義からの民主化：マレーシア政権交代の政治経済学」研究課題番号19K01466）。

　筆者らが過去半世紀以上にわたるマレーシアの政治経済の動きを分析する本書を執筆しえたのは，アジア経済研究所における先人たちの研究の蓄積があったからこそである。過去50年に及ぶ『アジア動向年報』をはじめ，ブミプトラ政策研究会（堀井・萩原編 1988; 堀井編 1989），アジア工業化研究会（堀井編 1990），マハティール政権の22年研究会（鳥居編 2006），ポスト・マハティール研究会（中村・熊谷編 2018）などの研究成果に負うところは大きい。また，政策研究大学院大学を中心に実施された科学研究費補助金事業「新興国の政治と経済の相互作用パターンの解明」

（研究課題番号15K21728）では，マレーシアと他の発展途上国を比較する機会を得ることができ，2つのコラムを転載する許可も頂いた。これらの研究会にかかわり，マレーシア研究，発展途上国研究に携わってきた方々に，深く感謝を申し上げたい。

　さらに，1996年に熊谷がアジア経済研究所で現地調査をはじめて以降，何百回もの工場見学やヒアリングに対応してくださった企業や官庁，研究者の方々の協力がなければ，マレーシア経済についての「肌感覚」を身につけることはできなかった。2013年に熊谷をマレーシア経済研究所（MIER）の客員研究員として受け入れてくださったザカリア所長（当時）はじめ，スタッフの方々には本当に良くしていただいた。この場を借りて心よりお礼を申し上げたい。

　また，本書の草稿をご覧いただき多くの貴重なコメントをくださった藤田麻衣さん（アジア経済研究所地域研究センター），企画段階から読みやすい本にするための助言をくださった勝康裕さん（同成果発信アドバイザー），本書の刊行を引き受けてくださった作品社の福田隆雄さんには，大変お世話になった。心より謝意を表したい。

　本書が，久しく出版されていなかった「研究者が書いたマレーシアの政治経済についての総合的な解説書」として長く読まれることになれば，望外の喜びである。

　　　2023年9月

　　　　　　　　　　　　　　　　　熊谷　聡・中村正志

注　記

序　章　「中所得国の罠」の理論とマレーシア

1）Felipe, Abdon, and Kumar (2012).

2）その他の「中所得国の罠」の定義としては，それまで年率3.5％以上で成長していた国が，ある年を境に経済成長率が2％を超えて低下している場合，というものがある。この定義では1974年の日本のオイルショックやアジア通貨危機前後の多くのアジアの国々が罠に陥っていることになる。どの国が中所得国の罠に陥っているのかは，その定義によって異なってくる。

3）低所得国が陥りやすい罠は「貧困の罠」と呼ばれている。

4）Easterly and Levine (2001).

5）ソロー型の成長モデルに従えば，産業高度化には1人当たり資本ストックの増加（資本集約化）とイノベーション・イミテーションを通じて技術水準を高めること（技術集約化）の両方が含まれる。

6）Doner and Schneider (2016).

7）Acemoglu and Robinson (2012).

8）Dollar (2016).

9）Gören (2013).

10）たとえば，次のような文献がある。Alesina et al. (2003); Alesina and La Ferrara (2005); Montalvo and Reynal-Querol (2005).

第1章　低所得期の課題とその克服

1）二重経済論は，A. ルイス（Lewis 1954）やそれを継承したラニスとフェイのモデル（Ranis and Fei 1961）で論じられている。

2）農業生産の停滞が経済発展を阻害するメカニズムとしては，農業生産の伸び率を人口増加率が上回ることで所得水準が生存ぎりぎりの水準で停滞する「マルサスの罠」や，農地面積が制約となり，農地面積が拡大すると劣等地を使用するために農業生産性が低下し，結果として工業化を阻害する「リカードの罠」が知られている。

3）そうした実態をモデル化したのがハリスとトダロであった（Harris and Todaro 1970）。

4）Bates (1981).

5）Dahlberg et al. (2021).

6）元データは「国際カントリーリスクガイド」（ICRG）のデータである。ICRGの

データは1984年のものがもっとも古いデータである。政府の質に関する国際指標としては世界銀行の「世界ガバナンス指標」（WGI）が広く用いられているが，WGIは1996年以降のデータしかない。

7）極端な外れ値であるUAE（3万2310ドル，0.48）を除外して算出した。

8）Malaysia (1981: 53).

9）Malaysia (1971: 37).

10）Malaysia (1976: 6).

11）「ビッグプッシュ」理論とは，「貧困の罠」状態にある途上国を経済発展経路に乗せるためには，政府による大規模なインフラ投資など，「強力な押し上げ」が必要であるとする経済発展理論である。

12）1974年に国民貯蓄銀行（Bank Simpanan Nasional）に改組された。

13）Muhammad Syafiq Borhannuddin (2015: 1-15).

14）後に他の民族も購入できる投資信託も設定されている。

15）Malaysia (1971: 43).

16）Malaysia (1971: 91).

17）1963年のマレーシア結成後，国名変更にあわせてMCAの党名はマレーシア華人協会（Malaysian Chinese Association），MICの党名はマレーシア・インド人会議（Malaysian Indian Congress）に変更された。すぐ後に言及するPASについても同様である。

18）Democratic Action Party (1969: 19).

19）NOC (1969: 51); *Straits Times*, May 14, 1969.

20）NOC (1969: 88-90, 96).

21）Faaland, Parkinson, and Saniman (1990: 305-318).

22）Heng (1997: 265-266).

23）堀井（1989: 33）。

24）石田（2001: 60-61）。

25）Malaysia (1981: 33).

26）石田（2001: 104）。

27）石田（2001: 107-110）。

28）Malaysia (1986: 86).

29）Malaysia (1986: 86, 90); 石田（2001: 112）。

第2章　労働力の量的・質的拡充

1）Allen (2009).

2）浅野・竹下（1980）。

3）伊藤（2019）。

4）UN Population Division, *World Population Prospects* (https://population.un.org/wpp/Download/Standard/Population/).

5）Department of Statistics, Malaysia, *Population Statistics* (http://www.statistics.gov.my/portal/download_Economics/files/DATA_SERIES/2013/pdf/21Perangkaan_

Penduduk.pdf).

6) 1971〜80年にかけて，国民殖産公社（MARA）はマレー人向けに1147カ所の事業所を建設，約5万人の企業家を訓練し，1万5000人を上回るマレー人にコンサルタントサービスを提供した。そのほか，都市開発機構（UDA）や州経済開発公社（SEDCs），連邦土地開発庁（FELDA）はマレー人のために7138カ所の事務所を提供した（Malaysia 1981: 194）。

7) Malaysia, *Fourth Malaysia Plan 1981-1985*, p. 242.

8) 1971〜80年の間に建設された74万4000戸の住宅のうち，公的部門は20万7590戸を建設した。

9) Keuk, Yusfida, and Hazlina (2016).

10) Abdul Rahman and Nair (2014).

11) マレーシア統計局ではインフォーマル部門を，1）登記されていない企業により，2）販売や交換を目的に財・サービスが生産されており，3）従業員が10人以下，4）非農業部門に従事，と定めている（Department Statistics Malaysia, Newsletter 2020.3）。

12) ILOではインフォーマル部門の労働者を，「既存の法律や規制の枠組みで登録，規制，保護されていないすべての報酬のある仕事（すなわち自営業と賃金労働），および収入を生み出す企業でおこなわれる報酬のない仕事。インフォーマル・ワーカーには，安全な雇用契約，労働者給付，社会的保護，労働者代表がない」と定めている。International Labour Organization, Statistics on the informal economy. (https://ilostat.ilo.org/topics/informality/).

13) Immigration Department of Malaysia, Official Portal. (https://www.imi.gov.my/index.php/en/main-services/foreign-worker/).

14) Ministry of Home Affairs, Malaysia (2019).

15) 実際には，日本の外国人労働者数は2021年10月時点で約173万人で，就業者数の2.6％にとどまる（https://www.mhlw.go.jp/stf/newpage_23495.html）。

16) 中村・梅﨑（2006）。

17) World Bank (2015).

18) https://www.jetro.go.jp/world/search/cost.html

19) Bank Negara Malaysia (2018).

20) 2018年11月，ペナン州での筆者（熊谷）の聞き取り調査による。

21) "Malaysia's Top Glove reports COVID-19 outbreak at four factories," *Reuters*, January 16, 2021. (https://www.reuters.com/article/us-health-coronavirus-top-glove-idUSKBN29L0DS).

22) マレーシア政府は，1974年以降，5年に2度のペースで家計調査をおこなっており，執筆時点で公開されている最新のデータは2019年調査のものである。それ以前に政府がおこなった調査は，1957/58年と1967/68年，1970年の3回のみである。1967/68年の調査はその他の調査と異なり現金収入のみが対象であるため，図2-4からは除外した。また，1957/58年についてはSnodgrass (1980) による修正値を用いた。

23) マレーシアの家計調査は，1976年までとそれ以降では調査対象が異なるので注意が必要である。1976年まではマレー半島部のみが調査対象であり，1979年以降，サバ州とサラワク州が加えられた。ただし，1976年と1979年のあいだのジニ係数の変化を州ごとにみると，パハン州を除くすべての州で数値が低下している。したがって，この間の格差縮小は，調査対象の拡大による見せかけの変化ではない。

24) Mizoguchi (1985).

25) Kuznets (1955).

26) Ragayah (2008).

27) Chakravarty and Abdul-Hakim (2005).

28) 杉村（2000）。

29) Chai (1977: 17-18).

30) Malaysia (1965: 163-166).

31) 総就学率は就学者数を該当学齢人口で除したものであり，純就学率は就学者のうち就学年齢層に対応する者のみを該当年齢人口で除したものである。総就学率は，留年や学び直しなどの理由で該当年齢を超えて就学している者も分子に含まれるため，100％を超えることもありうる。

32) 杉村（2000: 117-123）。

33) 左右田（2006: 266-268）。

34) 左右田（2006: 275-276）。

35) 「長期展望計画1970-1990年」（Outline Perspective Plan, 1970-1990）は，第2次マレーシア計画中間評価（Malaysia 1973）の一部（第4章）として刊行された。

36) 新経済政策の後継政策をめぐる議論について詳しくは，中村（2006）を参照。

37) 杉本（2005: 134）; 杉村（2000: 127-130）; *New Straits Times*, October 12, 1987.

38) 木村（1988: 356-357）; *New Straits Times*, October 16-24, 1987.

39) Kamal and Zainal Aznam (1989).

40) Kok et al. (1990: 168).

第3章　経済発展の担い手

1) 多国籍企業の研究開発活動のうち海外子会社でおこなわれているのは10～30％にすぎない（Hirst, Thompson, and Bromley 2009）。また，研究開発全体の80％はOECD諸国に集中している（Chen and Vang 2008）。

2) Sheshinski and Lopez-Calva (2003).

3) Kornai (1986).

4) 末廣（2014）。

5) Malaysia (1971: 40).

6) Malaysia (1971: 41).

7) アジア経済研究所（1977: 414-416）。

8) アジア経済研究所（1978: 396-397）。

9) 堀井（1990: 139-140）。

10) 原（1980）。

11) Jomo and Tan (2011: 335).

12) 熊谷（2006a）。

13) Gomez and Jomo (1999).

14) 木村（1989: 360）。

15) *The Sun Daily*, August 27, 2014.

16) 熊谷（2001: 335-336）。

17) 2004年時点で，政府保有分を除く資本の民族別保有比率は，ブミプトラが18.9％，華人系が39％，インド系が1.2％，外資系が32.5％となっている。この民族別株式保有比率は簿価ベースで，登記されているすべての企業が含まれている。また，2005年の時点で，政府関連企業はクアラルンプール証券取引所（Bursa Malaysia）の時価総額の36％を占めていると発表されている。ここでは，概算のためにBursa Malaysiaの時価総額のうち政府系企業が占める36％を除く64％について，民族別保有比率から外資を除いたものと同様の民族別保有比率になっていると仮定する。計算を進めると，資本の48.9％が地場民間企業，政府系企業が27.5％，外資系企業が23.6％となる。

18) 筆者による概算ではペトロナスが上場すれば，1社でBursa Malaysiaの時価総額の30〜40％に相当すると考えられる。

19) 末廣（2014: 97-123）。

20) マレーシアにおけるGLCの定義は以下のとおりである。①GLCは一義的に商業目的を持ちマレーシア政府が直接の支配権（control stake）を持つ企業と定義される。②支配権とは，直接または政府投資機関（GLICs）を通じて取締役や経営幹部の任命，GLCにとっての主要な意思決定（例：契約付与，戦略，リストラや資金調達，買収や売却）をおこなう政府の能力（単なる持ち分比率ではなく）をさす。③カザナ社や財務大臣持株会社（MoF Inc.），公務員年金基金（KWAP）やバンク・ネガラを通じてマレーシア政府が直接支配するGLCが含まれる。また，GLICや他の連邦政府機関が共同で支配権を持つGLCが含まれる。④子会社や系列会社などGLC自身が支配権を持つGLCが含まれる。

21) PCG (2015: 7).

22) そのほか，GLCの株主の収益は2004〜14年にかけて平均年率11.1％で増加，G20の純利益は2014年に262億リンギに達し，2004年から2014年にかけて年平均成長率10.2％で成長した。G20は42カ国で事業を展開しており，総収入に占める海外の比率は2004年の28％から34％に，資産に占める海外資産の比率は2004年の11％から26％に増加している。

23) 熊谷（2018）。

24) Menon and Ng (2013).

25) PCG (2015: 214).

26) 熊谷（2018: 288-290）。

27) 熊谷（2006b）。

28) "Intel to invest \$7 billion in new plant in Malaysia, creating 9,000 jobs," *Reuters*,

December 16, 2021.

29）経常収支は財の輸出入の差額である貿易収支，旅行や運輸などを含むサービス収支，配当などの所得収支からなる。長期資本収支は主に直接投資など長期の資金の収支で，短期資本収支は株式市場や銀行貸付を通じた1年以下の貸借金の収支である。なお，この国際収支に関する分類はアジア通貨危機当時のもので，現在では変更されている。

30）Frankel (2010).

31）World Bank (2013).

32）安田（1988: 171）。

第4章　産業高度化の実態と課題

1）Krugman (1994).

2）Acemoglu and Robinson (2012).

3）Easterly and Levine (2001).

4）Bulman, Eden, and Nguyen (2017).

5）Aiyar et al. (2013).

6）World Bank (2016).

7）Malaysia (2016: 2-15).

8）Malaysia (2021: 48).

9）ただし，TFPを正しく計測することは容易ではなく，たとえば，不況期には資本ストックは同じでも稼働率が低下するため，TFPは大きく低下するし，不況からの回復期には一時的にTFPは高まる。図4-1についてもそうした傾向が読みとれる。

10）ソロー型の成長モデルに従えば，産業高度化には1人当たり資本ストックの増加（資本集約化）とイノベーション・イミテーションを通じて技術水準を高めること（技術集約化）の両方が含まれる。

11）Kohli, Sharma, and Sood eds. (2011).

12）STIC1〜4の合計額から一次産品を除いたもの。

13）熊谷・黒岩（2020）。

14）上段については1999〜2001年のPRODYをもとに，下段については2009〜2011年のPRODYをもとに計算されているため，2000年の数値が上段と下段で一致しない。

15）赤松（1935）; Akamatsu (1962).

16）川上（2012）。

17）DRB-HICOMグループは民営化されたHICOMおよびプロトン社を傘下に納めたブミプトラ系コングロマリットのひとつで，アジア通貨危機を乗り切った数少ないブミプトラ系大企業である。ただし，その過程でいったんはプロトン社を手放している。

18）"Five new tech company owners in the top 40," *The Star*, February 20, 2021.

19）Malaysia (1986: 234).

20）Tanaka (2018).

21）World Bank (2011).

22）"In need of more high-skilled jobs," *The Star*, January 5, 2022.

23）CBA2009では，1）金融政策の決定をおこなう金融政策決定会合（MPC）の設置，2）金融システム安定化のための権限強化，3）イスラーム金融の監督強化，4）バンク・ネガラのガバナンス強化，などが定められている。このうち，バンク・ネガラのガバナンス強化策は，2010年代に1MDB問題をめぐってバンク・ネガラとナジブ政権の対立が深まるにつれ，大きな意味を持った。

24）「高所得」は当初は2020年までに1人当たり国民所得を1万5000ドルから2万ドルに引き上げることとされたが，後に世界銀行の基準による「高所得国入り」に切り替えられた。「包摂性」については，すべてのコミュニティが国富から十分な利益を得ることができる状態とされた。「サステイナビリティ」については，将来の世代を犠牲にすることなく，現在のニーズを満たすこととされた。

25）NEAC (2010: 61).

26）Acemoglu and Robinson (2012).

27）Huntington (1968).

28）Evans (1995).

29）渡辺（1989）。

30）Dollar (2016: 169-172).

31）Levitsky and Way (2010).

32）Crouch (1996).

33）鈴木（2018）。

第5章　外需から内需へ

1）Urata (2001).

2）経済企画庁編（1992）。

3）熊谷（2018b）。

4）マレーシアの輸出は，コロナ禍後の世界経済の持ち直しと資源価格など輸出品の価格上昇により，2021年は26.1％増，2022年は25.0％増と2年間で50％以上増加し，2022年の輸出依存度は86.8％とふたたび高まっている。

5）もっとも早くペナンに進出した企業のうち，インテルは以降約半世紀にわたって220億リンギ以上をマレーシアに投資し，最先端のマイクロプロセッサの設計に参加する数千名のエンジニアを含む1万2000人以上の従業員を雇用するまでに発展した。2021年には今後10年間で，ペナン州と隣接するクダ州の工場にさらに300億リンギ以上を投資することを発表している。インテルに代表される多国籍企業の貢献により，ペナンはアジアにおける半導体産業の中心地のひとつとなっている。

6）鳥居（1990: 247-248）。

7）TPPを引き継いだ環太平洋パートナーシップに関する包括的および先進的な協定（CPTPP）については2022年11月29日に発効，RCEPは批准に向けた国内手続

きを完了し2022年3月18日に発効した。

8）Malaysia (2006: 16).

9）梅﨑・中村（2007: 343）。

10）NEAC (2010: 35).

11）Malaysia (2011: 149-162).

12）Malaysia (2016: i).

13）Rodrik (2008).

14）中村（2015: 228-232）。

15）森（2002）。

終　章　「中所得国の罠」脱出のヒントと課題

1）"Canada ends contract with Malaysia's Supermax," *Reuters*, January 19, 2022.

2）"Malaysia's Top Glove says has resolved overcrowding at staff dormitories," *Reuters*, Feburary 20, 2021.

3）"PM launches Perkukuh to reform Malaysia's GLICs," *The Edge*, August 12, 2021.

4）Baldwin (2018).

5）Felipe, Abdon, and Kumar (2012).

6）中村（2023）。

7）"PAS sec-gen: All MPs not holding gov't positions to be made GLC heads," *Malaysiakini*, April 12, 2020; "Bersatu's Sipitang MP appointed Felcra chair," *Malaysiakini*, July 29, 2020.

8）"Azeez appointed Keda chair, Syed Ibrahim heads MDEC," *Malaysiakini*, April 6, 2023.

参考文献一覧

［日本語文献］

赤松要. 1935.「我国羊毛工業品の貿易趨勢」『商業経済論叢』13（上）名古屋高等商業学校: 129-212.

浅野幸穂・竹下秀邦. 1980.「80年代への戦線配置——1979年のシンガポール」アジア経済研究所編『アジア動向年報1980』アジア経済研究所, 423-454.

アジア経済研究所編. 各年版.『アジア動向年報』アジア経済研究所.

アジア経済研究所. 1977.「1976年のマレーシア——路線確定に苦慮するフセイン政権」『アジア動向年報1977』アジア経済研究所, 414-416.

アジア経済研究所. 1978.「1977年のマレーシア——揺れる州政権」『アジア動向年報1978』アジア経済研究所, 396-397.

石田章. 2001.『マレーシア農業の政治力学』日本経済評論社.

伊藤成朗. 2019.「最低賃金引き上げの影響（その1）——アメリカでは雇用が減らないらしい」（途上国研究の最先端）『IDEスクエア』(http://hdl.handle.net/2344/00051459).

梅﨑創・中村正志. 2007.「2006年のマレーシア——長期開発政策が出揃う」アジア経済研究所編『アジア動向年報2006』アジア経済研究所, 333-364.

川上桃子. 2012.『圧縮された産業発展——台湾ノートパソコン企業の成長メカニズム』名古屋大学出版会.

木村陸男. 1988.「1987年のマレーシア——強行突破が種族対立を誘発」アジア経済研究所編『アジア動向年報1988年版』アジア経済研究所, 356-357.

木村陸男. 1989.「1988年のマレーシア——ポスト90年体制の構築に向けて」アジア経済研究所編『アジア動向年報1989』アジア経済研究所, 355-386.

熊谷聡. 2001.「2000年のマレーシア——ソフトランディングへの苦闘」『アジア動向年報2000』アジア経済研究所, 319-350.

熊谷聡. 2006a.「民営化政策と主要企業グループへのインパクト」鳥居高編『マハティール政権下のマレーシア——「イスラーム先進国」をめざした22年』アジア経済研究所, 139-178.

熊谷聡. 2006b.「シンガポール・マレーシアのPC関連産業の盛衰——多国籍企業中心型発展の帰趨」今井健一・川上桃子編『東アジアのIT機器産業——分業・競争・棲み分けのダイナミクス』アジア経済研究所, 171-216.

熊谷聡. 2018a.「政府系企業（GLC）とブミプトラ政策——コーポレートガバナンスの視点から」中村正志・熊谷聡編『ポスト・マハティール時代のマレーシア——

政治と経済はどう変わったか』アジア経済研究所, 261-299.

熊谷聡. 2018b.「ポスト・マハティール期の経済概観:高所得国入り目前も構造改革に遅れ」中村正志・熊谷聡編『ポスト・マハティール時代のマレーシア——政治と経済はどう変わったか』アジア経済研究所, 225-259.

熊谷聡・黒岩郁雄. 2020.「東アジアにおける輸出構造の高度化——中所得国の罠へのインプリケーション」『アジア経済』61 (2): 2-35.

経済企画庁編. 1992.『生活大国5カ年計画——地球社会との共存を目指して』大蔵省印刷局.

末廣昭. 2014.『新興アジア経済論——キャッチアップを超えて』岩波書店.

杉村美紀. 2000.『マレーシアの教育政策とマイノリティ——国民統合のなかの華人学校』東京大学出版会.

杉本均. 2005.『マレーシアにおける国際教育関係——教育へのグローバル・インパクト』東信堂.

鈴木絢女. 2018.「政治の自由化とリーダーの生存——2015年扇動法修正法案を中心とした法制度改革の分析」中村正志・熊谷聡編『ポスト・マハティール時代のマレーシア——政治と経済はどう変わったか』アジア経済研究所, 139-171.

左右田直規. 2006.「マハティール政権期の高等教育改革——国家構想・政策転換・政治論争」鳥居高編『マハティール政権下のマレーシア——「イスラーム先進国」をめざした22年』アジア経済研究所, 266-268.

戸堂康之. 2015.『開発経済学入門』新世社.

鳥居高. 1990.「電子産業——ICとテレビ生産基地化」堀井健三編『マレーシアの工業化——多種族国家の工業化の展開』アジア経済研究所, 242-272.

鳥居高編. 2006.『マハティール政権下のマレーシア——「イスラーム先進国」をめざした22年』アジア経済研究所.

中村正志. 2006.「ポスト1990年問題をめぐる政治過程——ビジョン2020誕生の背景」鳥居高編『マハティール政権下のマレーシア——「イスラーム先進国」をめざした22年』アジア経済研究所, 69-113.

中村正志. 2015.『パワーシェアリング——多民族国家マレーシアの経験』東京大学出版会.

中村正志. 2023.「『改革派』と『泥棒政治家』の奇妙な連立——2022年マレーシア総選挙」(論考)IDEスクエア (http://hdl.handle.net/2344/00053559).

中村正志・梅﨑創. 2006.「2005年のマレーシア——構造改革への長い道程」アジア経済研究所編『アジア動向年報2006』アジア経済研究所, 341-372.

中村正志・熊谷聡編. 2018.『ポスト・マハティール時代のマレーシア——政治と経済はどう変わったか』アジア経済研究所.

原不二夫. 1980.「公営企業に正念場——1979年のマレーシア」『アジア動向年報』アジア経済研究所, 377-422.

堀井健三. 1989.「ブミプトラ政策の歴史的性格と国家資本の役割」堀井健三編『マレーシアの社会再編と種族問題——ブミプトラ政策20年の帰結』アジア経済研究所.

堀井健三編. 1989.『マレーシアの社会再編と種族問題――ブミプトラ政策20年の帰結』アジア経済研究所.

堀井健三. 1990.「公企業とブミプトラ」堀井健三編『マレーシアの工業化――多種族国家と工業化の展開』アジア経済研究所, 139-140.

堀井健三編. 1990.『マレーシアの工業化――多種族国家と工業化の展開』アジア経済研究所.

堀井健三・萩原宜之編. 1988.『現代マレーシアの社会・経済変容――ブミプトラ政策の18年』アジア経済研究所.

森伸生. 2002.「ハッド刑」大塚和夫・小杉泰・小松久男・東長靖・羽田正・山内昌之編『岩波イスラーム辞典』岩波書店, 764-765.

安田信之. 1988.「ブミプトラ政策と工業調整法」堀井健三・萩原宜之編『現代マレーシアの社会・経済変容――ブミプトラ政策の18年』アジア経済研究所, 139-176.

渡辺利夫. 1989.『西太平洋の時代――アジア新産業国家の政治経済学』文藝春秋.

[英語文献]

Abdul Rahman Hasan and Prema Letha Nair. 2014. "Urbanisation and Growth of Metropolitan Centres in Malaysia," *Malaysian Journal of Economic Studies*, 51 (1): 87-101.

Acemoglu, Daron, and James A. Robinson. 2012. *Why Nations Fail: The Origins of Power, Prosperity, and Poverty*, New York: Crown Business (ダロン・アセモグル&ジェイムズ・A. ロビンソン著, 鬼澤忍訳『国家はなぜ衰退するのか――権力・繁栄・貧困の起源（上）（下）』早川書房, 2016年).

Aiyar, Shekhar, Romain Duval, Damien Puy, Yiqun Wu, and Longmei Zhang. 2013. "Growth Slowdowns and the Middle-Income Trap," IMF Working Paper WP/13/71, International Monetary Fund.

Akamatsu Kaname. 1962. "Historical pattern of economic growth in developing countries," *Developing Economies*, 1: 3-25.

Alesina, Alberto, Arnaud Devleeschauwer, William Easterly, Sergio Kurlat and Romain Wacziarg. 2003. "Fractionalization," *Journal of Economic Growth*, 8: 155-194.

Alesina, Alberto and Eliana La Ferrara. 2005. "Ethnic Diversity and Economic Performance," *Journal of Economic Literature*, 43: 762-800.

Allen, Robert C. 2009. *The British Industrial Revolution in Global Perspective*, Cambridge: Cambridge University Press (R. C. アレン著, 眞嶋史叙・中野忠・安元稔・湯沢威訳『世界史のなかの産業革命――資源・人的資本・グローバル経済』名古屋大学出版会, 2017年).

Baldwin, Richard. 2018. *The Great Convergence: Information Technology and the New Globalization*, Cambridge MA: Harvard University Press.

Bank Negara Malaysia. 2017. "Box Article: Low-Skilled Foreign Workers' Distortions to the Economy," *Bank Negara Malaysia Annual Report 2017*, Kuala Lumpur: Bank Negara Malaysia, 35-43.

Bates, Robert H. 1981. *Markets and States in Tropical Africa: The Political Basis of Agricultural Policies*, Berkeley: University of California Press.

Bulman, David, Maya Eden, and Ha Nguyen. 2017. "Transitioning From Low-Income Growth to High-Income Growth: Is There a Middle-Income Trap?" *Journal of the Asia Pacific Economy*, 22 (1): 5-28.

Chai Hon-Chan. 1977. *Education and Nation Building in Plural Societies: The West Malaysian Experience*, Canberra: Australian National University.

Chakravarty, Shanti P. and Abdul-Hakim Roslan. 2005. "Ethnic Nationalism and Income Distribution in Malaysia," *European Journal of Development Research*, 17 (2): 270-288.

Chen Yun Chen and Jan Vang. 2008. "MNCs, Global Innovation Networks and Developing Countries: Insights from Motorola in China," *International Journal of Business and Management Science*, 1 (1): 11-30.

Crouch, Harold. 1996. *Government and Society in Malaysia*, Ithaca and London: Cornell University Press.

Dahlberg, Stefan, Aksel Sundström, Sören Holmberg, Bo Rothstein, Natalia Alvarado Pachon and Cem Mert Dalli. 2021. *The Quality of Government Basic Dataset, version Jan21*, University of Gothenburg: The Quality of Government Institute (http://www.qog.pol.gu.se).

Democratic Action Party. 1969. *Who Lives If Malaysia Dies?* Petaling Jaya, Selangor: The Democratic Action Party.

Department of Statistics, Malaysia (DOSM). various years. *Household Income and Basic Amenities Survey Report*, Department of Statistics, Malaysia.

Department of Statistics, Malaysia (DOSM). *Population Statistics* (http://www.statistics.gov.my/portal/download_Economics/files/DATA_SERIES/2013/pdf/21Perangkaan_Penduduk.pdf).

Dollar, David. 2016. "Institutional Quality and Growth Traps," in Francis E. Hutchinson and Sanchita Basu Das eds., *Asia and the Middle-Income Trap*, Abingdon, Oxon: Routledge, 161-178.

Doner, Richard F., and Ben Ross Schneider. 2016. "The Middle-Income Trap: More Politics than Economics," *World Politics*, 68 (4): 608-644.

Easterly, William and Ross Levine. 2001. "It's Not Factor Accumulation: Stylized Facts and Growth Models," *The World Bank Economic Review*, 15 (2): 177-219.

Evans, Peter. 1995. *Embedded Autonomy: States and Industrial Transformation*, Princeton: Princeton University Press.

Faaland, Just, J. R. Parkinson, and Rais Saniman. 1990. *Growth and Ethnic Inequality: Malaysia's New Economic Policy*, Kuala Lumpur: Dewan Bahasa dan Pustaka.

Felipe, Jesus, Arnelyn Abdon, and Utsav Kumar. 2012. "Tracking the Middle-Income Trap: What Is It, Who Is in It, and Why?" Working Paper No. 715, Levy Economics Institute of Bard College.

Frankel, Jeffrey A. 2010. "The Natural Resource Curse: A Survey," NBER Working Paper No. 15836, National Bureau of Economic Research.

Montalvo, Jose G. and Marta Reynal-Querol. 2005. "Ethnic Diversity and Economic Development," *Journal of Development Economics*, 76 (2): 293-323.

Gomez, Edmund T. and Jomo K. S. 1999. *Malaysia's Political Economy: Politics, Patronage and Profits, Second Edition*, Cambridge: Cambridge University Press.

Gören, Erkan. 2013. "Economic Effects of Domestic and Neighbouring Countries' Cultural Diversity," ZenTra Working Paper in Transnational Studies No. 16/2013.

Harris, John R. and Michael P. Todaro. 1970. "Migration, Unemployment and Development: A Two-Sector Analysis," *The American Economic Review*, 60 (1): 126-142.

Heng Pek Koon. 1997. "The New Economic Policy and the Chinese Community in Peninsular Malaysia," *Developing Economies*, 35 (2): 262-292.

Hirst, Paul, Grahame Thompson, and Simon Bromley. 2009. *Globalization in Question (Third Edition)*, Hoboken, NJ: John Wiley & Sons.

Huntington, Samuel P. 1968. *Political Order in Changing Societies*, New Haven: Yale University Press.

International Labour Organization. *Statistics on the Informal Economy* (https://ilostat. ilo.org/topics/informality/).

Immigration Department of Malaysia. Official Portal (https://www.imi.gov.my/index. php/en/main-services/foreign-worker/).

Jomo K. S. and Tan J. 2011. "Lessons from Privatization," in Institute of Strategic and International Studies ed., *Malaysia: Policies and Issues in Economic Development*, Kuala Lumpur: Institute of Strategic and International Studies, 329-364.

Kamal Salih and Zainal Aznam Yusof. 1989. "Overview of the New Economic Policy and Framework for the Post-1990 Economic Policy," Paper presented for the National Conference on Post-1990 Economic Policy, July 31 - August 1, 1989, Putra World Trade Centre, Kuala Lumpur.

Keuk, Julieven Nonoi, Yusfida Ayu Abdullah, and Hazlina Hamdan. 2016. "Eradicating Squatters through Resettlement Programme: A Conceptual Paper," MATEC Web of Conferences, 66 (2).

Kohli, Harinder S., Ashok Sharma, and Anil Sood (eds.). 2011. *Asia 2050: Realizing the Asian Century*, SAGE Publications India.

Kok Wee Kiat, Ling Liong Sik, Fong Chan Onn, Chua Jui Meng, and Michael Yeoh. 1990. *The Malaysian Challenges in the 1990's*, Kuala Lumpur: Pelanduk Publications.

Kornai, János. 1986. "The Soft Budget Constraint," *Kyklos*, 39 (1): 3-30.

Krugman, Paul. 1994. "The myth of Asia's miracle," *Foreign Affairs*, 73 (6): 62-78.

Kumagai Satoru. 2015. "The Middle-Income Trap from the Viewpoint of Trade Structures: Are the Geese Trapped or Still Flying?" *Journal of International*

Commerce, Economics and Policy, 6 (3) (DOI: 10.1142/s1793993315500179).

Kuznets, Simon. 1955. "Economic Growth and Income Inequality," *The American Economic Review*, 45 (1): 1-28.

Lewis, W. Arthur. 1954. "Economic Development with Unlimited Supplies of Labour," *The Manchester School*, 22 (2): 139-191.

Levitsky, Steven and Lucan A. Way 2010. *Competitive Authoritarianism: Hybrid Regimes after the Cold War*, New York: Cambridge University Press, 2010.

Malaysia. 1965. *First Malaysia Plan 1966-1970*, Kuala Lumpur: Jabatan Chetak Kerajaan.

Malaysia. 1971. *Second Malaysia Plan 1971-1975*, Kuala Lumpur: Government Press.

Malaysia. 1973 *Mid-Term Review of the Second Malaysia Plan 1971-1975*, Kuala Lumpur: Government Press.

Malaysia. 1976. *Third Malaysia Plan 1976-1980*, Kuala Lumpur: Government Press.

Malaysia. 1981. *Fourth Malaysia Plan 1981-1985*, Kuala Lumpur: National Printing Department.

Malaysia. 1986. *Fifth Malaysia Plan 1986-1990*, Kuala Lumpur: National Printing Department.

Malaysia. 2006. *Ninth Malaysia Plan 2006-2010*, Kuala Lumpur: Percetakan Nasional Malaysia Berhad.

Malaysia. 2011. *Tenth Malaysia Plan 2011-2015*, Kuala Lumpur: Percetakan Nasional Malaysia Berhad.

Malaysia. 2016. *Eleventh Malaysia Plan, 2016-2020*, Kuala Lumpur: Percetakan Nasional Malaysia Berhad.

Malaysia. 2021. *Twelfth Malaysia Plan, 2021-2025*, Kuala Lumpur: Percetakan Nasional Malaysia Berhad.

Marshall, Monty G., and Ted Robert Gurr. 2020. *Polity5: Political Regime Characteristics and Transitions, 1800-2018*, Center for Systemic Peace.

Menon, Jayant and Ng Thiam Hee. 2013. "Are Government-Linked Corporations Crowding out Private Investment in Malaysia?" ADB Economic Working Paper Series No. 345, Asian Development Bank.

Ministry of Home Affairs, Malaysia. 2019. *Penerbitan Statistik Kementerian Dalam Negeri*, Bahagian Perancangan Strategik, KDN.

Mizoguchi Toshiyuki. 1985. "Economic Development Policy and Income Distribution: The Experience in East and Southeast Asia," *Developing Economies*, 23 (4): 307-324.

Muhammad Syafiq Borhannuddin. 2015. "Ungku Aziz's Perspective on Development," *Turkish Journal of Islamic Economics*, 2 (1): 1-15.

National Economic Advisory Council (NEAC). 2010. *New Economic Mechanism for Malaysia*, Kuala Lumpur: Percetakan Nasional Malaysia Berhad.

National Operations Council (NOC). 1969. *The May 13 Tragedy: A Report*, Kuala

Lumpur: National Operations Council.

Putrajaya Committee of GLC High Performance (PCG). 2015. *GLC Transformation Programme Graduation Report Vol. 1.*

Ragayah Haji Mat Zin. 2008. "Income Inequality in Malaysia," *Asian Economic Policy Review*, 3 (1): 114-132.

Ranis, Gustav and John C. H. Fei. 1961. "A Theory of Economic Development," *The American Economic Review*, 51 (4): 533-565.

Rodrik, Dani. 2008. "The Real Exchange Rate and Economic Growth," *Brookings Papers on Economic Activity*, 2008 (2): 365-412.

Sheshinski, Eytan, and Luis F. López-Calva. 2003. "Privatization and Its Benefits: Theory and Evidence," *CESifo Economic Studies*, 49 (3): 429-459.

Snodgrass, Donald R. 1980. *Inequality and Economic Development in Malaysia*, New York: Oxford University Press.

Tanaka Riho. 2018. "Ethnicity-based Policies as the Main Factor of Malaysian Brain Drain?: Re-examining the Distribution of Opportunities for Education and Employment," in Adam Tyson ed., *The Political Economy of Brain Drain and Talent Capture*, London: Routledge, 81-105.

UN Comtrade. (https://comtradeplus.un.org/).

UN Population Division. *World Population Prospects*. (https://population.un.org/wpp/Download/Standard/Population/).

Urata Shujiro. 2001. "Emergence of an FDI-trade nexus and economic growth in East Asia," in J. E. Stiglitz and Shaid Yusuf eds., *Rethinking the East Asian Miracle*, Washington, DC: World Bank, 409-459.

World Bank. *World Development Indicators*. (https://databank.worldbank.org/source/world-development-indicators).

World Bank. 2011. *Malaysia Economic Monitor: Brain Drain*, April 2011, World Bank.

World Bank. 2013. *Malaysia Economic Monitor: Harnessing Natural Resources*, June 2013, World Bank.

World Bank. 2015. *Malaysia Economic Monitor: Immigrant Labor*, December 2015, World Bank.

World Bank. 2016. *Malaysia Economic Monitor: The Quest for Productivity Growth*, June 2016, World Bank.

［新聞・インターネットメディア］

Malaysiakini
New Straits Times
Reuters
The Edge
The Star

マレーシア政治経済関連略年表

年	月	事　　項
1957	8	マラヤ連邦独立。初代首相はトゥンク・アブドゥル・ラーマン。
1958	7	創始産業条例制定。
1959	8	第1回総選挙実施。ラーマン首相率いる連盟党が勝利。
1960	7	1948年6月の共産党武装蜂起にともない発令された非常事態宣言が解除される。
1963	9	マラヤ連邦とシンガポール，サバ，サラワクがマレーシア結成。
1963	9	メッカ巡礼のための貯蓄機関・巡礼基金（Tabung Haji）設立。
1964	4	第2回総選挙実施。連盟党が下院の86％の議席を得て勝利。
1965	3	創始産業法制定。
1965	8	シンガポールがマレーシアから離脱し独立。
1965	12	第1次マレーシア計画（1966～70年）発表。
1968	3	投資奨励法（Investment Incentives Act）制定。
1969	5	第2回総選挙実施。3日後，クアラルンプールで民族暴動（5月13日事件）が発生。14日に非常事態宣言を発令。
1969	9	ラーマン首相を非難したマハティール・モハマドが統一マレー人国民組織（UMNO）から除名される。72年3月に復党。
1970	9	アブドゥル・ラザク・フセインが第2代首相に就任。
1971	2	非常事態宣言により停止されていた連邦議会が再開。
1971	4	自由貿易地域（FTZ）法制定。
1971	7	新経済政策に言及した第2次マレーシア計画（1971～75年）が公表される。
1972	1	ペナン州バヤン・ルパスに最初のFTZが開設される。
1973	1	国民戦線（BN）が発足。
1973	5	マレーシア・リンギとシンガポールドルの等価交換協定廃止。
1973	11	1990年までの長期展望計画（OPP）を含む第2次マレーシア計画中間評価が公表される。
1974	1	田中首相，マレーシアを訪問。反日デモが発生。
1974	2	外資規制ガイドライン発表。外国投資委員会（FIC）設立。
1974	5	ラザク首相が訪中。中国と国交正常化。
1974	7	石油開発法制定。国有石油会社ペトロナスが設立される。
1974	8	第4回総選挙実施。BNが下院議席の88％を占める勝利。

年	月	事　項
1974	12	国営貯蓄銀行（Bank Simpanan Nasional）設立。
1975	5	工業調整法（ICA）公布。翌76年5月1日に施行。
1976	1	ラザク首相が死去。フセイン・オンが第3代首相に就任。
1976	3	第3次マレーシア計画（1976～80年）発表。
1977	3	工業調整法修正法案が可決。適用対象を縮小。79年7月にも同様の法改正を実施。
1977	12	汎マレーシア・イスラーム党（PAS）がBNを離脱。
1978	4	国有企業公社（PNB）設立。
1978	7	第5回総選挙実施。BNが下院議席の84%を占める勝利。
1980	1	マレーシア重工業公社（HICOM）設立。
1980	1	クダの州都アロースターで生産者米価の引き上げなどを求める農民のデモが暴徒化。
1980	10	米価補助金，1ピクルあたり2リンギから10リンギに。
1981	3	第4次マレーシア計画（1981～85年）発表。
1981	4	ブミプトラ向け投資信託スキーム（ASN）開始。
1981	7	マハティール・モハマドが第4代首相に就任。
1981	9	PNB社，ロンドン株式市場でガスリー社の買収を実施。
1981	12	マハティール首相，ルックイースト政策を提唱。
1982	4	第6回総選挙実施。BNが下院の86%を占める勝利。
1983	2	マハティール首相，マレーシア株式会社構想を提唱。またムサ・ヒタム副首相が政府部門の民営化の必要性に言及。
1983	5	国民車メーカーのプロトン社設立。85年9月にサガを発売。
1985	7	ダイム財務相，外資規制緩和策発表。製品の80%以上を輸出する場合，資本の80%までの所有を認めるなどの内容。
1985	8	ペナン島と対岸を結ぶペナン大橋が開通。
1985	12	工業調整法の適用対象を縮小。
1986	2	工業化マスタープラン（1985～95年）発表。
1986	3	第5次マレーシア計画（1986～90年）発表。
1986	5	投資促進法（Promotion of Investment Act）制定。
1986	8	第7回総選挙実施。BNが下院の84%を占める勝利。
1986	9	マハティール首相，外資規制緩和発表。製品の50%以上を輸出する等の条件を満たせば外資の100%保有を認める内容。
1986	10	工業調整法の適用基準を大幅緩和を発表。
1987	1	民営化によりテレコム・マレーシアが設立される。
1987	10	UMNOと華人政党の対立により民族間関係が悪化。警察が国内治安法を発動して与野党議員らを逮捕（ララン作戦）。
1988	8	司法の独立をめぐりマハティール首相と対立したサレー・アバス最高裁長官が弾劾裁判により罷免される。

1989	1	国家経済諮問評議会（NECC）が発足。
1989	7	華人団体が「1990年以降のマレーシアの経済政策に関する覚書」をNECCに提出。民族別割当制の廃止等を求める。
1990	10	ラブアン島をオフショア金融センターに指定。
1990	10	第8回総選挙実施。BNの下院議席占有率が71％に低下。
1990	12	マハティール首相，東アジア経済グループ（EAEG）構想を発表。91年10月に東アジア経済会議（EAEC）に改称。
1991	1	民営化マスタープラン発表。
1991	2	マハティール首相，「2020年構想」を発表。
1991	6	長期展望計画（OPP2, 1991〜2000年）発表。新経済政策に代わって国家開発政策（NDP）を開始。
1991	7	第6次マレーシア計画（1991〜95年）発表。
1992	2	プロトン社がクアラルンプール証券取引所（KLSE）に上場。
1992	5	国営電力会社テナガ・ナショナルがKLSEに上場。
1993	2	第2国民車メーカーのプロドゥアが設立される。94年9月にカンチルを発売。
1993	9	国営投資会社カザナ・ナショナル設立。
1993	12	アンワル・イブラヒムが副首相に就任。
1994	1	中央銀行のバンク・ネガラが短期資本流入規制策を実施。
1994	5	バンク・ネガラ総裁，為替取引の損失で引責辞任。
1994	7	外国人労働者に関するするガイドライン発表。
1994	9	半島部マレーシアを縦断する南北高速道路が全線開通。
1995	4	第9回総選挙実施。BNが過去最高の得票率で勝利。
1995	8	新行政都市プトラジャヤ建設プロジェクト発足。
1995	10	DRBグループがHICOMを買収。DRB-HICOMグループ成立。
1996	5	第7次マレーシア計画（1996〜2000年）発表。
1996	5	マルチメディア・スーパー・コリドー（MSC）構想発表。
1996	11	国民二輪車メーカーのモデナス，クリス発売。
1996	11	第2次工業化基本計画（IMP2）発表。
1996	12	クアラルンプール市内を走る軽便鉄道（LRT）が開業。
1997	1	マレーシアがアメリカの一般特恵関税制度（GSP）の対象外に。
1997	7	マハティール首相，通貨危機についてヘッジファンド代表のジョージ・ソロス氏を非難。
1997	9	アンワル副首相兼財務相，大型インフラ事業などの延期を発表。12月には翌年度予算の18％削減など緊縮策を発表。
1998	1	リンギが史上最安値を記録。1米ドル＝4.8800リンギ。
1998	6	不良債権買取会社ダナハルタ・ナショナル発足。
1998	6	クアラルンプール新国際空港（KLIA）開港。
1998	7	資本注入機関ダナモダルと企業債務債権委員会の設立を発表。

年	月	事　項
1998	9	バンク・ネガラ，資本取引規制策を発表。為替レートを1米ドル＝3.8リンギで固定。
1998	9	アンワル副首相兼財務相が解任される。同月20日に逮捕。
1999	2	短期資本送金規制を禁止から課税へ変更。
1999	6	マハティール首相，プトラジャヤの首相府での勤務開始。
1999	7	MSCの中心都市サイバージャヤがオープン。
1999	8	ペトロナス・ツインタワーがオープン。
1999	11	第10回総選挙実施。BNの下院議席占有率は77%に低下。
2000	2	バンク・ネガラ，国内金融機関の10グループへの再編を発表。
2000	3	ペトロナス，DRB-HICOM傘下のプロトンを救済のため買収。2002年2月にカザナ・ナショナルへ移管。
2000	5	バンク・ネガラ総裁にゼティ・アクタ・アジズが就任。その後2016年4月まで16年にわたり総裁を務める。
2000	11	NDP後継政策のビジョン開発政策（NVP）が発表される。
2001	3	バンク・ネガラが金融セクター基本計画（2001〜10年）発表。
2001	4	第3次長期展望企画（OPP3，2001〜10年）発表。
2001	4	第8次マレーシア計画（2001〜05年）発表。
2001	10	外国人労働者の就労期間を6〜7年から3年に短縮。
2002	6	マハティール首相がUMNO党大会で辞意を表明。翌日，2003年10月までの続投が決まる。
2003	6	製造業の外資出資規制を撤廃。原則，100%外資を認める。
2003	8	クアラルンプール市内を走るモノレールが開業。
2003	10	アブドラ・アフマド・バダウィが第5代首相に就任。
2004	3	プロトンと三菱自動車が資本提携を解消。
2004	3	第11回総選挙実施。BN下院議席占有率は過去最高の91%。
2004	5	政府系企業（GLC）改革プログラムを開始。
2005	7	バンク・ネガラ，管理変動為替相場制への移行を発表。
2005	12	日・マレーシア経済連携協定調印。
2005	12	クアラルンプールで第1回東アジアサミットを開催。
2006	3	第9次マレーシア計画（2006〜10年）発表。
2006	8	第3次工業化基本計画（IMP3，2006〜20年）発表。
2006	10	ブミプトラの資本保有比率が30%を超えたという推計が民間研究所から発表され，論争に発展。
2007	9	資本市場およびサービス法施行。企業の資金調達効率化と投資家保護拡充を目指す。
2007	11	公正な選挙を求める連帯（Bersih）が1万人規模のデモ実施。
2008	3	第12回総選挙実施。BNの下院議席が定数の3分の2に届かず。翌月，主要3野党が人民連盟（PR）を結成。

2008	6	燃料補助金制度を改定。ガソリン，軽油が大幅な値上がり。
2008	12	プロトン，三菱自動車と業務提携。
2009	4	ナジブ・ラザクが第6代首相に就任。
2009	4	サービス業27業種でブミプトラへの株式30％割当を廃止。
2009	6	上場時にブミプトラに株式の30％を割り当てる制度を廃止。
2009	7	外国人労働者の滞在期限を最長5年に設定。
2009	11	2009年マレーシア中央銀行法施行。中銀の独立性高まる。
2010	1	ナジブ首相，政府改革プログラム（GTP）発表。
2010	3	ナジブ首相，新経済モデル（NEM）発表。
2010	6	第10次マレーシア計画（2011〜15年）発表。
2010	9	経済改革プログラム（ETP）開始。
2011	7	選挙制度改革を求めるBersihが大規模デモを実施。
2011	9	ナジブ首相，国内治安法廃止など政治的自由化の方針表明。
2011	12	バンク・ネガラ，金融部門ブループリント（2011〜20年）発表。
2012	1	カザナ・ナショナル，プロトンをDRB-HICOMに売却。
2012	1	給付金制度ワン・マレーシア国民支援（BR1M）開始
2012	1	平和的集会法公布。4月にはBersihのデモに10万人が参加。
2012	6	マレーシア・日本国際工科学院（MJIIT）開設。
2013	1	最低賃金法施行。半島部では月額900リンギ，サバ・サラワクでは同800リンギ。
2013	2	クアラルンプール‐シンガポール間の高速鉄道建設で合意。
2013	5	第13回総選挙実施。BNの下院議席占有率が60％まで低下。
2013	9	マレーシア教育ブループリント（2013〜25年）発表。
2014	5	格安航空会社（LCC）用ターミナルKLIA2が開業。
2015	2	人民公正党（PKR）のアンワルが同性愛罪で収監される。
2015	4	消費税（GST）導入。税率は6％。
2015	5	第11次マレーシア計画（2016〜20年）発表。
2015	6	PASが党大会でDAPとの断交を決議しPRが瓦解。
2015	7	ナジブ首相の口座に7億ドルの送金があったことが発覚。
2015	7	1MDB問題で首相を批判したムヒディン副首相が解任される。
2015	8	ナジブ退任を求めるBersihのデモに10万人が参加。
2015	9	新たな野党連合・希望連盟（PH）が発足。
2016	7	最低賃金引上げ。半島1000リンギ，サバ・サラワク920リンギへ。
2016	7	政府，シンガポールと高速鉄道建設の覚書に調印。
2016	8	マハティール元首相らがマレーシア統一プリブミ党（PPBM）結成。PPBMは翌年3月にPHに加盟。
2017	3	マレーシア，アジアインフラ開発銀行（AIIB）のメンバーに。
2017	3	デジタル自由貿易地域（DFTZ）をクアラルンプールに設置。

年	月	事　項
2017	5	DRB-HICOM がプロトン株の49.9％を中国の自動車会社・吉利（Geely）に売却。
2017	7	クアラルンプール市内と近郊を結ぶMRT1号線が全線開通。
2017	8	西海岸のクラン港と東海岸のコタバルを結ぶ東海岸鉄道（ECRL）着工。中国交通建設（CCCC）が建設。
2018	1	政府，シンガポールとジョホール・バル・シンガポール間の鉄道（RTS）建設契約に署名。
2018	5	第14回総選挙実施。PHが勝利し，初の政権交代が実現。92歳のマハティールが第7代首相に就任。
2018	5	PKRのアンワルが恩赦で釈放。10月の補選で下院議員に。
2018	6	消費税率が0％に。9月に売上・サービス税へと変更。
2018	9	高速鉄道建設の一時延期でシンガポールと合意。
2019	1	最低賃金引き上げ。全国一律で月額1100リンギに。
2019	4	ECRL建設を中止せず，約30％コストを削減して続行と決定。
2020	2	最低賃金引き上げ。都市部55地域では月額1200リンギに。
2020	2	PKR反主流派とPPBMがPH離脱。マハティール首相辞任。
2020	3	ムヒディン・ヤシンPPBM総裁が第8代首相に就任。
2020	8	新型コロナウイルス感染症対策のため政府の債務上限をGDP比55％から60％へ引き上げ。
2020	8	国民同盟（PN）が結社登録。PPBMとPASなどが加盟。
2021	1	コロナ感染拡大抑制のため非常事態宣言発令。8月1日まで。
2021	3	高速鉄道建設中止。シンガポールに補償金3.2億リンギ支払う。
2021	8	連立与党内紛により内閣総辞職。UMNO副総裁補のイスマイル・サブリ・ヤアコブが第9代首相に就任。
2021	9	第12次マレーシア計画（2021〜25年）発表。
2022	1	バンク・ネガラ，金融セクター・ブループリント（2022〜26年）を発表。金融のデジタル化などをめざす。
2022	3	マレーシアで地域的な包括的経済連携（RCEP）協定が発効。
2022	5	最低賃金引き上げ。全国一律で月額1500リンギに。
2022	5	マレーシア，アメリカが主導するインド太平洋経済枠組み（IPEF）立ち上げの13カ国共同声明に参加。
2022	9	国家エネルギー政策（2022〜40年）発表。脱炭素の目標設定。
2022	9	環太平洋パートナーシップに関する包括的および先進的な協定（CPTPP）に批准。
2022	11	第15回総選挙実施。過半数勢力なし。国王の呼びかけを受け挙国一致政権が組まれアンワル・イブラヒムが第10代首相に。

略語一覧

略語	正式名称	日本語訳
1MDB	1Malaysia Development Berhad	ワン・マレーシア開発公社
AEC	ASEAN Economic Community	ASEAN経済共同体
AIIB	Asian Infrastructure Investment Bank	アジアインフラ投資銀行
ASN	Amanah Saham Nasional	国民投資信託
Bersih	Coalition for Clean and Fair Elections	公正な選挙を求める連帯
BKM	Bantuan Keluarga Malaysia	マレーシア家族支援
BN	Barisan Nasional	国民戦線
BR1M	Bantuan Rakyat 1Malaysia	ワン・マレーシア国民支援
CPTPP	Comprehensive and Progressive Agreement for Trans-Pacific Partnership	環太平洋パートナーシップに関する包括的および先進的な協定
DAP	Democratic Action Party	民主行動党
DNU	Department of National Unity	国民統合局
EAEC	East Asia Economic Caucus	東アジア経済会議
EAEG	East Asia Economic Group	東アジア経済グループ
ECRL	East Coast Rail Link	東海岸鉄道
EPF	Employees Provident Fund	従業員積立基金
EPU	Economic Planning Unit	経済計画局
FDI	Foreign Direct Investment	海外直接投資
FELDA	Federal Land Development Authority	連邦土地開発公社
GLC	Government-Linked Companies	政府関連企業
GLIC	Government Linked Investment Companies	政府投資機関
GPS	Gabungan Parti Sarawak	サラワク政党連合
GRS	Gabungan Rakyat Sabah	サバ人民連合
GST	Goods and Services Tax	物品サービス税
GVC	Global Value Chain	グローバル・バリューチェーン
HICOM	Heavy Industries Corporation of Malaysia Berhad	マレーシア重工業公社
ICA	Industrial Cordination Act	工業調整法
ILO	International Labour Organization	国際労働機関

略語	正式名称	日本語訳
IMF	International Monetary Fund	国際通貨基金
IMP	Independence of Malaya Party	マラヤ独立党
IPEF	Indo-Pacific Economic Framework	インド太平洋経済枠組み
KLIA	Kuala Lumpur International Airport	クアラルンプール国際空港
KPI	Key Performance Index	重要業績評価指標
KWAP	Kumpulan Wang Persaraan	公務員年金基金
LPN	Lembaga Padi Negara	連邦米穀公団
MARA	Majlis Amanah Rakyat	国民殖産公社
MAS	Malaysia Airlines System Bhd.	マレーシア航空
MCA	Malaysian (Malayan) Chinese Association	マレーシア（マラヤ）華人協会
MIC	Malaysian (Malayan) Indian Congress	マレーシア（マラヤ）インド人会議
MM2H	Malaysia My Second Home	マレーシア・マイ・セカンド・ホーム
MoF Inc	Minister of Finance Incorporated	財務大臣持株会社
NECC	National Economic Consultative Council	国家経済諮問評議会
NEßM	New Economic Model	新経済モデル
NEP	New Economic Policy	新経済政策
OPP	Outline Perspective Plan	長期展望計画
PAP	People's Action Party	人民行動党
PAS	Parti Islam Se-Malaysia (Malaya)	汎マレーシア（マラヤ）・イスラーム党
PERNAS	Perbadanan Nasional Berhad	国営企業公社
PH	Pakatan Harapan	希望連盟
PKR	Parti Keadilan Rakyat	人民公正党
PNB	Permodalan Nasional Berhad	PNB社
PPBM	Parti Pribumi Bersatu Malaysia	マレーシア統一プリブミ党
PR	Pakatan Rakyat	人民連盟
R&D	Research and Development	研究開発
RCEP	Regional Comprehensive Economic Partnership	地域的な包括的経済連携協定
RIDA	Rural Industrial Development Authority	農村工業開発庁
SEDC	State Economic Development Corporation	州経済開発公社
TFP	Total Factor Productivity	全要素生産性
UDA	Urban Development Authority	都市開発機構
UMNO	United Malays National Organisation	統一マレー人国民組織
WDI	World Development Indicators	世界開発指標
アマナ	Parti Amanah Negara	国家信託党
グラカン	Gerakan Rakyat Malaysia	マレーシア人民運動党
ブルシ	Gabungan Pilihanraya Bersih dan Adil	清廉で公正な選挙を求める連合

【著者紹介】

熊谷 聡（くまがい・さとる）

1971年生まれ。1996年慶應義塾大学政策メディア研究科修士課程修了，2004年ロンドン大学政治経済学院（LSE）経済学部修士課程（MSc）修了。現在，アジア経済研究所開発研究センター経済地理研究グループ長。専門は，国際経済学（貿易）およびマレーシア経済。主な著・訳書に，I. W. ザートマン編著『多国間交渉の理論と応用——国際合意形成へのアプローチ』（共訳，慶應義塾大学出版会，2000年），*The Economics of East Asian Integration: A Comprehensive Introduction to Regional Issues* (co-edited, Cheltenham, UK: Edward Elgar, 2011)，『経済地理シミュレーションモデル——理論と応用』（共編著，アジア経済研究所，2015年），『ポスト・マハティール時代のマレーシア——政治と経済はどう変わったか』（中村正志との共編著，アジア経済研究所，2018年）などがある。

中村 正志（なかむら・まさし）

1968年生まれ。1992年，東京外国語大学外国語学部インドネシア・マレーシア語学科卒業。2014年，東京大学大学院法学政治学研究科博士後期課程修了。博士（法学）。現在，アジア経済研究所地域研究センター主任調査研究員。専門は比較政治学，マレーシア現代政治研究。主な著作に，『パワーシェアリング——多民族国家マレーシアの経験』（単著，東京大学出版会，2015年），『東南アジアの比較政治学』（編著，アジア経済研究所，2012年），「言論統制は政権維持にいかに寄与するか——マレーシアにおける競争的権威主義の持続と不安定化のメカニズム」（『アジア経済』52巻9号，2011年9月）などがある。

マレーシアに学ぶ経済発展戦略
「中所得国の罠」を克服するヒント

2023年11月 5 日第1刷印刷
2023年11月10日第1刷発行

著 者　熊谷 聡・中村正志

発行者　福田隆雄
発行所　株式会社作品社
　　　　〒102-0072　東京都千代田区飯田橋2-7-4
　　　　Tel 03-3262-9753 Fax 03-3262-9757
　　　　https://www.sakuhinsha.com
　　　　振替口座 00160-3-27183

編　集　勝 康裕
装　幀　小川惟久
本文組版　マーリンクレイン
印刷・製本　シナノ印刷(株)

Printed in Japan
落丁・乱丁本はお取替えいたします
定価はカバーに表示してあります
ISBN978-4-86793-003-8 C0033
ⓒ 熊谷 聡・中村正志 2023

エルドアンが変えたトルコ
長期政権の力学
間寧

大変革をもたらした"引力政治"とは何か？再選したエルドアン。長期政権維持の政治戦術を、現代トルコ研究の第1人者が、20年以上の現地調査とデータ分析に基づき解き明かす。

モビリティーズ
移動の社会学
ジョン・アーリ　吉原直樹／伊藤嘉高 訳

観光、SNS、移民、テロ、モバイル、反乱……。新たな社会科学のパラダイムを切り拓いた21世紀〈移動の社会学〉ついに集大成！

経済人類学入門
理論的基礎
鈴木康治

「経済人類学」の入門書！わが国初の初学者向けのテキスト！トピックに関連する重要なテキストを取り上げて、要点を3つに分けて解説・図表を多用し、視覚的な分かりやすさにも配慮。

東アジアのイノベーション
企業成長を支え、起業を生む〈エコシステム〉
木村公一朗 編

「大衆創業、万ў創新」第四次産業革命の最先端では、何が起きているのか？ベンチャーの"苗床"ともいうべき〈生態系〉の仕組みと驚異の成長ぶりを、第一線の研究者たちが報告。

ロシア・サイバー侵略
その傾向と対策
スコット・ジャスパー　川村幸城 訳

ロシアの逆襲が始まる！詳細な分析＆豊富な実例、そして教訓から学ぶ最新の対応策。アメリカ・サイバー戦の第一人者による、実際にウクライナで役立った必読書。

シャルル・ドゴール
歴史を見つめた反逆者
ミシェル・ヴィノック　大嶋厚 訳

ポピュリズム全盛の時代、再び注目を浴びるその生涯から、民主主義とリーダーシップの在り方を考え、現代への教訓を示す。仏政治史の大家が、生誕130年、没後50年に手がけた最新決定版評伝！

クレマンソー
ミシェル・ヴィノック　大嶋厚 訳

パリ・コミューンから政治を志した「ドレフュス事件」の闘士。仏の"英雄的"政治家の多彩な生涯を仏史の大家が余すところなく描き切る本邦初の本格的評伝。フランスで権威あるオージュルデュイ賞受賞！

ヴォロディミル・ゼレンスキー
喜劇役者から司令官になった男
ギャラガー・フェンウィック　尾澤和幸 訳

なぜ「危機」に立ち向かえるのか？　第一級ジャーナリストがその半生をさぐる。膨大なインタビューと現地取材によって、オモテとウラの全てを明らかにする初の本格評伝。全欧注目の書！